国家社科基金
GUOJIA SHEKE JIJIN HOUQI ZIZHU XIANGMU
后期资助项目

墨家“兼爱”法思想的现代诠释

A Modern Interpretation of Mohist *Jian'ai* from the Perspective of Legal Thought

马 腾 著

高等教育出版社·北京

图书在版编目（CIP）数据

墨家“兼爱”法思想的现代诠释 / 马腾著. — 北京 : 高等教育出版社, 2017.7
ISBN 978-7-04-048733-6

Ⅰ. ①墨… Ⅱ. ①马… Ⅲ. ①墨家—哲学思想—研究 Ⅳ. ①B224

中国版本图书馆 CIP 数据核字（2017）第 249359 号

策划编辑 冯晓川　　责任编辑 冯晓川　　封面设计 李小璐　　版式设计 李小璐
插图绘制 黄云燕　　责任校对 吕红颖　　责任印制 赵义民

出版发行 高等教育出版社
社　　址 北京市西城区德外大街4号
邮政编码 100120
印　　刷 北京中科印刷有限公司
开　　本 787mm×1092mm 1/16
印　　张 14.25
字　　数 240千字
购书热线 010-58581118
咨询电话 400-810-0598

网　　址 http://www.hep.edu.cn
http://www.hep.com.cn
网上订购 http://www.hepmall.com.cn
http://www.hepmall.com
http://www.hepmall.cn

版　　次 2017年7月第1版
印　　次 2017年7月第1次印刷
定　　价 41.60元

物 料 号 48733-00

国家社科基金后期资助项目
出版说明

后期资助项目是国家社科基金项目主要类别之一，旨在鼓励广大人文社会科学工作者潜心治学，扎实研究，多出优秀成果，进一步发挥国家社科基金在繁荣发展哲学社会科学中的示范引导作用。后期资助项目主要资助已基本完成且尚未出版的人文社会科学基础研究的优秀学术成果，以资助学术专著为主，也资助少量学术价值较高的资料汇编和学术含量较高的工具书。为扩大后期资助项目的学术影响，促进成果转化，全国哲学社会科学规划办公室按照“统一设计、统一标识、统一版式、形成系列”的总体要求，组织出版国家社科基金后期资助项目成果。

全国哲学社会科学规划办公室

目　　录

绪　言

在中国思想史上，墨学经历了“先秦显学—式微中绝—近代复兴”的坎坷历程。先秦墨学为世之显学，“墨翟之言盈天下”(《孟子·滕文公下》)。洎乎汉人刘向校书，《墨子》已不显于世。晋时鲁胜曾为之注辩，此后鲜有精良注本，更乏专深阐释。宋元而后，治墨者寥若星辰，《墨子》益弗闻于学人之口，文本多有脱、讹、窜、衍。以迄元代墨学书目仅10种。明清两代稍有复苏，墨学书目各有28种和39种。尤其清儒毕沅、孙诒让校注《墨子》，方为墨学研究复兴奠定基石。[①]独至近世，一度家传户诵，几如往日读经，其抑儒扬墨之谈，亦颠覆圣门道统之见。晚清以降，学人训诂《墨子》、阐释墨学[②]之风潮即为明证。

“兼爱”为墨学之本，亦是墨学中最富价值之论。先秦诸子及吕览作者审之，“兼”与“俭”为墨学两大支柱，古人论墨，非“兼”即“俭”。以迄近代，学人愈发高扬“兼”之价值，“兼”为总“纲”，“俭”为一“目”。

早在百家争鸣的轴心时代，墨学创议“兼爱”便饱受争议，屡遭时人诘难质疑。墨子一一辩之，后学继而阐扬，以“兼爱十二辩”[③]及“墨辩”之逻辑论证，拓深“兼爱”论之哲理。然而，亚圣孟子力倡距墨，斥“兼

① 毕沅系统注释《墨子》全书，以存于《道藏》中的五十三篇《墨子》为底本，集合卢文弨、孙星衍、翁方纲等人的校注成果编成《墨子注》一书。一代大儒孙诒让继而将《道藏》本《墨子》与毕沅校本、明吴宽写本、顾广圻校本、日刻本等互相校勘，集合毕沅、苏时学、王念孙、王引之、张惠言、洪颐煊、俞樾、戴望等人的成果，撰就《墨子间诂》。孙诒让精通经学校勘训诂，考释古文，推求旁征，故研究《墨子》，一般应以《墨子间诂》为底本。张纯一的《墨子集解》、吴毓江的《墨子校注》、王焕镳的《墨子集诂》、谭戒甫的《墨辩发微》、岑仲勉的《墨子城守各篇简注》亦为善本。本书研究以孙诒让的《墨子间诂》为主，其他注本为辅。

② 近代学者对墨学的研究侧重原文训诂，论述较为系统全面。哲学史、思想史类著作，如冯友兰的《中国哲学史》、胡适的《先秦名学史》、萧公权的《中国政治思想史》等都对墨家学说有专门研究。墨学专著方面，梁启超的《墨子学案》、伍非百的《墨子大义述》、王桐龄的《儒墨之异同》、方授楚的《墨学源流》等对墨学诸论阐释精湛。而郭沫若对墨学的批判态度最为鲜明，在《十批判书》及《青铜时代》中几乎全盘否定墨学十论。

③ 晚清民国治墨学者颇重文本解释，对《墨子》中的论辩均有梳理，尤以伍非百之研究为详。伍非百：《墨子大义述》，载《民国丛书》第四编第五册，上海书店1992年版，第23 ~ 58页。

爱”为“无父”论，使“辟墨”于此后二千多年的中国思想界深入人心，牢不可拔，一直为后世儒者奉若圭臬以鸱张门户，而为墨学辩护伸张者屈指可数，大抵唯李贽、颜元、汪中若干名士。

清末墨学复兴之际，思想氛围大为宽松，儒墨并尊乃至尊墨批儒蔚为风潮，遽尔大有论者认肯倡言“兼爱”之道，二千多年牙慧相传“辟墨”之言，反有声光顿息之势。而且，适逢救亡图存之大变局，墨学救国说风靡华夏，“兼爱”论一雪饱受攻讦之前耻，而备受学林追捧。学界巨擘梁启超、胡适等奉“兼爱”为救国救世之良药，“国父”孙中山将“兼爱”化为“天下为公”的博爱情怀，①西方传教士则利用“兼爱”促使中国人接纳“博爱”之基督教。五四以降，当代中国学者对孔墨多有尊抑取舍之论，亦往往折射自身思想旨趣与政治姿态。②

从1904到2014年，墨学研究著作凡356种，论文约3800篇，近10年硕士学位、博士学位论文70余篇。1991年以降，历届墨学国际研讨会同步反映研究新动态，其佳作收录于历次会议论文集《墨子研究论丛》，共计11册。此外，任继愈的《墨子大全》与严灵峰的《无求备斋墨子集成》堪称墨学整理之宏业，郑杰文的《中国墨学通史》则标志着墨学史研究的新高。至于法律思想层面，研究著述可谓寥若星辰，期刊专文仅30余篇，竟未及墨学研究论文总数的1%。③相比儒道法诸家，法史学界对墨家的研究尚未成体系，墨学正义、平等、权利之义涵仍有待挖掘。

概观中外学者墨学研究著述，可谓卷帙浩繁，哲学史、伦理学、政治哲学各学科方法与论述旨趣的墨学研究，在继承墨学复兴义理研究成果之余，侧重于深入研究“兼爱”“节用”，然往往缘起或结穴于伦理道德层

---

① “兼爱”在墨学复兴过程中的学术研究与政治影响，可以梁启超对墨学的推崇及墨学对孙中山的影响为证。梁启超从少作《子墨子学说》之“天志纲领说”到《墨子学案》“兼爱基础说”的转变，与其欧游见闻与思想发展桴鼓相应，反映了梁氏墨学治世观的演变：从挖掘墨学“宗教”思想作为政治理论基础的愿望到以“兼爱”构建心中博爱、平等国家的理想。这也印证“兼爱”在墨学中的地位与价值。参见梁启超：《墨子学案》，载《饮冰室合集》专集三十九，中华书局1989年版，第8～13页；孙文：《三民主义·民族主义第六讲》，载《孙中山全集》（第九卷），中华书局1986年版，第244页。

② 蔡尚思归纳颇详，可资参考。参见蔡尚思：《儒墨斗争史与儒法合作史》，载蔡尚思主编：《十家论墨》，上海人民出版社2004年版，第306～308页。

③ 其中佳作屈指可数：倪正茂的《墨家法哲学对儒家法哲学的抗争》指出墨家“尚同”与“法治”的关联；马作武的《墨子的法律观评析》揭橥“兼爱”的权利意识；赵建文的《墨子关于“兼爱非攻”的国际法思想及其现代价值》阐述“兼爱非攻”思想是国际法的“理论先导”；张斌峰的《墨子的“法治”观及其现代价值》诠释墨子是第一位主张“法治”的思想家；李平的《论〈墨子〉与先秦法学兴起》认为墨学使源于“佥”的“法”成为传统治术话语。

面，抑或虽阐弘其政治宏旨，但具体制度价值之论述语焉不详；法史学意义的墨学研究方兴未艾，不少学者已然意识到墨家法律思想的研究价值，[①]惜乎仅专注于研究墨学诸论中的法起源论与赏刑举措，反而将深富法学价值之"兼爱"精义抛诸脑后，偶有论述则如蜻蜓点水。墨音犹存，墨法尚在，墨家法思想研究是法史学亟待开启的宏富课题。当下墨家法思想的研究正应填补空白，秉本执要而别开蹊径，阐弘"兼爱"以深拓法理。

历来治墨学者常不吝赞誉"兼爱"理想及德性之论，又不免斥责"兼爱"为空想、幻想。[②]其实，作为人类社会永恒的价值范畴，在成为"事实"之前盖可称为某种信仰，当代世界倡导之自由、平等、博爱莫不如此。这种信仰既可直接引领社会变革与制度转型，又能渗透于风俗文化与道德法制中日用而不知，潜移默化影响社会发展变迁。墨家"爱"的观念也是如此，它是一种连结自由（或每个人的权利）和平等（或一切人的权利）、并表现出其实质一致性的纽带，其价值或许比今时学林熟稔之"平等""自由"更为深邃。

那么，"兼爱"价值究竟何在？除了像汤因比和池田大作对话录中高屋建瓴的溢美之词，[③]以及研究著述中微观翔实的深掘发微，[④]"兼爱"是否

---

① 法律史学者总体上肯定墨家法律思想的研究价值。冒景璠说："无论为自己人格之修养，社会组织之健全，国家文化之建设，墨家的法律思想均有值师法之处。"冒景璠：《墨家法律思想》，《新粤周刊》第1卷第5期，1937年。张国华说："墨家思想是我国古代思想文库的一块瑰宝，而墨家法律思想有不少可取之处。"张国华：《中国法律思想史新编》，北京大学出版社2003年版，第100页。马小红说："从《墨子》来看，墨家对法律并无系统的论述，但墨家的法律观及其主张却很有特色。"马小红：《中国法律思想史研究》，中国人民大学出版社2007年版，第35页。

② 近代以来治墨者多尚墨。不过，除对墨学持完全批判态度的郭沫若，有些学者仍力斥"兼爱"，如陈柱认为"兼爱"等于"无爱"，葛兆光、邢兆良亦质疑"兼爱"的可行性。参见葛兆光：《中国思想史》，复旦大学出版社2001年版，第107页；邢兆良：《墨子评传》，南京大学出版社2011年版，第207～216页。即使诸多治墨者大致肯定"兼爱"，仍不免先扬后抑的论调。

③ 池田大作和汤因比的对话，是从他者视角及现代语境对墨学较为客观的评述。可惜，限于对话录形式，两位大家只是给出高度肯定的赞誉之词，未见详细论述。这有待后来治墨学者承其余绪。参见〔英〕阿·汤因比、〔日〕池田大作：《展望二十一世纪——汤因比与池田大作对话录》，荀春生、朱继征、陈国梁译，国际文化出版公司1985年版，第425～428页。

④ "兼爱"价值在墨学专著的结语多有所提炼，但持论均大同小异。陈克守、桑哲对人际关系准则方面指导意义的论述较有新意。参见陈克守、桑哲：《墨学与当代社会》，中国社会科学出版社2007年版，第48～56页。在专论"兼爱"思想及其价值的论文中，张斌峰的研究较为深刻且富有启示性，尤其数篇论文中一以贯之对"兼爱"人文性的把握及法治论价值的挖掘。刘清平认为墨家的"兼爱"思想包含着正当原则、平等观念、民主意识等可贵的思想内涵，同时强调这些思想的现代价值乃是克服当代西方权利、平等观念的某些缺陷。参见刘清平：《论墨家兼爱观的正当内涵及其现代意义》，《浙江大学学报》（人文社会科学版）2010年第3期。

还值得重新勘探、接续诠释？墨家“兼爱”法思想的价值要义，主要在于轴心时代的显耀一时，抑或对今日世界仍有启示？是有广泛的治国理政之思想价值，抑或只是提出若干合理的法制主张？诸多疑问亟待深究，均可装嵌于“兼爱”为本之墨家法思想研究。

本书力图以法学视角诠释先秦墨家“兼爱”思想体系之现代价值：首先从思想史的视野梳理墨家“兼爱”学说体系的思想渊源与历史发展，进而从正义、平等、权利等法哲学范畴诠释墨家“兼爱”法则所蕴涵的普世价值，最后彰明以“兼爱”为根荄的墨家各论所表达的制度理念，提炼挖掘其尚质、贵义、倡利、节俭、任法等富有现代启示的思想义涵。研究分七章展开，分述如下：

第一章研究墨学的渊源与体系问题。首先，检视墨学渊源论，依循墨学“三表法”的思路分析墨学的多重渊源：其“本”指明墨学纵向渊源，其“原”映照横向渊源，其“用”揭示自创成分，由此试图打破“圣王渊源论”的拘囿，侧重彰明墨翟学说的自创成分与特殊性。① 其次，梳理墨学根本观点论，以“兼爱”提纲挈领，勾勒墨学的思想体系图式，逐一分析诸论与“兼爱”之内在关系。②

第二章对墨学“兼爱”论的形成与发展进行基础阐释。③ 秉持前期墨家与后期墨家的学说与观点，立足于《墨子·兼爱》三篇与后学“墨辩”六篇，笔者认为“兼爱”论的发展历经墨翟创议与别墨阐扬两个阶段。④ 此章还论述了墨翟创议“兼爱”之必要、可行、要求及特征；“墨辩”以逻辑方法阐弘“兼爱”之普遍性、周延性、结合性、不可分割性、集体性、一贯性、实践性、超时空性等理论特质。

---

① 在墨学的思想源流方面，方授楚对墨学思想流变考证颇为精当，在《墨学源流》一书中提出“墨子自创说”，实为近代学人打破成见、超越古人之证。参见方授楚：《墨学源流》，中华书局、上海书店 1989 年影印版，第 71 ～ 73 页。

② 学界的研究基本上沿袭将墨学十论分别归类到伦理、政治、法律、经济、宗教、军事等方面的体系化方法。这种方法对墨学诸论具有解释力，但若将“兼爱”归于“伦理”，局限于伦理视角的解释，则会制约墨学研究的纵深发展，也是法律史学界对“兼爱”论不够重视的原因。

③ 对墨家思想的不同阶段进行讨论，在训诂研究涉及《墨子》篇目、时期已有所察。现代治墨学者更注意对其理论纵向发展的探究。郑杰文的《中国墨学通史》将墨学的内容区分为初创时期的思想与之后发展的思想。参见郑杰文：《中国墨学通史》（上），人民出版社 2006 年版，第 1 ～ 57 页。丁为祥则撰文对“兼爱”的演变进行研究，亦有启发。参见丁为祥：《墨家兼爱观的演变》，《陕西师范大学学报》1999 年第 4 期。

④ 详细论述墨家后学阐扬“兼爱”的研究著述，在学术界尚属凤毛麟角。参见孙中原：《墨学通论》，辽宁教育出版社 1993 年版，第 31 ～ 44 页。孙中原:《墨者的智慧: 墨子说粹》，生活 · 读书 · 新知三联书店 1995 年版，第 225 ～ 233 页。

第三章揭示墨家“爱”与制度正义理论。首先，分析“爱非为用”所澄明墨家之“爱”的特征，在于一种有别于诸子之“爱”的主体价值；其次，重构“义者正也”所展现墨者之“义”的理念，勾勒“天志—兼爱—法仪”结构的墨家正义秩序观。最后，依循伦理学“爱与正义”关系理论，阐释墨家“兼爱”与制度正义的紧密关系。其中着重运用“爱与正义”关系理论阐释墨家“兼爱”中的正义论，揭橥“兼爱”之“爱”所蕴含的追求和谐和平的正义观，并与基督教“爱的律令”思想进行比较。

第四章透过儒墨辨异阐释墨学的平等法思想。首先，辨析“兼即仁义”，重拾“兼仁之辨”，墨家“兼以易别”阐发的是一种异于儒家“仁爱”的“兼爱”论；[①] 其次，通过“爱利一体”的命题诠释“兼爱”之平等性与对等性，“兼交并举”表达的是具有超越意义的人类对等关系与平等法则；最后，透过“有见于齐”的评价审视“齐畸之辨”，墨家“兼爱”独優差等，强调的是现实等级环境中的社会公平、平等理念。[②]

第五章运用权利理论阐明墨家的权利秩序观。墨子将“不相爱”视为侵权犯罪现象的根源，“交相利”学说包含尊重人身权与财产权、生存权与发展权，透露出浓厚的权利意识。与之相应，“非攻”以从个人基本权利到国家主权的显著论证方式，竭力反对侵犯个人权利和国家主权的行为，并在人类思想史上率先提出有关国际秩序与关系的普遍法则，勾绘出墨家特色的从个人权利到国家主权的权利秩序观念。

第六章探析从爱的哲学到制度原则的墨家思想路径，研究墨学各论所展露的制度理念：以“尚同”论为线索，论述墨家的国家法律起源论及其理想中的国家社会体制结构，重述关于墨家“尚同”与社会契约论异同的重要论战，审思其与专制集权体制的理论关联。以“节用”诸论为素材，揭明墨家尚质贵俭之气质，及其回归本质、需求层次、抑制奢侈、权利调和、节俭兴利、公平分配、社会互助等制度理念；以赏刑论为中心，辨析墨家贵义、明鬼思想所蕴含的刑罚适用原则与具体法律规范，着重牵引出“罪不在禁，惟害无罪”的罪刑法定思想与“不杀不辜，不失有罪”的慎刑严刑主张，并附专节呈现墨家城守圣战中的法制实践。

第七章回顾审思墨家法律思想的历史影响，主要研究墨家在“儒法之

---

① 汉代以降即有“视墨同儒”的误解，尤以唐人韩愈为甚。至今，不少学者仍提倡儒墨并用，如杨俊光在《墨子新论》一书中仍混同“兼爱”与“仁爱”，可谓这一观念的现代延续。

② 如方授楚在《墨学源流》中将“兼爱”归纳为“平等”二字。在法律思想史领域，马作武的《墨子的法律观评析》一文是墨家法律思想研究的上乘之作，简要剖析法律观意义上的“兼爱”平等意识。

间”的意义：墨家“爱利一体”“义利合一”、崇尚务力自强的功利思想迥异于儒家的重义轻利，且影响了法家政治实用主义；墨家“尚同”论及其势术设计，初步勾绘了法家集大成的专制集权图景；墨家“尚贤”论迥异于儒家举贤论，引领推翻世卿世禄、抑贵举士之风潮，并牵引法家的吏治度术论；墨家“天志—明鬼”论依循人性审思切实强调赏刑二端，构筑法家明法重刑的叙述方式；墨家“法仪”论象征战国新法的兴起，以其工匠器具话语启示一种法家式的规范普遍性、客观性言说。

结语部分整合正义、平等、权利三个角度的诠释，以及对墨学各论之思想特质的挖掘，归旨研究初衷并升华论述主旨。凝合当代中西方学者墨学研究所挖掘之价值，力图贴合法思想价值层面提炼其对个人、社会、国家的指引规范意义："兼爱"作为一种"纯笃无疵"的崇高理想，于人类文明社会深富理想价值与制度意义。

关于治墨学之方法，近现代墨学史值得回顾反思。西学东渐对国人的文化心理产生剧烈冲击。与之相应，当一种民族情绪与文化自恋在近现代甚嚣尘上之时，“古已有之”的心态油然升腾，传统思想研究中格义比附的现象层出不穷。于其时氛围，如果说儒学始终代言象征传统文化而难以为之张目，那么对于墨家——中国思想史上首个与儒学针锋相对的学派，学人细绎其旨，确有如暗室逢灯、绝渡逢舟之欣喜。在这一大背景下，发端于清代的墨学复兴（尤其“墨辩”研究），最初呈现出比附西学的显著特点，从而使尘封二千年的先哲典籍焕发出熠熠生辉的科学光芒，也让其时学者获致可以固守国粹、“中体西用”的理论载体。以墨家经典为主体，以一切可资利用的西方理论为注解的研究方式①曾风行一世，当然有时也不可避免地暴露牵强附会之弊病。甚至颇有名望之学者亦曾抛出西学源于墨学之论，真可谓天方夜谭。②可见，一味固持这种民族文化自尊心，在图强紧迫心态下研究墨学乃至传统文化，在价值判断上容易陷入主

① 詹剑峰综合墨子全书，融会贯通，整理成一套规模初具的形式逻辑体系，并按照现代逻辑教学大纲的秩序来叙述“墨辩”，或许有先入为主、本末倒置之嫌。参见郑杰文：《中国墨学通史》（上），人民出版社 2006 年版，第 443 ~ 448 页。

② 黄遵宪说：“余考泰西之学，其源盖出于墨子。”［清］黄遵宪：《日本国志》，上海古籍出版社 2001 年版，第 332 页。薛福成说：“余常谓泰西耶稣之教，其原盖出于墨子，虽体用不无异同，而大旨实最相近。”参见［清］薛福成：《出使英法义比四国日记》，岳麓书社 1999 年版，第 252 页。晚清学者邹伯奇、郭嵩焘、王闿运、张自牧均持此说。参见马克锋：《近代墨学复兴的历史轨迹》，《教学与研究》2004 年第 1 期；郑杰文：《中国墨学通史》（上），人民出版社 2006 年版，第 351 页。俞樾《墨子间诂序》则以光学重学出于《墨子》，并以城守“备梯”“备突”“备穴”或即泰西机器之权舆。［清］孙诒让：《墨子间诂·俞序》，中华书局 2001 年版，第 2 页。

观臆断，在思路方法上亦流于极端偏执的“六经注我”。诚然，所谓“前理解”[①] 始终支配着“解释”，但检视并调整学术姿态与价值判断，形成一种姿态自识与判断自觉，于思想史研究过程中不可须臾忘怀。因而，一种批判性解读的姿态仍应予以重视。“批判”既因古今“事实”的历史疏隔，也因古今“价值”的迥异取向，并不悖于陈寅恪先生所倡“了解之同情”的史论态度。于诸子法思想研究中，“批判”意味着叙述逻辑分析中的语义与史实考辨，也意味着竞胜学说、冲突观点的权衡反思，还意味着秉持现代价值对传统思想的重新解读。

于是，在阐释墨学，挖掘其法哲学价值的过程中，应不断思索、取舍法律思想史研究的进路与方法，其中交织着哲学研究视角与史学研究视角的游移、强调文化特质的特殊主义与比照西学的普遍主义之间的取舍、近于“我注六经”之注疏描述与仿佛“六经注我”之现代诠释间的权衡。研究力求忠实于《墨子》文本，注重中国传统治学方法及其成果坚持诠释的“客观性”原则，但更力求超脱墨学式微历史的经验困境，试图开拓思想研究的视域进行比较研究与现代诠释。在治墨学人前辈研究方法论的启发下，以挖掘“兼爱”法哲学价值为研究重心，调校现代法学焦点，从超越、总体视角进行研究，把局部、分析的认识组织为整体、综合的认识，“一览墨学全山真面目”。[②] 非鹅王择乳，不能具此心眼。从原始儒家至汉儒至宋儒再到现代新儒家，其思想亦与世推移，但皆谓之儒家，其仁、礼、内圣、外王一脉相承；而从原始墨家到现代墨学，只要把握墨学宏旨，基于“兼爱”根本、“三表”之法、非儒诸论，挖掘诠释其符合现

---

① 海德格尔提出“前理解”概念，他说：“把某某东西作为某某东西加以解释，这在本质上是通过先行具有、先行见到与先行掌握来起作用的。解释从来不是对先行给定的东西所作的无前提的把握。准确的经典注疏可以拿来当作解释的一种特殊的具体化，它固然喜欢援引‘有典可稽’的东西，然而最先的‘有典可稽’的东西，原不过是解释者的不言自明的无可争议的先入之见。”又指出：“解释领会到它的首要的、不断的最终的任务始终是不让向来就有的先行具有、先行看见、先行把握以偶发奇想和流俗之间的方式出现。它的任务始终是从事物本身出来清理先有、先见与先行把握，从而保障课题的科学性。”〔德〕马丁·海德格尔：《存在与时间》，陈嘉映、王庆节译，生活·读书·新知三联书店 1987 年版，第 184 页、187 ~ 188 页。

② 在“新墨学”的构建中，“兼爱”无疑是第一义。张斌峰从“建本”“创新”两方面展望“新墨学”的发展。张斌峰、张晓芒：《新墨学如何可能？》，《哲学动态》1997 年第 12 期。孙中原提出：“以现代科学为工具性元理论，对墨学进行超越、总体研究，是墨学现代化和墨学元研究的最佳方法论选择。”孙中原墨学研究的方法论与基本思路值得赞赏，对墨学及其“兼爱”现代价值的研究具有启发意义。他深刻探究了墨学现代化的实质，提出创建“新墨学”“元墨学”的方法论构想：从超越、总体视角，分析古今墨学研究的主体、主题、成果、语言、层次和方法等元性质。参见孙中原：《墨学现代化、新墨学和元墨学》，《哲学研究》2006 年第 1 期。

代社会的理想价值与制度意义同样可期。

关于墨学研究之方法，思想的比较研究举足轻重，布洛赫曾誉之为“神力的魔杖”，实乃挖掘墨学价值研究的有效途径之一。相比墨辩研究全面运用西方逻辑学、印度因明学诠释方法，墨学十论的比较研究才刚起步。本书有意运用思想义理研究的某些参照系，尤其注重从中西、古今两大维度诠释墨家“兼爱”的法哲学价值，如涉及儒家“仁爱”、道家“无为”、法家“制民”、《新约》“爱的律令”、霍布斯社会契约论、边沁功利主义、杰赛普跨国法论、西方自然法学等，通过辨析异同获致对墨家法律思想及其现代价值的深刻认识。

现代墨学研究强调“新墨学”研究范式。主张超越校勘、注译与分类述学，拓展对《墨学》原典、文本的理解与释义空间，以现代人文社会科学为元理论对墨学进行总体研究，这是“墨学现代化”的基本方法论，对现代价值研究而言堪称根荄。新墨学研究富有广阔诠释空间，有令墨学复兴愿景更为绚烂的色谱，确实，新墨学与元墨学在主体、主题、方法、语言、层次、功能等方面都存在某些差异性，[①] 墨学的现代传承依赖阅读、注疏、理解、反思、诠释、弘扬，转换为学科意义上的新墨学学术系统，即具有自身的对象范围、理论方法、经典文本、叙述结构、义理学说的学科。现代诠释尤为重要，例如可参考傅伟勋“实谓”“意谓”“蕴谓”“当谓”“创谓”的创造诠释分层法 [②] 以及新墨学的“层面整体动态观”，形成一种依循文本训诂、义理辨析、宗旨探寻、道德评判、价值挖掘等多层面研究墨家法思想的诠释路径。

此外，近代以降墨学研究著述中呈现出各具特色的方法或旨趣。梁启超《墨子学案》中对墨子与霍布斯的比较研究，王桐龄在《儒墨之异同》中儒墨比较并胪列异同的治学方法，方授楚《墨学源流》中平等价值范畴主导法，张纯一在《墨子集解》中对墨学与景教的比较研究，郭沫若、侯外庐、任继愈、李泽厚等学者的经济基础决定论与阶级分析法，海外学者李绍崑等的当代西方价值比较法，李贤中的情境伦理反思视角，薛柏成《墨家思想新探》中扎实的文本对照研究方法，詹剑峰的《墨子的哲学与科学》、徐希燕的《墨子研究》运用多学科理论的研究旨趣，秦彦士《墨

---

① 参见杨文：《新时代，新墨学》，载邵长婕主编：《墨子研究论丛》（十一），齐鲁书社 2016 年版，第 419 ~ 420 页。

② 参见傅伟勋：《从创造的诠释学到大乘佛学》，东大图书股份有限公司 1990 年版，第 10 ~ 45 页。

子考论》中对墨子与亚里士多德的比较研究、[①]张斌峰现代社会伦理与法治论的新墨学诠释，皆有一得之功，颇值借鉴。前人独出心裁之见，亦不敢掠美，唯详备引介。

然梨洲先生曰："学问之道，以各人自用得著者为真，凡倚门傍户，依样葫芦者，非流俗之士，则经生之也。……以水济水，岂是学问！"[②]矢志治墨，当引以自砺。

---

① 秦彦士列专章比较墨子与亚里士多德的思想。参见秦彦士：《墨子考论》，巴蜀书社2002年版，第293页。与之类似，郝长池对墨子与苏格拉底进行了比较分析。参见郝长池：《神权政治与民主政体——论苏格拉底和墨子的神权思想》，《现代哲学》2010年第1期。

② ［清］黄宗羲：《明儒学案发凡》，载《明儒学案》，中华书局1985年版，第15页。

第一章　墨学的渊源与体系[①]

墨子（约公元前480年—公元前420年）[②]，姓墨，[③]名翟，鲁国人，未仕。[④]作为出身手工业的小生产者，墨子平日之言不离百工之业、耕织之事，时君世主鄙夷不屑，视之为“贱人”（《墨子·贵义》）[⑤]。作为与公输盘并驾齐驱的手工匠及城防专家，墨子曾毅然赴楚救宋，以济世壮举践行其“兼爱”“非攻”之学。论者曰：“孔子无黔突，墨子无暖席。”（《淮南子·修务训》）史家亦云：“孔席不暖，墨突不黔。”[⑥]与孔子相若，墨子游说列国，取合诸侯，以期经世救弊。在世之时，墨子足迹遍及鲁、

---

① 该章初稿《墨学渊源体系新论》发表于《枣庄学院学报》2011年第3期。

② 墨子的生卒年乃聚讼未决的疑案，各家考证的生卒年代，误差在20年左右。本书采任继愈说，“孩童之年当是孔子老死之时，其主要活动年代在战国之初，止于韩、赵、魏三家正式分晋和田齐代姜齐之前”。参见任继愈主编：《中国哲学发展史（先秦）》，人民出版社1983年版，第208～209页。

③ 后世所谓墨家学派，取墨翟之“墨”。江瑔《读子卮言·论墨子非姓墨》则认为“墨字从黑，为会意兼形声字，故古人训墨为黑，又训为晦。引申之为瘠墨，为绳墨。是则所谓墨者，盖垢面囚首，面目惊黑之义也”。钱穆亦认为：“墨者盖刑徒役夫之称。乃刑徒之谓。”钱穆：《国学概论》，商务印书馆1997年版，第44页。方授楚力驳之而袭墨氏之说，参见方授楚：《墨学源流》，中华书局、上海书店1989年影印版，第3～7页。

④ 墨子国籍亦争论纷纭，除去“印度人”“阿拉伯人”之谬说，仍歧异颇多，有鲁国人、宋国人、楚国人诸说。本书采孙诒让说，“生于鲁”。参见［清］孙诒让：《墨子间诂》，中华书局2001年版，第680页。一说墨子“曾仕于宋”，然无法确证，盖其始终为平民贱人也。参见方授楚：《墨学源流》，中华书局、上海书店1989年影印版，第22页。

⑤ “贱人”一词，常见于《墨子》，墨翟多竭力为之请命。参见李学勤：《长台关竹简中的〈墨子〉佚篇》，载《简帛佚籍与学术史》，江西教育出版社2001年版，第354～355页。一般认为墨翟乃工匠出身，此外还有士人出身说、贵族出身说、农民出身说等学说。参见胡子宗等：《墨子思想研究》，人民出版社2007年版，第23～31页。君王以“贱人”视之，墨子亦以“贱人”自居，故其未曾出仕为官，而始终为弱国弱民奔走奉献。

⑥ ［汉］班固：《答宾戏》，载［梁］萧统编：《文选》（第五册），［唐］李善注，上海古籍出版社1986年版，第2016页。

宋、卫、楚、齐、越、魏诸国。伴随其广纳门徒[①]与扶倾济弱之事业，墨家学派的知识技术薪火相传，战争经验逐步凝炼，载于《墨经》的自然科学知识与“城守各篇”[②]的军事战略与技术理论，与墨家哲学一道屹立于轴心时代并名扬后世。

《淮南子·要略》云：“墨子学儒者之业，受孔子之术，以为其礼烦扰而不说，厚葬靡财而贫民，〔久〕服伤生而害事，故背周道而用夏政。”可见，墨子虽出于儒门，“学儒者之业，受孔子之术”，深谙儒家学说，却有如那一时代学于儒门的新兴士人（如吴起），不惧背离师道，拔新领异，创立与孔门学说大有径庭之墨家学说。孟轲曰“墨翟之言盈天下”（《孟子·滕文公上》），韩非曰“世之显学，儒墨也”（《韩非子·显学》），终战国之世，墨学一直与儒学并驾齐驱，影响广泛。在先秦时代，墨子虽“无爵位以显人，无赏禄以利人”，然“盛誉流于北方，义声振于楚越”，弟子“显荣于天下者众矣，不可胜数”（《吕氏春秋·仲春纪·当染》），甚至“万乘之主，千乘之君，不能与之争士”（《吕氏春秋·季冬纪·不侵》）。其时，楚王善其书而欲封之，墨子以未用其书，不受而去（《渚宫旧事》卷二）；越王豪言“苟能使子墨子于越而教寡人，请裂故吴之地，方五百里，以封子墨子”，墨子怀“不曾粜义”，因而婉拒（《墨子·鲁问》）。虽显荣至此，墨子不肯枉道徇人、粜义受封之本心诚可见矣。

生于“王纲解纽”“礼崩乐坏”之周末乱世，孔子希图恢复周代礼制，从而通过“以仁释礼”的路径发展出儒家学说。墨子则代言“农与工肆之人”，向往夏禹之道，创墨家学说于战国，具有浓厚的时代意义，其治道一切从国家百姓之利出发，对儒家所维护的周代秩序提出尖锐挑战，呼唤符合小生产劳动者利益的一套新秩序，进而期望结束东周纷乱而趋于一统。

由于墨者显现小生产者的矛盾性格，墨学亦具有错综复杂的多重渊源，历来评墨、治墨者论及墨学渊源大多执囿一说。其实，墨学特有之“三表法”可映现墨家立说的方法与理据，以之为证，恰可窥见墨学的多重渊源；同时，墨学中虽不乏相互矛盾的思想成分，却始终以“兼爱”为根本观念统摄诸论，形成一个较为圆融完整的墨学体系。

---

① 关于墨家弟子，王桐龄评语甚精炼，“禽滑厘为严正之军人”“高石子为守义之高士”“耕柱子为墨门之高才生”“公尚过为墨门之政治家”“高何、县子石为墨门之壮夫”“随巢子、胡非子为墨门之学者”。王桐龄：《儒墨之异同》，载《民国丛书》第四编第五册，上海书店1992年版，第201页。

② 详见《墨子·公输》。此外，《墨子·鲁问》与《韩非子·外储左说上》也记载墨子技艺巧于公输盘之事。

第一节　以“三表”为证的墨学渊源

墨家“非儒”，最明显地体现在“节用”“节葬”“非乐”等命题中，从中墨家的夏禹遗风可略见一斑。虽与儒家一样信而好古，祖述圣王，但墨子始终推崇大禹之道，故“背周道而用夏政”，与孔子“从周”姿态大异其趣。这源于对周礼体制的不同态度：墨子从儒门中感知的“周礼”，主要为儒门弟子赖以为生之丧礼，“烦扰而不说，厚葬靡财而贫民，〔久〕服伤生而害事”（《淮南子·要略》）。从而，认同礼乐秩序与儒家人文学说的评论者亦视墨学为一种“次于人文”或“不及人文”① 的理论学说。墨家确在诸多关乎社会生活与规范的问题上以功利价值取代人文价值，因而从实用观点反对礼乐秩序，竭力践行禹之道。先秦诸子因而多以“夏禹之道”为墨子学说盖棺定论。于是，庄子在《天下》篇中对墨学的评价也围绕“源于夏禹说”展开：“墨子称道曰：‘昔者禹之湮洪水，决江河而通四夷九州也，……禹大圣也，而形劳天下也如此。’使后世之墨者，多以裘褐为衣，以跂蹻为服，日夜不休，以自苦为极，曰：‘不能如此，非禹之道也，不足谓墨。’”不过，墨学源于“夏禹之道”的观点，虽忠实于墨者的自我定位与学派认同，也在一定程度上揭示了墨家思想的历史渊源，但遮蔽了墨学的现实品格与时代意义，本质上仍是因循诸子法古论调的空泛解说。

相反，《韩非子·显学》提出“源于尧舜说”。在秉持历史进化论的韩非看来，墨学和儒学一样，均源于先王政典、传统治道：“孔子、墨子俱道尧、舜，而取舍不同。”按法家的视角，墨学与儒学在思想渊源上同源共流，均源于尧舜，且在学说的实质内容上也颇有融通之处。申言之，韩非持历史进化观，实际上蕴含探析墨家渊源的一种启示：不管“源于夏禹”还是“源于尧舜”，均是诸子法古之形貌而已，毕竟儒墨之宏旨与分论均实质性地“取舍不同”。然而，墨子反对“循而不作”而强调创造从事，“古之善者则诛（述）之，今之善者则作之”（《墨子·耕柱》）。《墨经》中的命题更直接反映墨家的古今之辩及其不循古的立场。《墨子·经下》言：“尧之义也，生（任）于今而处于古，而异时。说在所义。”《墨子·经说下》：“在（任）尧善治，自今在（任）诸古也。自古在（任）之今，则尧不能治也。”既以圣王之义有古今悬隔，圣王之名也应异时而观，

---

① 唐君毅曾说墨子“次于人文”，牟宗三也批评墨家完全采取“不及人文”的态度。参见牟宗三：《中国哲学十九讲》，上海古籍出版社 2005 年版，第 50 ~ 51 页。

反而不乏类似法家历史进化之旨。[①]

韩非所意识到的儒墨历史观之共通，为日后儒墨为用、视墨同儒的学术偏见埋下了思想观念的种子。本来，墨者极力攻讦儒学，先秦儒者亦视墨家为异端，与之在思想渊源上划清界限，并对其思想义理颇有微词。但有趣的是，韩昌黎以“卫道者”自居，捍卫孔孟之道而排斥佛教异端，极言“儒墨相用”，宣扬“儒墨同是尧舜”[②]，又代表了汉代以降“视墨同儒”的学术观念。[③]

其实，无论是“夏禹之道说”所展示的儒墨互斥还是“祖述尧舜说”所蕴含的儒墨共通，都稍嫌肤廓，未幽其奥，观者当求诸骊牝之外。从纵向历史的视角考察墨学的思想渊源，可能会给墨学贴上一个“夏禹”或“尧舜”的标签，骤视之虽为高屋建瓴，把握墨学宏旨，详玩之则难以捉摸、颇有疑义，也可能忽略实质义理中存在的矛盾性或两面性。尤其墨家所透露的小生产者的双重性格，使墨学十论中不乏相抵牾之处。

与其大而化之辨明“夏禹”与“尧舜”何为墨学渊源，尚不如切实立足于学派整体品格，就其学术源流进行考察。这正是班固在《汉书·艺文志》提出的“诸子出于王官论”之旨趣。盖鉴于上古时期“治教不分、官师合一”之史官文化，早在刘歆《七略》中已提出“九流出于王官”论，《汉书·艺文志》引之，盖为周秦学术渊源之正统论说。[④]按照这一学术史论，墨家出于“清庙之守”或“史佚”。[⑤]斯说虽较为具体，却颇难考

---

① 参见吕有祥：《墨家的若干辩证法思想》，载张知寒主编：《墨子研究论丛》（一），山东大学出版社 1991 年版，第 143 ~ 144 页。

② 韩昌黎云：“孔子必用墨子，墨子必用孔子，不相用，不足为孔墨。”［唐］韩愈：《读墨子》，载［清］董诰等编：《全唐文》卷五五九，中华书局 1983 年影印嘉庆十九年本，第 5656 ~ 5657 页。

③ ［汉］刘安《淮南子》多次孔墨并称，如《主术训》曰“孔墨博通”，《人间训》云：“非仁义儒墨不行，非其世而用之，则为之禽矣。”另外，《盐铁论》《汉书》《论衡》均有儒墨并举的现象，参见郑杰文：《中国墨学通史》，人民出版社 2006 年版，第 176 ~ 216 页。

④ 《汉书·艺文志》：“儒家者流，盖出于司徒之官。……道家者流，盖出于史官。……阴阳家者流，盖出于羲和之官。……法家者流，盖出于理官。……名家者流，盖出于礼官。……墨家者流，盖出于清庙之守。……从横家者流，盖出于行人之官。……杂家者流，盖出于议官。……农家者流，盖出于农稷之官。……小说家者流，盖出于稗官。……诸子十家，其可观者九家而已。”

⑤ 《汉书·艺文志》：“墨家者流，盖出于清庙之守。茅屋采椽，是以贵俭；养三老五更，是以兼爱；选士大射，是以上贤；宗祀严父，是以右鬼；顺四时而行，是以非命；以孝视天下，是以上同：此其所长也。及蔽者为之，见俭之利，因以非礼，推兼爱之意，而不知别亲疏。”章太炎宗此论说，认为墨家出于“史角”“尹佚”诸“清庙之守”。参见章太炎：《诸子学略说》，广西师范大学出版社 2010 年版，第 73 页。

证[①]，对今人探析墨家思想亦缺乏清晰指引意义。而且，诸子出于王官论之“出”，非逻辑之“出”，仅在一定程度上指涉诸子兴起的历史因素。胡适意识到，“今之治诸子学者，自章太炎先生以下，皆主九流出于王官之说”，故撰《诸子不出于王官论》力辩之。[②]胡适之所以全盘否定“诸子出于王官论”，大抵因为它不如“诸子起于救时之弊论”在逻辑上更为严谨可靠，所谓“墨家出于清庙之守”，更为胡氏着力攻讦之关键。[③]反观“诸子起于救时之弊论”，本可启发阐明战国之初墨学兴起之时代背景，可惜其论之实仅及“大禹之法”而聊为数语：“当此之时，烧不暇撌，濡不给扢，死陵者葬陵，死泽者葬泽，故节财、薄葬、闲服生焉。”（《淮南子·要略》）

因此，墨学历史渊源的各种传统论说，虽然都从各自层面在一定程度上揭示了墨学的源泉与特质，但若囿于单一的渊源论，反而对理解墨家的核心观点，把握墨学的独特品格有所遮蔽。鉴于墨家与小生产者阶层的紧密关联，[④]结合“诸子起于救时之弊”的缘起思路及墨家的现实情怀，探究墨家的功利主义论证方式，不失为墨学逻辑渊源探索的多元进路，亦可修正种种颇具本质主义色彩的历史渊源论断。

概言之，墨学历史渊源的各种学说不可偏执，而须加以统合理解，并最终回归到墨学义理本身，具体论点具体分析。其实，沿着墨学逻辑方法——“三表法”[⑤]，可以窥见墨家思想的多重渊源。《墨子·非命上》：“何

---

① 徐华认为主要是以“清庙”与“明堂”相呼应，暗喻墨学并非枯守之说，而亦为治政之术。“清庙”一取其与“明堂”互望，暗寓墨、儒实可相谐而共备延用；二借其义以举墨学之价值；三辨儒墨于两分，有显隐、正辅、主次区别。参见徐华：《〈汉书·艺文志〉有关墨家出于“清庙之守”论新考》，《学术界》2012 年第 1 期。郑杰文则通过对清庙节俭体制与墨家“节用”学说、“养三老五更”制度与墨家“兼爱”学说、“大射选士”制度与墨家“尚贤”学说、“宗祀严父”制度与墨家“右鬼”学说、“顺四时而行”理念与墨家“非命”学说、“以孝视天下”与墨家“尚同”说的逐一比较，详细论证“清庙之守”说。参见郑杰文：《“墨家出于清庙之守说”考析》，《中国文化研究》2013 年第 3 期。

② 胡适：《诸子不出于王官论》，姜义华主编：《胡适学术文集·中国哲学史》（上），中华书局 1991 年版，第 593 页。

③ 关于墨家与王官之关联，还有人指出，墨家重视技巧，可能与司空系统的工官有关。参见李零：《中国方术考》（修订本），东方出版社 2001 年版，第 9 页。

④ 李泽厚对墨家思想的解释基本上都立足于墨家的小生产者本色，参见李泽厚：《中国古代思想史论》，人民出版社 1985 年版，第 52 ～ 76 页。

⑤ “三表法”本质上是一种“归纳派论法”。参见梁启超：《子墨子学说·墨子之论理学》，载《饮冰室合集》专集三十七，中华书局 1989 年版，第 68 ～ 72 页。葛兆光指出，墨子“三表法”实乃一种综合判断标准：“墨子的思路的确很实在，它以对当时社会的有用与无用、有利与无利为唯一标准，作为他思索的理性、他衡量学说的标准，‘三表法’其实就是一种希望沟通历史依据、价值理性与实用工具理性的方法。”葛兆光：《中国思想史》（第一卷），复旦大学出版社 2009 年版，第 107 页。

谓三表？子墨子言曰：‘有本之者，有原之者，有用之者。于何本之？上本之于古者圣王之事。于何原之？下原察百姓耳目之实。于何用之？废以为刑政，观其中国家百姓人民之利。此所谓言有三表也。’”“三表法”作为墨家认识、判断问题的方法论，也构成自身立说最为主要的三重标准与渊源：（1）“古者圣王之事”是三表之“本”，指明纵向视角的墨学渊源，统摄古人“夏禹之道说”与“祖述尧舜说”，反映墨家对传统治理策略与话语权威的重视；（2）“百姓耳目之实”是三表之“原”，即横向视角的墨学渊源，代表墨家对当时现实状况的关注，不悖《淮南子》之“诸子起于救时之弊说”，揭示墨家学说产生的特定历史背景；（3）“国家百姓人民之利”是三表之“用”，道出了墨家的实践理性与功利主义，契合中国轴心时代思想创造突破之理解以及“墨子自创学派说”①，从而映现出墨学独具一格的学术孤诣与思想特征。一切问题的判断仍要落实到实践之“用”与百姓之“利”，实为墨学思想之旨归。依循墨子“三表法”审视其思想渊源，侯外庐曾指出，墨子“总是按照自己的主观理想来解释历史，不给先王保留一点真实；所以，他比孔子更是浓厚的理想主义……他的第一表实在不是本之，而是推之。如果说，孔子的先王观念是‘据于德，依于仁，游于艺’的心理情操化或美化，则墨子的先王观念是生活化或善化”②。这启示今人注意透过墨家话语资源的运用洞悉其思想的创造性。

从《墨子》文本中可以看到，墨家对命题的论述方式基本上都遵循“三表法”，既关注历史，也注重当下，并秉持功利主义加以考量，将上古圣王之事、百姓耳目之实、国家百姓人民之利三者统一起来，以多元、充分的历史与社会论据，雄辩的论证方式提出并阐述墨学诸论，也使得墨家各论都展现出“三表一体”的独特现象，即历史主义、现实主义、功利主义的有机统合。因此，有些貌似取法夏禹的墨家观点（尤其是“非儒”之“节用”诸论），表面上侧重于以“大禹之法”为论据，实际上仍时刻裹挟着一种现实关怀与功利考量。“三表法”之“三表”始终统一于墨学诸论中，而这种一体性则依赖于墨学根本观念“兼爱”的奠基。

此外，轴心时代以儒墨道法四家为主，墨家与诸家学说之关联也是考量其学说源流的进路。墨子出于儒门，学孔子之道，自然有很多论者强调墨子思想的儒学渊源。罗焌以“同出于史”为理据说明墨家与道家的相

---

① 方授楚提出“墨子独创说”，亦解释“九流多以其学术名家而‘墨’乃独举其倡导者一人之姓以名家”的学术现象。强调墨学的独创性，不失为真知灼见。参见方授楚：《墨学源流》，中华书局、上海书店 1989 年影印版，第 71 ～ 73 页。

② 侯外庐、赵纪彬、杜国庠：《中国思想通史》（第一卷），人民出版社 1957 年版，第 198 页。

通性，论曰："道家者流，出于史官。墨家之书，首列史佚，而墨子之学，实受诸史角之后人，则墨与道同出于史，不独兼爱、节用之本于慈俭也。则墨家有同于道家者矣。"[①] 其实依循诸多史论观点，诸子、六经皆出于史，此为周秦道术根本相通之一面。[②] 钱穆从学说立场的角度谈及墨家与道家的关联："先秦学派，不出两流：其倾向于贵族化者曰'儒'，其倾向于平民化者曰'墨'。儒者偏重政治，墨者重民生。法家主庆赏刑罚，原于儒；道家言反朴无治，原于墨。"[③] 章太炎更从具体的尚贤观点分析老墨所由通："老子言贤者，谓名誉，谈说，才气也；墨子言贤者，谓材力、技能、功伐也。不尚名誉，故无朋党；不尊谈说，故无游士；不贵才气，故无骤官。然则材力、技能、功伐举矣。"[④] 陈鼓应则在训诂整理的基础上，指出墨子与《老子》思想上的联系。[⑤]

至于法术之学，墨子言兴天下之利，倡尚同尚贤而主庆赏刑罚，皆于被称为"法家先驱"的管仲思想与变法实践中深可察见。墨家主张变革、追逐功利的学说与法家脉脉相通，故而后有专章详述墨家对三晋法家之学的影响。

第二节　以"兼爱"为本的墨学体系

墨学宗旨，全书一贯。其荦荦大端，即"墨学十论"，貌似零散，实则紧密关联，相辅相成而构成完整的思想体系。在这一体系中，存在一个最为根本、最为核心的思想："兼爱"。[⑥] 虽有学者主张"尚同"为本或"天

---

① 罗焌：《诸子学述》，华东师范大学出版社 2008 年版，第 106 ~ 107 页。

② 如龚自珍认为六经为周史大宗，诸子为周史小宗。参见［清］龚自珍：《古史钩沉论二》，载《龚自珍全集》（上册），中华书局 1959 年版，第 21 页。刘申叔承汉《七略》"儒官师合一"之意，称周代学术为"史官之学"，又言"古学出于宗教"、六艺之学源于"卜筮"、掌于史官。参见刘师培：《国学发微》、《左盦外集·古学起源论一》、《左盦外集·古学出于史官论》，载《刘申叔遗书》，江苏古籍出版社 1997 年版，第 477 页、504 页、1473 ~ 1475 页、1478 页。参见马腾：《儒法意识形态之文化史漫谈——以殷周巫史王官为线索》，《殷都学刊》2015 年第 1 期。

③ 钱穆：《国学概论》，商务印书馆 1997 年版，第 59 页。

④ 章太炎：《国故论衡·原道中》，上海古籍出版社 2006 年版，第 93 ~ 94 页。

⑤ 参见陈鼓应：《墨子与〈老子〉思想上的联系——〈老子〉早出说新证》，载张知寒主编：《墨子研究论丛》（二），山东大学出版社 1993 年版，第 78 ~ 82 页。

⑥ 清人张惠言《书墨子经说解后》谓"墨之本在兼爱"。［清］孙诒让：《墨子间诂·墨子附录·墨子旧叙》，中华书局 2001 年版，第 678 页。近代论者多沿袭此说。如伍非百谓兼爱为"墨家通义"。伍非百：《墨子大义述》，载《民国丛书》第四编第五册，上海书店 1992 年版，第 23 页。萧公权亦认为"兼爱终不失为其学之中心观念也"。萧公权：《中国政治思想史》，新星出版社 2005 年版，第 87 页。

志”为本，但应者寥寥。[①] 钟泰释曰：“墨子之道，兼爱其本也。下欲以必兼爱之行，则非攻、节用、节葬、非乐。上欲以坚兼爱之信，则尚贤、尚同、明鬼、非命。”[②] 不管墨家学说立于代言平民阶级的立场，抑或不无向统治阶级献策的因素，其论说旨趣均体现“兼爱”精神统领。以“兼爱”为“纲”，则纲举目张，墨学诸论均以“兼爱”为核心展开。

一、“兼爱”与“尚贤”

“兼爱”在政治观上的反映即“尚贤”。[③] 孔子早已提倡“举贤才”[④]，可墨家为小生产者代言，更憧憬打破出身贵贱、血缘远近的理想，这与儒家“亲亲尊尊”原则下的“举贤才”貌合神离。墨家同时代的思想家皆不乏“尚贤”之说，但大抵都不如墨家对底层人民的关怀与对宗法制度的批判。《墨子·尚贤中》曰：

> 故古者圣王甚尊尚贤而任使能，不党父兄，不偏富贵，不嬖颜色。贤者举而上之，富而贵之，以为官长；不肖者抑而废之，贫而贱之，以为徒役。是以民皆劝其赏，畏其罚，相率而为贤。者（是）以贤者众而不肖者寡，此谓进贤。然后圣人听其言，迹其行，察其所能而慎

① 如梁启超早年持“天志纲领说”，后来转向“兼爱基础说”。参见郑杰文：《中国墨学通史》（下），人民出版社2006年版，第508～511页。李源澄认为：“墨子之学，以天志为本，不言天志，则兼爱无根，尚同无据。”李源澄：《诸子概论》，开明书店1936年版，第81～82页。杜国庠认为，墨子的中心思想是“义”，贯穿线索则是“天志”。参见杜国庠：《先秦诸子思想概要》，载《杜国庠文集》，人民出版社1962年版，第14页。杨俊光认为墨学的核心在于“尚同”，“兼爱”居于次要的地位。杨俊光：《墨子新论》，江苏教育出版社1992年版，第79页。陆玉林认为，墨家的为政治国之道，与儒家的德政、仁政不同，而可归结为“义政”论。义政的基石，是尊天事鬼；义政的境界是兼相爱、交相利的理想社会；义政的实施办法，则是尚贤、节用之类。参见陆玉林：《中国学术通史》（先秦卷），人民出版社2004年版，第205页。关于墨家中心思想的学说，据蔡尚思归纳达15种之多。参见蔡尚思：《墨子思想体系》，蔡尚思主编：《十家论墨》，上海人民出版社2004年版，第311～316页。

② 钟泰：《中国哲学史》，东方出版社2008年版，第33页。

③ 关于尚贤学说在墨子学说中的地位，有些人认为尚贤学说是从“尚同”学说中派生出来的。参见陈章发：《试论墨子尚同与尚贤思想的民主性》，载萧鲁阳编：《中原墨学研究》，中州古籍出版社2001年版，第170～176页。孙中原则认为，“‘尚同’说是墨子‘尚贤’论的延伸”。孙中原：《墨学通论》，辽宁教育出版社1993年版，第27页。“折衷观点”认为，作为墨子政治思想主要内容的尚贤与尚同密切相关，其中尚贤是实现国家统一的必要手段，尚同是实现国家统一的理想境界。参见徐希燕：《墨学研究：墨子学说的现代诠释》，商务印书馆2001年版，第132页。

④ 《论语·子路》：“仲弓为季氏宰，问政。子曰：‘先有司，赦小过，举贤才。’曰：‘焉知贤才而举之？’曰：‘举尔所知。尔所不知，人其舍诸？’”

予官，此谓事能。故可使治国者使治国，可使长官者使长官，可使治邑者使治邑。凡所使治国家、官府、邑里，此皆国之贤者也。……既曰若法，未知所以行之术，则事犹若未成。是以必为置三本。何谓三本？曰：爵位不高，则民不敬也；蓄禄不厚，则民不信也；政令不断，则民不畏也。故古圣王高予之爵，重予之禄，任之以事，断予之令。

墨子“尚贤”可分为进贤、事能、量才、置三本四个环节。从提高民众贤德素质到公正任免官员，从考量具体执政才能的科层设置到爵禄威权的委任分配，都是“兼爱”在贤能政治上的全面呈现与机制设计。举贤范围广及“远鄙郊外之臣，门庭庶子，国中之众，四鄙之萌人”（《墨子·尚贤上》），合于墨家“兼爱”精神，在当时殊难想象。“任贤”原则提倡“以德就列，以官服事，以劳殿赏，量功而分禄”（《墨子·尚贤上》），旨在彻底打破氏族血缘界限，改革世卿世禄的世袭制度，更是前无古人。“胜其任而处其位”，“胜其爵而处其禄”（《墨子·亲士》），也流露科层官僚制前夕名实相符、考绩职制的思想痕迹。墨子“尚贤”所主张吏治方面的兼爱平等思想，正彰显出战国时代士人政治的新气象，也具有普遍化的平等参政权理念之价值。

二、“兼爱”与“非攻”

“兼爱”在军事观上的表现即“非攻”。李继耐指出：“墨子的战争观以‘非攻’为中心，而‘非攻’思想又是建立在‘兼爱’学说基础之上的。”① 墨子以“诛”指代为民除害的正义战争，以“攻”指代大部分非正义战争，其主张“兼爱”必然反对非正义战争，“非攻”与具体的“兼爱”实乃一个问题的两个方面。陈雪良形象地比喻道：“如果说‘兼爱’是墨学之本的话，非攻就是从这个‘本’上生长出来的一枝树杈。”② 在所有的“树杈”中，“非攻”这一枝与主干最为神似，因为它几乎就是“兼爱”的反向表述。钟泰说：“兼爱见墨家之仁，非攻见墨家之义。”③ 以墨学的经验主义品格视之，墨家提出“兼爱”的现实原因正是干戈扰攘、满目疮痍的

---

① 李继耐：《论墨子的军事思想以及他对古代军事、科技的贡献》，载张知寒主编：《墨子研究论丛》（四），齐鲁书社 1998 年版，第 288 页。

② 陈雪良：《墨子答客问》，上海人民出版社 1997 年版，第 90 页。冯友兰认为：“‘兼爱’和‘非攻’是一种思想的两面，这种思想是非暴力论。‘兼爱’是非暴力论在内政方面的表现，‘非攻’是非暴力论在外交方面的表现。”冯友兰：《中国哲学史新编》（上卷），人民出版社 1998 年版，第 246 页。

③ 钟泰：《中国哲学史》，东方出版社 2008 年版，第 31 页。

社会状况，于是“非攻”在墨家看来就是燃眉之急，是以“兼爱”拯救天下苍生的第一要务。《墨子·非攻下》一方面真实刻画战争之不义：

入其国家边境，芟刈其禾稼，斩其树木，堕其城郭，以湮其沟池，攘杀其牲牷，燔溃其祖庙，刭杀其万民，覆其老弱，迁其重器。

另一方面则理性分析了战争危害，列举了支出备战成本、影响政府运转、耽误平民生产、制约人口繁衍、损失人口物资、耗费后勤运输等各种各样、难以计数的战争直接与间接成本，甚至胜利方也不过是“亏不足而重有余”，得不偿失。

若使中兴师，君子，庶人也必且数千，徒倍十万，然后足以师而动矣。久者数岁，速者数月。是上不暇听治，士不暇治其官府，农夫不暇稼穑，妇人不暇纺绩织紝。则是国家失卒，而百姓易务也。然而又与其车马之罢弊也，幔幕帷盖，三军之用，甲兵之备，五分而得其一，则犹为序疏矣。然而又与其散亡道路，道路辽远，粮食不继傺，食饮之时，厕役以此饥寒冻馁疾病而转死沟壑中者，不可胜计也。

战国时期群雄争霸，各国关系的调处乃时代的重要课题。“兼爱”不仅是一种人际关系准则，也是一种各国关系准则。在墨家看来，各国关系问题仍不外乎人际关系问题，其处理原则仍不外乎“兼相爱，交相利”。在特定语境中，尤其是在国与国关系的问题上，墨子的“非攻”和“兼爱”分别是和平主张的消极言说方式和积极言说方式，且后者是前者的深化。[①] 在墨家看来，“兼爱”最直接的现实作用就是“非攻”，两者往往并称：“国家务夺侵凌，即语之兼爱非攻。”（《墨子·鲁问》）于是，“非攻”包含反对侵犯个人所有权和国家主权之义。不过墨家并不以国家主权为绝对，而是以天志兼爱为鹄理解人类战争，因而只要求废除武装侵略，并不反对诛伐无道之君、武装自卫等正义性的武装行动，更以之为“兼爱”体系下必须践行、代相沿袭的“出诛入守”之圣战。墨子十分赞赏韩魏协力救赵，共败智伯的集体自卫行为：“三主之君，一心戮力，辟门除道，奉甲兴士，韩、魏自外，赵氏自内，击智伯，大败之。”（《墨子·非攻中》）于是，墨子提出一种“同忧同救”的集体安全机制。《墨子·非攻下》

① 参见秦彦士：《墨子考论》，巴蜀书社2002年版，第238页。

云："今若有能信效先利天下诸侯者，大国之不义也，则同忧之；大国之攻小国也，则同救之。"至于墨子躬行非攻之永恒佳话，则为《墨子·公输》所载"墨子救宋"一事：

> 公输盘为楚造云梯之械成，将以攻宋。子墨子闻之，起于齐，行十日十夜而至于郢，见公输盘。
>
> 公输盘曰："夫子何命焉为？"子墨子曰："北方有侮臣〔者〕，愿藉子杀之。"公输盘不说。子墨子曰："请献十金。"公输盘曰："吾义固不杀人。"子墨子起，再拜曰："请说之。吾从北方闻子为梯，将以攻宋。宋何罪之有？荆国有余于地，而不足于民，杀所不足，而争所有余，不可谓智。宋无罪而攻之，不可谓仁。知而不争，不可谓忠。争而不得，不可谓强。义不杀少而杀众，不可谓知类。"公输盘服。子墨子曰："然乎不已乎？"公输盘曰："不可。吾既已言之王矣。"子墨子曰："胡不见我于王？"公输盘曰："诺。"
>
> 子墨子见王，曰："今有人于此，舍其文轩，邻有敝舆，而欲窃之；舍其锦绣，邻有短褐，而欲窃之；舍其粱肉，邻有糠糟，而欲窃之。此为何若人？"王曰："必为窃疾矣。"子墨子曰："荆之地，方五千里，宋之地，方五百里，此犹文轩之与敝舆也；荆有云梦，犀兕麋鹿满之，江汉之鱼鳖鼋鼍为天下富，宋所为无雉兔狐狸者也，此犹粱肉之与糠糟也；荆有长松、文梓、楩枏、豫章，宋无长木，此犹锦绣之与短褐也。臣以三事之攻宋也，为与此同类。臣见大王之必伤义而不得。"王曰："善哉！虽然，公输盘为我为云梯，必取宋。"
>
> 于是见公输盘。子墨子解带为城，以牒为械，公输盘九设攻城之机变，子墨子九距之。公输盘之攻械尽，子墨子之守圉有余。公输盘诎，而曰："吾知所以距子矣，吾不言。"子墨子亦曰："吾知子之所以距我，吾不言。"楚王问其故，子墨子曰："公输子之意，不过欲杀臣。杀臣，宋莫能守，可攻也。然臣之弟子禽滑厘等三百人，已持臣守圉之器，在宋城上而待楚寇矣。虽杀臣，不能绝也。"楚王曰："善哉！吾请无攻宋矣。"

墨子非攻言说中义利合一之思维与说辞、归谬法为特色的论辩技巧、依事物相同本质推类的方法，智、仁、忠、强、知类这番洋洋洒洒、气势磅礴的多维论说，是在言辞义理与论辩气魄上折服、震慑公输盘、楚王的重要法宝。更重要的是，非攻也以墨家军事防御之实战技术为后盾保障，贯穿于墨家止战、备战、抗战各环节实践，并通过学派集团薪火相传，延续其非攻壮举与守御之法，堪称以最直接有效的方式践行兼爱之道。

三、“兼爱”与“节用”“节葬”“非乐”

“兼爱”在经济观上的镜像，是“节用”论。[①]“节用”论说体现“尚俭”品格，是墨学的显著特征。在生产力相对低下、物质财富有限的先秦时代，“节用”是墨家反对王公大人奢侈浪费的呼声，最终为了将有限的财富与资源转移到关系民生的社会生产。申言之，“节用”体现出经济伦理与道德伦理之合致，恰为墨家“兼相爱，交相利”思想的显著体现。诚如张纯一所说：“墨家兼爱，浅者以为社会理财，均贫富而已。孰知实与兼爱相表里。盖不能外物，则不能外生。不能外生，则不能兼。不能兼，则其爱多罅漏也。”[②]

“节用”又衍生出“节葬”与“非乐”两个分支。《墨子·节葬下》曰：

> 今王公大人之为葬埋，则异于此。必大棺中棺，革阓三操，璧玉即具，戈剑、鼎鼓、壶滥、文绣、素练、大鞅万领、舆马、女乐皆具，曰：必捶垛差通，垄虽凡山陵。此为辍民之事，靡民之财，不可胜计也，其为毋用若此矣。
>
> 是故子墨子曰：“乡者，吾本言曰：意亦使法其言，用其谋，计厚葬久丧，请可以富贫众寡、定危治乱乎？则仁也，义也，孝子之事也，为人谋者，不可不劝也；意亦使法其言，用其谋，若人厚葬久丧，实不可以富贫众寡、定危治乱乎？则非仁也，非义也，非孝子之事也，为人谋者，不可不沮也。是故求以富国家，甚得贫焉；欲以众人民，甚得寡焉；欲以治刑政，甚得乱焉。”

墨子以“节用”为宗旨，强调全社会的“节葬”，揭露厚葬久丧“辍民之事，靡民之财”，最终“国家必贫，人民必寡，刑政必乱”（《墨子·节葬下》）。当然，设计“节葬”的矫正规范，其矛头直指“王公大人之为葬埋”的奢侈之风及殉葬的不人道现象，仍体现了墨家“俭”以治国的经济观念，符合“兼爱”天下以利万民之旨归。

---

① 严灵峰认为，墨学存在治本与治末两个系统，前者是“天志、明鬼→兼爱、非攻（贵义）→尚贤、尚同”，后者是“非命→非乐→节用→节葬”。参见严灵峰：《墨子简编》，载蔡尚思主编：《十家论墨》，上海人民出版社 2004 年版，第 262 页。

② 张纯一：《墨子集解·附录·墨学与景教》，成都古籍书店 1988 年版，第 632 ~ 633 页。

至于“非乐”，则因为不中民利，无补实事，亏夺民财，是统治者奢侈而民众贫穷，国家喜音沉湎而日趋贫困的突出表现。而且，王公大人好乐乃为自我享受，盘剥百姓之刻深，已经远超正常公共事业所带来的社会成本，又无增添丝毫社会福祉之正当性，已然流于社会赘疣。《墨子·非乐上》曰：

> 今王公大人，虽无造为乐器，以为事乎国家，非直掊潦水、折壤坦而为之也，将必厚措敛乎万民，以为大钟、鸣鼓、琴瑟、竽笙之声。古者圣王，亦尝厚措敛乎万民，以为舟车。既以成矣，曰：“吾将恶许用之？”曰：“舟用之水，车用之陆，君子息其足焉，小人休其肩背焉。”故万民出财赍而予之，不敢以为感恨者，何也？以其反中民之利也。然则乐器反中民之利，亦若此，即我弗敢非也；然则当用乐器，譬之若圣王之为舟车也，即我弗敢非也。

概言之，墨家主张开源节流，“以中国家百姓万民之利”，避免“饥者不得食，寒者不得衣，劳者不得息”的局面，故“兼爱”应于社会经济层面提倡“节用”“节葬”“非乐”。

四、“兼爱”与“非命”“明鬼”

“非命”是墨学在人生观上的一个命题。它看似相对独立，[①]实际上仍与“兼爱”形影相依。既然“命之为暴人之道”，则非命为爱人之道。非命“本”之汤武圣王革命之事，“原”于百姓耳目无见命之实，“用”出勤于治政、用力从事之效果。墨子察觉到，“命富则富，命贫则贫；命众则众，命寡则寡；命治则治，命乱则乱；命寿则寿，命夭则夭”（《墨子·非命上》）的宿命论认为贫富、寿夭、治乱皆为定数，这是人们固步自封的源头，是不肖之士词穷理屈的推托，更是暴王庸君播糠眯目的法宝，正所谓“命者，暴王所作，穷人所术”。由此，有命论也是学者论说视野被遮蔽的症结，沦为取悦王公大人，阻碍百姓从事的“不仁”之说。相反，墨子信奉天志兼爱，天道酬勤，提倡“非命”而自强，正为鼓舞平民，启迪思想，批判压迫，回归兼爱。《墨子·非命下》云：“今天下之士君子，中实将欲求兴天下之利，除天下之害，当若有命者之言，不可不强非也。”在墨子看来，

---

① 蔡尚思将兼爱与非命并列，认为墨子的中心思想是以兼爱与非命为中心的大平等主义。参见蔡尚思：《墨家十大宗旨的主次问题》，载张知寒主编：《墨子研究论丛》（四），山东大学出版社 1998 年版，第 14 ~ 15 页。

“非命”正本清源，否定命运安排，追求客观真理，强调人的主观能动性，使人的自我意识觉醒，主体性得到强化，对社会经济的发展具有重要意义。与之相应，墨子的人性“所染”论强调人之秉性、行为、才能完全受后天环境作用，解释古代某些君臣之所以成为“显人”或“辱人”的差异所在（《墨子·所染》），可谓比孔子“性相近，习相远”（《论语·阳货》）之命题更进一步。因此，墨家“非命”隐含着对平等的呼吁，具有浓厚的人文色彩、强烈的人格意识，与“兼爱”有着不可割裂的关系。

“兼爱”以宗教观之“天志”“明鬼”论为保障。墨家的“非命”与“天志”“明鬼”似乎如方凿之于圆枘，前者具有人文义涵，是个体自我意识的凸显，后者沾带宗教色彩，是对外在超越之“神”“力”的信仰。解释这一“矛盾”，关键在于理解“非命”的真实内涵，以及领悟“非命”与“明鬼”立论之宗旨。李石岑讲到：“非命即反对宿命论。宿命论为决定论之一，也有把宿命论和决定论作同义的解释的。它们都和自由意志论相对待。质言之，非命说即是一种自由意志论。”① 两者之所以熔于一炉，根源在于墨子所非之命实为“宿命”而非“命运”②，质疑“命”观念的永固特性而非被动特性，颠覆超自然力一成不变的观念（即“命定论”或“宿命论”），而非质疑存在外在超自然力的命题（即“命运论”）。陆玉林认为：“墨子讲天的主宰性，并非是先天的主宰性，天对人的主宰，是就其至上性言；而天之赏罚，是要看人的行为如何，人是否能行义。因而，肯定天的主宰性，视天为人格神，并不必然会有天命论，而恰恰会有否定天命的观点。”③ 当然，至上性与超越性相关，也不必全异主宰，这有墨子学说自有调摄、“非命”“明鬼”相成互补的原因，为使世人既不至沦于深陷宿命而无力，又免于缺乏信仰而妄为。

后世视之，墨家的“明鬼”经验论证方式有其弊端。王充曰：“墨议不以心而原物，苟信闻见，则虽效验章明，犹为失实。失实之议难以教，虽得愚民之欲，不合知者之心。”（《论衡·薄葬》）不过，“明鬼”并非极言“怪力乱神”，故弄玄虚，而是墨家正义观的一种独特表述：《明鬼》篇所宣称的“鬼神之明”及鬼神显灵之若干事件，在于彰显一种“看得见”

---

① 李石岑：《中国哲学十讲》，广西师范大学出版社 2010 年版，第 69 页。

② 傅斯年说：“墨子所非之命，指前定而不可变者言，《周诰》中指命以不常为义，故墨子说在大体上及实质上无所多异于周公也。”而且，傅先生在叙述东周天命说之时，略分为五种趋势，即命定论、命正论、俟命论、命运论、非命论，对各种天命论辨析，发前人所未发，颇具参考价值。参见傅斯年：《性命古训辩证》，广西师范大学出版社 2006 年版，第 102 ~ 105 页。

③ 陆玉林：《中国学术通史》（先秦卷），人民出版社 2004 年版，第 209 页。

的正义价值，象征着“赏”与“刑”，蕴含了墨家的赏罚思想：“鬼神之所赏，无小必赏之；鬼神之所罚，无大必罚之。”（《墨子·明鬼下》）申言之，“明鬼”之旨归，无意于妄言所谓冥冥之中注定的命运，而是立足于对“兼爱”的赏罚保障：奉行“兼爱”则为鬼神所赏，违背“兼爱”则为鬼神所罚。所以“明鬼”在于歆惧世人，使之“兼相爱，交相利”。墨子感慨道：“今若使天下之人，偕若信鬼神之能赏贤而罚暴也，则夫天下岂乱哉！”（《墨子·明鬼下》）上博简《鬼神之明》面世以来，研究者大多认为是墨家文献甚至是《墨子》佚文，说明墨家这套明鬼话语在当时确实有重要影响。[①] 概言之，墨子对“执有命者”的批判，在于质疑现实体制的等级性，弘扬“兼爱”的平等性原则；对“执无鬼者”的反驳，则在于凸显“兼爱”的权威性保障。

五、“兼爱”与“天志”“法仪”

“天志”“尚同”“法仪”，一般认为分别关乎墨家的宗教观、政治观、法律观。其实，在以“兼爱”为本的墨学十论中，这三论实际上更多具有一种形式性意义，环绕墨学“兼爱”的实质内核，构成了“兼爱”逻辑论证的体系。

首先，就现实而言，墨家为了阐扬推广“兼爱”，必须宣扬一种超越性的权威，而“天志”正为“兼爱”包裹了一层具有宗教色彩的外衣。墨子设问道：“顺天之意何若？曰：兼爱天下之人。”（《墨子·天志下》）“兼爱”获得了“天志”的属性而具有了绝对的权威，成为王公大人与百姓万民理应恪守的金科玉律：“爱人利人，顺天之意，得天之赏者有矣；憎人贼人，反天之意，得天之罚者亦有矣。”（《墨子·天志中》）侯外庐等认为，“天等于一个方法”，“他的天论不是形而上学，而是方法，所以，天鬼的法则成了他自己的理想的法仪。墨子的天道观已经含有义理之天，不仅是宗教之天了”。[②]

“法仪”之广义即治法，狭义即规范。墨子设问道：“然则奚以为治法而可？故曰莫若法天。”（《墨子·法仪》）因此，具体化的各类“法仪”源于“天志”，治道与规范的形成，就是在“法天”之际实现标准化的过程，即将“天志”置以为法，立以为仪。所以，“兼爱”在抽象的层面上具有“天志”的属性，在具体的意义上具有“法仪”的属性，既充为形而上之

① 曹峰：《出土文献所见与墨家相关资料》，载任守景主编：《墨子研究论丛》（八），齐鲁书社 2009 年版，第 394 ～ 400 页。

② 侯外庐、赵纪彬、杜国庠：《中国思想通史》（第一卷），人民出版社 1957 年版，第 198 页。

“天志”，也演为形而下之“法仪”。

“尚同”作为墨家的政治观，其内在精神是否包含专制思想的问题，学者聚讼纷纭。“尚同”具有不同的面相。一方面，政治学层面的诠释显现其颇为鲜明的政府集权观念与墨家专制实践，这与墨家“兼爱”整体上蕴含的平等宗旨与权利观念有抵牾之处，或许反映了“兼爱”平等之义在墨家行政体制建构中的相对淡漠。墨家“尚同”论的“喧宾夺主”，往往有碍于墨学研究的提纲举领，[①] 仍有必要批判“尚同”专制论。（详见第六章第一节）

另一方面，“尚同”应有较为抽象的“一同天下之义”的体系化、形式化含义。[②] 或将“尚同”视为墨学的核心观念，[③] 其意大抵在于“尚同”亦是墨学逻辑脉络，亦为“兼爱”诸义的实现途径。就此概言，依墨子之意，“兼爱”根本观念的贯彻弘扬必须经由“一同天下之义”，立“天志”以为“法仪”的路程。“尚同”在抽象意义上是墨学演绎的特定方式，即作为阐弘“兼爱”学说的路径与方法。所谓尚同于天志，实则尚同于兼爱，以天志“一同天下之义”，也即以“兼爱”统一社会思想和行为规范。故而“尚同”亦可视为“规范全社会运行的根本原则”，而存在不作为行政体制与政治制度意义理解的余地。[④] 依循有关社会系络之“同”的理解，“尚同”所寻求的人类社会之求取共识、达成合意、交往合作、互利互惠，始终不离“兼爱”之根本观念。

六、“兼爱”与墨学余论

最后，墨学各论都围绕“兼爱”之根本宗旨，力图使其学说体系更为圆融，以具备显扬于世之说服力。陈柱认为，墨家在积极方面，“欲以己说胜人，故重论辩之学，此《经上下》及《大小取》等篇所记是也”。持“兼爱”观念与“三表法”思维，墨家力求从历史经验与当下现实的双重

---

① 墨家“尚同”在政治观上是一种专制主义。如果将“尚同”混入“兼爱”，则会削弱“兼爱”的价值。如王讚源认为：“墨子的‘兼爱’与‘博爱’是不能等同的。……在墨子的理论里，与君权概念相对应的并不是民权概念，而是臣权概念。”这或许是纯从“尚同”和《经说》解释“兼爱”的症结。参见王讚源：《兼爱促进人类和平共荣》，载王裕安、李广星主编：《墨子研究论丛》（六），北京图书馆出版社 2004 年版，第 355 页。

② “一同天下之义”在法律思想史著述中一般解释为墨家的法律起源论，其目的在于使“兼爱”能够上升为国策和法律，以便利用国家强制力加以贯彻。参见张国华：《中国法律思想史新编》，北京大学出版社 1998 年版，第 95 ~ 96 页。

③ 杨俊光认为墨学的核心在于“尚同”，“兼爱”居于次要的地位。杨俊光：《墨子新论》，江苏教育出版社 1992 年版，第 79 页。

④ 参见朱传棨：《墨家学说的当代性刍议》，载邵长婕主编：《墨子研究论丛》（十），齐鲁书社 2013 年版，第 32 ~ 33 页。

维度考察社会具体问题，辅之以功利主义哲学的实践理性论证推衍其说，故能“言盈天下”伸张其学；在消极方面，“恐己说之不足以服人，而人来攻我，故不能不精器械，讲守圉，故其教育又尚创作，故《非儒篇》等载有反对儒者‘君子循而不作’之语”[①]。

确实，《墨子·非儒下》载有诸多消解孔子圣人形象之轶事，一方面是叙述晏子非孔以谏齐景公，另一方面是揭露孔子舍公家而奉季孙，伪行以自饰，而发周公为不仁之论，自行以心术乱政，终总结道：“夫为弟子后生，其师必修其言，法其行，力不足、知弗及而后已。今孔某之行如此，儒士则可以疑矣！”此为古今“孔墨相用”论者所不可不审也！

同时，墨家既立学说体系之根本，则具有对现实问题做出逻辑分析，及批判儒家各说的理论基础。墨家站在儒家的对立面，几乎处处与之针锋相对：“尚贤”之于“亲亲”、“兼爱”之于“仁恕”、“节用”之于“隆礼”、“节葬”之于“重丧”、“明鬼”之于“远鬼”、“非乐”之于“兴乐”、“非命”之于“天命”。这些命题的显著冲突，并非仅因墨子背离儒门而对儒家各论故唱反调，而是“兼爱”之理论基础与“三表法”之逻辑论证方式所推衍的墨家独出机杼之见。在这个意义上，墨学并非一系列零散的“非儒”观点，而是一个“非儒”而自洽的墨学体系，由此方能首树非儒大旗，开诸子争鸣之先河。墨辩之逻辑学与“非儒”各论亦不离“兼爱”宗旨。以“兼爱”为本之墨学体系，盖如图 1 所示：

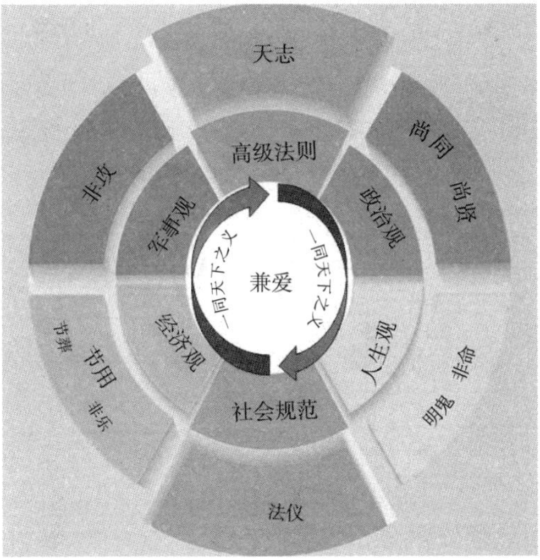

图 1　墨学体系图

① 陈柱：《诸子概论》，中国书籍出版社 2006 年版，第 221 页。

重新探索墨学的多重渊源，梳理“兼爱”与墨学各论的逻辑关系，并非老调重弹，而是审慎辨识墨家思想之复杂性与矛盾性，系统诠释墨家思想之法哲学价值的前提。这提醒今人诠释墨家思想、挖掘墨学价值之时，不应拘于一说而忽视墨学的多重性，也不应囿于枝节各论而虚置“兼爱”之本，应结合历史渊源与时代特征从总体上把握墨家思想的特质，并以辩证之思去糟取精，犹鹅王择乳，提炼墨学思想之精华。

第二章　墨家“兼爱”论的形成与发展

墨家“兼爱”论之圆融并非一蹴而就，而是经历墨翟初创——后学阐扬的发展历程。论者大多依凭《墨子·兼爱》三篇解读“兼爱”思想宏旨，于“墨辩”所见后学之精湛阐释却有所忽略。其实，墨家法哲学之现代解读必经由“兼爱”之诠释，除《墨子·兼爱》三篇，还应详细考察“墨辩”，以动态发展眼光审视“兼爱”的形成与发展，方能深入理解墨家法哲学之精义。

第一节　墨翟初创之“兼爱”论①

墨翟初创之“兼爱”非以深奥玄理呈世，而是切切依循人类原初朴素的情感原则。一方面，“兼爱”源于墨子本人以天下为己任的济世之心，表达一种对人类群体强烈的博爱情怀；另一方面，墨子爱的哲学期许差异万千之社会人际关系能回归互爱互利，由此形成“兼爱”思想关乎社会关系的基本向度。“兼爱”富于经验品格：基于对社会现实弊病的深刻反思和竭力批判，墨子大声疾呼阐扬兼爱，命俦啸侣以授徒属，期望能引起社会成员的精神共鸣与行动支援。对于“当今之时，天下之害孰为大”这一大是大非的根本问题，墨翟曰：“若大国之攻小国也，大家之乱小家也。强之劫弱，众之暴寡，喆（哲）②之谋愚，贵之敖贱，此天下之害也。”（《墨子·兼爱下》）造成天下剥床及肤的根源，导致各类违法犯罪之本因，乃国与国之间、人与人之间“不相爱”和“自爱”（《墨子·兼爱上》）。

---

① 该节与下节初稿《墨家“兼爱”之创议及其法哲学演绎——从〈兼爱〉三篇到“墨辩”后学》发表于《现代法治研究》2016年第2期。

② 《兼爱》三篇皆作“诈”，王焕镳认为：“‘强’与‘弱’，‘众’与‘寡’，‘富’与‘贫’，‘贵’与‘贱’均以相反而相凌，惟‘诈’与‘愚’不尔。疑‘诈’为喆（哲）之形误，亦为‘知’之音伪。”今从王说。王焕镳：《墨子集诂》，上海古籍出版社2005年版，第311页。

一、“兼爱”之必要

人类社会为什么要“兼爱”？墨子思虑颇深。在宗教观层面，墨子托于“天志”，为使国与国之间、人与人之间的基础平等性在“天志”之下得以还原凸显：“天下无大小国，皆天之邑也；人无幼长贵贱，皆天之臣也。”“天”对每个人都平等以待，“兼而爱之，兼而利之”，保护每一个人，不准肆意“相恶相贱”（《墨子·法仪》）。在社会观层面，墨子认为天下一切“祸篡怨恨”的根源均在于“不相爱”：“凡天下祸篡怨恨，其所以起者，以不相爱生也……以兼相爱、交相利之法易之。”（《墨子·兼爱中》）所以，消弭所有祸害的唯一办法，或臻于理想社会的通衢，不可蔽于具体情态，唯有高扬“兼相爱、交相利”之说。

二、“兼爱”之可行

“兼爱”之道是否可行？自先秦以迄今日，质疑诘难之论屡见不鲜。当时墨子并未存而不论，而是以其“三表之法”擘肌分理，论证“兼爱”之说切实可行。《墨子·非命上》曰：“何谓三表？子墨子言曰：有本之者，有原之者，有用之者。于何本之？上本之古者圣王之事。于何原之？下原察百姓耳目之实。于何用之？废（发）以为刑政，观其中国家百姓人民之利。此所谓言有三表也。”可见，所谓“三表法”，乃墨学阐释事物原理、审定法制原则的三方面标准，即“本”乎圣王之事，“原”于现实基础，“用”出实际效果。以“三表法”应用于“兼爱”可行性的论证，墨子首先以诸如大禹治水、文王治岐等先圣六王之遗风余象为“本”，其次以“君说之，故臣为之”的上行下效政治法则为“原”，再以“夫爱人者，人亦从而爱之；利人者，人亦从而利之；恶人者，人亦从而恶之；害人者，人亦从而害之”（《墨子·兼爱中》）这一功利计算原理为“用”，最终断言兼爱是“必为人所取法而践行”之普世法则。[①] 尤其在三表之“用”中，“兼爱”与“交利”珠联璧合，可谓墨子论证“兼爱”可行性的最大特色，直接回应“兼爱善而不可用”的理论质疑。至若兼爱“愿而不可为”“难而不可为”的实践质疑，墨子亦已从政治史角度胪列先王“兼爱”之举，证明“兼爱”实为圣王之道。

三、“兼爱”之要求

“兼爱”的具体要求是什么？在墨学术语中，“兼爱”亦称“尽

① 参见《墨子·兼爱》及萧公权：《中国政治思想史》，新星出版社2005年版，第88 ~ 89页。

爱”“俱爱”“周爱”，[①] 它呼吁人们一视同仁地爱所有的人，尤其要求统治者广施恩泽，无分亲疏、贵贱与贫富，所谓“视人之国若视其国，视人之家若视其家，视人之身若视其身”（《墨子·兼爱中》）。这是一个消弭邦国、家族、身份等差异，而只以天下、人类为关切的理想社会。[②] 若每个人都将别人的国、家、身当作自己的国、家、身一样尊重和爱护，就能达到“天下之人皆相爱，强不执弱，众不劫寡，富不侮贫，贵不敖贱，喆（哲）不欺愚”（《墨子·兼爱中》）的理想境界。自然有人认为“兼有害于孝”，墨子则阐明“兼”可于交利过程中助益“孝”。有人不解“兼”何故杀盗、美攻，墨子则解释“兼爱”不绝对排斥“兵”与“刑”，讲究赏罚分明，主张诛杀盗贼，亦赞成“诛伐”[③] 无道，回归正义。诸如此类，看似道德原则要求所显露的矛盾性辩驳，均应溯源于“兼相爱，交相利”这一基本主张加以探究。

墨子所倡“兼相爱，交相利”，“兼爱”和“交利”互为目的和结果。“利”流露出一种功利主义倾向，“交”则意味着一种对等性、互为性观念。诸多论者苛责墨家之“爱”是一种“功利算计”，其实大可将“爱人者，人亦从而爱之；利人者，人亦从而利之”理解为一种对实然效果高屋建瓴的描述，更契合“兼爱”之“用”的本质，而不必为“兼爱”实践之主观动机考量。[④] 正如申明“义利之辨”者如孟子，不也曾说“爱人者，人恒爱之；敬人者，人恒敬之”（《孟子·离娄下》）吗？道德原则与利益考量固然不可混为一谈，道德学家虽意欲使二者泾渭分明而倡“义利之辨”，却不讳言权时之旨。窥度其时思想氛围，如骊姬所引晋国“为国者，利国之谓仁”（《国语·晋语》）之古谚，子思所言“仁义固所以利之”（《孔丛子·杂训》）之理念，均旨在揭明政法语境中道德与功利的会通与调和。实际上，在“兼相爱，交相利”的观念中，墨翟旨在发明一种“爱

---

① “尽爱”与“周爱”是后学的用词，基本上与兼爱同。不过，谭戒甫仍加以辨异，认为在内涵上“兼爱”最狭，“周爱”居中，“尽爱”最宽。参见谭戒甫：《墨辩发微》，中华书局 1964 年版，第 402 ~ 404 页。

② 蒋维乔则认为：“墨子主张的兼爱，是整个社会互相团结的爱，并不是爱无等差的爱。”这种看法局限于对“兼爱”的字义解读，忽视墨子明确提出的兼爱的具体要求。蒋维乔：《墨子哲学研究》，《复兴月刊》第 1 卷第 10 期，1933 年。

③ 《墨子·非攻下》以禹、汤、武王为例，结论曰：“若以此三圣王者观之，则非所谓攻也，所谓诛也。”

④ 甚至有论者曾揭示墨子“兼爱”强烈的“拒利”心态，并将“兼爱拒利”概括为初期墨家的基本特征。参见〔日〕渡边卓：《墨家思想》，载〔日〕宇野精一主编：《中国思想之研究（三） 墨家·法家·逻辑思想》，林茂松译，幼狮文化事业公司 1977 年版，第 71 页。

利一体”理念，趋于诠释道德审视与利益考量在人际伦理乃至政法治理层面的统合意义。于是，前述道德原则意义的质疑及其具体情境冲突，便可在利益考量话语中得到舒缓。确实，在墨子学说中“兼爱”“交利”近义而相联。伍非百曾一针见血地指出墨学“兼”“交”并举，“爱”“利”互释的特征：“大抵墨子之言‘兼’也，含有‘交’义。言‘爱’也，包有‘利’言。”[①] 由此可见，墨家在“兼相爱，交相利”的典型话语中旨在表达对等、平等的思想。对等、平等，正是墨家法哲学的基本精神。

进而，“交相利”要求人们互相帮助，共谋福利，反对互相争夺、“亏人自利”，这是“兼爱”对现实利益的关照。“墨翟在这里之所谓‘爱’却并不是从沙滩上建筑起来的空中楼阁，他已注意到人与人的现实生活的相互利益。”[②] 这种相互利益的整体化即显现墨子对“天下大利”的陈说意旨。由于墨家始终聚焦于底层民生问题，因此“交利”话语也透露出一种治道理念，意味着政治应直接以百姓衣食住行、养生丧死为首务，保障每一民众的“生利”，即维护人民的基本权利尤其是生存权问题。《墨子·节葬下》曰：“衣食者，人之生利也。”作为小生产者的代表，墨者素将衣食视为天志赋予、与生俱来的人类基本权利。在乱世之中，人民已然丧失最基本的生存条件，陷入“饥者不得食，寒者不得衣，劳者不得息”（《墨子·非乐上》）的困顿局势。因而，以“兼相爱，交相利”为终极理想，墨子“兼爱”之首义便旨在呼吁当时诸侯君王尊重人民的生存权利，“先万民之身，后为其身”，对百姓“饥即食之，寒即衣之，疾病侍养之，死丧葬埋之”（《墨子·兼爱下》）。由此视之，墨翟“兼爱”论亦不失为中国古代人民基本权利论之嚆矢，孟轲“仁政”民利之说盖为其余绪欤！[③]

四、“兼爱”之特征

探析“兼爱”的基本特征，须有所参照比较，尤以儒墨辨异为关键。梁启超对墨家的“兼爱”与儒家的“仁爱”早有深中肯綮之比较论说：“儒家专主‘以己度’，因爱己身，推而爱他人……墨家以此种差别观念为

---

① 伍非百：《墨子大义述》，载《民国丛书》第四编第五册，上海书店 1992 年版，第 28 页。蔡元培也说：“墨子者，以爱与利为结合而不可离者也。”蔡元培：《中国伦理学史》，江苏文艺出版社 2007 年版，第 41 页。

② 吕振羽：《中国政治思想史》（上），人民出版社 2008 年版，第 105 页。

③ 关于墨家对孟子仁政利民学说的影响，参见薛柏成：《墨家思想新探》，黑龙江人民出版社 2006 年版，第 89 ~ 90 页。

罪恶根源……彼所云爱，以平等周遍为鹄。”① 相形之下，儒家之“爱”不乏“别”义，而墨家之“爱”更重“兼”道。

在《墨子·兼爱》中，“兼”与“别”相对，墨子所谓“兼以易别”，正是将“别”视为“兼”的反义词。若用佛家的话解释，“别”就是与生俱来的我执，是人的一种永远以自我为中心的计度。② 而在墨子“兼以易别”的具体阐述中，“兼”包含相互、周延、穷尽等多层内涵，赋予墨家“兼爱”普遍主义与平等观念的显著特征。而且，爱所具有的对等性，不仅要求以自我为主体，而且主张以与我共存之他人为主体。因此，颇类康德“道德形而上学”之要义，墨家“兼爱”学说尤以“交”之语义包含着“主体性”的萌芽，③ 是出自对他人“主体性”和“互主体性”的承认，而非由近及远、推己及人的施舍与恩赐。在“兼”与“交”的语境中，人与人的结合是主体性的结合，而非主体与客体的结合，这恰是墨子“兼爱”“交利”之真谛。墨子对“贵兼”之论证抽丝剥茧，他抽象出“兼君”与“别君”、“兼士”与“别士”的对立概念，通过描述其道德品行的天渊之别，旨在阐明“兼爱”不仅实现人际交利，而且符合常人的道德取舍与政治评价。从而，“兼爱”所彰显的关系对等与人类平等的法哲学既是制度正义的精神理念，又是君、士治国理政的指导原则与合法基础。

合言之，墨子创议“兼爱”之道，是消弭人类违法犯罪的必由之路。“兼爱”不可目为空想，而是有其历史渊源、现实基础与实际效果的可行之道。尽管因时空之广与人力之限难以完全践行，却仍有裨孝道德行，彰显利他功效。由于兼爱既实现人际交利与社会平等，又符合常人道德取舍与政治评价，可奉为一种世道德义与统治合法的根本标准。

---

① 参见梁启超：《先秦政治思想史》，天津古籍出版社 2004 年版，第 139 ~ 142 页。王桐龄《儒墨之异同》一书曾系统比较儒墨，其结论有云：“儒家言仁，墨家言爱，此学说之同，……儒家言仁，含有阶级，施行之际，由近及远，由尊及卑。墨家言爱，不含阶级，施行之际，一切人类皆平等，无远近尊卑之差。”可见，仁兼问题，儒墨异大于同。王桐龄：《儒墨之异同》，载《民国丛书》第四编第五册，上海书店 1992 年版，第 213 页。

② 参见张尚德：《墨子哲学的中心——爱》，载张知寒主编：《墨子研究论丛》（三），山东人民出版社 1995 年版，第 49 页。

③ 参见张世英：《天人之际——中西哲学的困惑与选择》，人民出版社 1995 年版，第 218 ~ 220 页。

第二节　后学阐扬之“兼爱”论

墨学之“兼爱”经历“墨翟初创——后学阐扬”的发展历程。① 诚然，“兼爱”是墨翟初创奠定的核心主张，然又于墨家显学理论与它家学说、异性意念的交锋中逐步淬炼，阐幽抉微，直至后学富有逻辑性的阐释文本方臻圆融。“墨辩”② 六篇诠释了“兼爱”具有普遍性（不可分割性、周延性）、超时空性、一贯性、实践性、结合性、集体性，并阐弘墨子“兼相爱，交相利”的“爱利一体”观念，持“爱非为用”“爱非为誉”之命题使其论愈显纯粹深湛。由于以往研究“兼爱”多立足于《墨子·兼爱》三篇简述其旨，“墨辩”研究则长于训诂集释而缺乏义理归纳，故以下尝试爬梳提炼后学阐扬之“兼爱”法哲学。③

一、有待周爱之周延性

普遍性的逻辑学陈述即“周延”。今人已深见墨家逻辑名辩之长，“墨辩”确以严谨的逻辑命题，阐明“兼爱”这一道德法则必须具有周延性。《墨子·小取》曰：

> 爱人，待周爱人，而后为爱人。不爱人，不待周不爱人，不周爱，因为不爱人矣。乘马，不待周乘马，然后为乘马也。有乘于马，因为乘马矣。逮至不乘马，待周不乘马，而后为不乘马。此一周而一不周者也。

可见，“周爱人”是“爱人”的充要条件，所以只要在“周爱人”上有瑕疵，即如“偏爱”或“别爱”而无需至于“周不爱人”，便已是“不

① 另有论者认为，《墨子》上中下三篇代表墨学三期发展，故《兼爱》上中下三篇也分别代表了“兼爱”论发展的三个阶段。参见丁为祥：《墨家兼爱观的演变》，《陕西师范大学学报（哲学社会科学版）》1999 年第 4 期。又如日本学者吉永慎二郎认为，上篇体现类似仁的普遍性自律道德与政治主义的初步构想，中篇实现政治主义的发展，下篇代表政治主义的完成。〔日〕吉永慎二郎：《兼爱概念的形成与发展》，载张知寒主编：《墨子研究论丛》（三），山东人民出版社 1995 年版，第 54 ~ 63 页。

② “墨辩”六篇即《经上》《经下》《经说上》《经说下》《大取》《小取》，对其时代、作者的考辩学界争议颇多。本书采较有影响力的“墨家后学说”或“前后期墨家说”。参见胡适：《中国哲学史大纲（卷上）》，载姜义华主编：《胡适学术文集·中国哲学史》（上），中华书局 1991 年版，第 106 ~ 107 页；冯友兰：《三松堂全集》（第二卷），河南人民出版社 2001 年版，第 324 ~ 325 页。

③ 这方面的归纳梳理较少，以孙中原的研究为佳，此处特征归纳有所参考。参见孙中原：《墨者的智慧：墨子说粹》，生活·读书·新知三联书店 1995 年版，第 225 ~ 233 页。

爱人”的表现。质言之，虽然人们均自以为“爱人”，但正因抱持那种墨者熟视的“不爱人”观念，才产生种种实为“不周爱”的情形。这一命题旨在表明，“爱”的逻辑与“乘马”的逻辑完全不同，并非真值逻辑而是道义逻辑，爱人（兼爱）的本质必为“周爱”。

于是，作为根本宗旨的“兼爱”，便以周延性特征呈现一种独特的法哲学意义，即澄明根本政治道德、基本社会规范应当具有穷尽所有社会成员、关怀所有民众之利益的品格。《墨子·小取》：“获，人也；爱获，爱人也。臧，人也；爱臧，爱人也。”《墨子·大取》：“爱获之爱人也，生于虑获之利。虑获之利，非虑臧之利也；而爱臧之爱人也，乃爱获之爱人也。去其爱而天下利，弗能去也。”在墨家所处先秦时代，“兼爱”周延性旨在强调，作为奴婢的“臧”“获”虽被世人视为至贱，也仍有其作为人而非物品的本质，当然属于“兼爱”的范围。即便对奴婢利益的考量各有差异，但作为兼爱周延的本质要求，则是完全一致不可歧视的。在普遍将奴婢视为财产的时代，墨家“兼爱”奴婢的周延性表达难能可贵。运用于特定政治社会中，只要透过所谓的盛世、善政、良治察觉关爱所疏之人，就绝有理由以“兼爱”的周延性法则质疑政治统治及制度设计的合法性。

二、“兼爱”众世、上世、后世之超时空性

“兼爱”可能性质疑的逻辑陈说，即不可能在无限空间中爱无限的人。《墨子·经下》以“无穷不害兼”之辩回应，表明一种不受时空环境、人类数量拘囿的道德态度。李贤中释曰：“一般的‘爱’往往关注的是当下的对象，眼前的事态，或者以为从一善的动机出发即可，但若从‘兼爱’的观点来看，只关心眼前所爱的对象之福利是不足的，只有善良的动机也是不够的；必须将眼界扩大，将时空拉长，并考虑多数人的长远福利。”[①] 从而，墨家之所以申明“兼爱”的超时空性，便是这一逻辑延伸，当然也与《墨经》时空无穷的观念不无关系。[②]《墨子·大取》云：“爱众世与爱寡世相若，兼爱之有（又）相若。爱尚（上）世与爱后世，一若今之世人也。”“众世”“寡世”“上世”“后世”乃墨学独有的概念，也是《墨子·大取》篇中各家注解的分歧之处。孙诒让《墨子间诂》校正“毕

① 李贤中：《兼爱与利害》，载任守景等主编：《墨子研究论丛》（八），齐鲁书社2009年版，第906页。

② 参见杨向奎：《〈墨经〉中的时、空理论及其在自然科学方面的贡献》，《社会科学战线》1978年第4期。

注”“王校”，将意改之“也”还原为“世”，致力回归《墨子》文本原义，指出“众世”“寡世”是就广狭言，“上世”“后世”是就古今言，使《墨子·大取》之深文大义昭然若揭。[①] 类似于佛教的“大千世”和“小千世”，“众世”在逻辑上由“寡世”构成。墨家以“爱寡世”为基准，推衍出“爱众世”的公共理想。“爱寡世”而兼爱“众世”，凸显“兼爱”的超空间性，这是墨子创议“兼爱”以来的一贯理念。充类至尽，“爱今世”而兼爱“上世”与“后世”，则在于强调“兼爱”的超时间性，蕴含对历史的尊重情怀与对后世的持续关切。

自墨子创议以后，“兼爱”曾面临一些与时空无穷与否相关的逻辑刁难，《墨子·大取》此论应是早前墨子辩言的理论提升。而且，爱之哲学与正义理论紧密关联，犹如现代正义论者思考何为人类社会之正义，于理论构设上超越各个特定时空环境，应是阐明一种真正堪称普世正义原则的前提。[②]《墨子·大取》淬炼论辩之思，阐弘“兼爱”在时空上的广度和深度，超越世代与地域的时空之维，使墨子创议之“兼爱”从伦理意义上的朴素情怀，升华为一种格高意远的永恒法则。[③]

三、今昔始终之一贯性

孔子曾言“吾道一以贯之”（《论语·里仁》），而竟欲应公山弗扰之召，强曰“如有用我者，吾其为东周乎”（《论语·阳货》）。墨子毕生贵义，楚王许之以贤，不肯枉道而去之（《渚宫旧事》卷二），越王裂吴以封，未曾枭义以明志（《墨子·鲁问》），固非“圣之时者”所敢窥视。故而，兼爱作为墨学理想与最高纲领，亦要求信奉者能一以贯之、持之以恒地践行。《墨子·大取》曰：“仁而无利爱，利爱生于虑。昔者之虑也，非今日之虑也；昔者之爱人也，非今之爱人也。”在墨者看来，往日“爱”的初衷并非今日“爱”的意念。墨家于实践中对鱼龙百变之人性及其偏好、利益洞若观火，意识到“兼爱”作为一种高尚至极的理想，常人难以矢志恪守，何况今昔不同也会产生“虑”与“爱”的差异，使得一贯践行“兼爱”难之又难。然而，这仍是应予申说的“兼爱”理想之义：作为个体的价值取向，它要求人们一贯地、自觉地铭记“兼爱”之义，在日常言

① 参见［清］孙诒让：《墨子间诂》，中华书局 2001 年版，第 407 页。

② 可参考罗尔斯“无知之幕”理论中有关对世代信息的阻隔。参见〔美〕约翰·罗尔斯：《正义论》，何怀宏、何包钢、廖申白译，中国社会科学出版社 1988 年版，第 136 页。

③ 赵建文将之视为“国际环境保护法的重要指导思想”。参见赵建文：《墨子关于“兼爱非攻”的国际法思想及其现代价值》，《法学研究》1996 年第 2 期。

行中坚定不移地奉行“兼爱”之道，遵守这一最基本社会规范。进而，在抽象的“兼爱”与具体的人的行为之间，必架接一种有关“爱”的情境化思虑，爱人行举方能由此而显。于法哲学之层面，在墨学体系中“兼爱”乃是“天志”“法仪”的内核，这不但从超验天志的层面主张立法建制应以“兼爱”为内核，而且于实在法仪的层面要求制度法律的演变与发展均能恪守“兼爱”之旨。这便透露出“爱”对社会正义具有超越与矫正意义，也意味着具体正义制度与行为对“爱”之理念的体现，呈现爱与正义关系的理论框架。①

四、身体力行之实践性

墨子曰：“言必信，行必果，使言行之合，犹合符节也。”（《墨子·兼爱下》）“口言之，身必行之。”（《墨子·公孟》）“言足以复行者，常之。不足以举行者，勿常。不足以举行而常之，是荡口也。”（《墨子·耕柱》）“荡口”即不可行而空言，徒敝其口。可见，墨学反对清谈玄思，讲究实践笃行，具有显著的实践品格。“兼爱”“非攻”堪称墨子之碧血丹心，更早已化为墨家弟子的天性使命，勉励他们共同演绎扶倾济弱的“兼爱”重任与“非攻”壮举。高石子仕卫，道义不行则弃卿位厚禄，墨子表彰之（《墨子·耕柱》）；胜绰仕齐，忘非攻之义而三攻鲁，墨子请退之（《墨子·鲁问》）。一正一反，墨家奉行“兼爱”之笃志可见一斑。后学所谓“藏于心者无以竭爱”（《墨子·修身》）②，申明实践对“爱”的完成意义，盖有见于墨者“摩顶放踵利天下”（《孟子·尽心上》）、“日夜不休，自苦为极”（《庄子·天下》）之事迹。毕竟墨家后学早已口耳相传，习染于墨者“兼爱”之典范故事，奉以为墨家集团法则。“兼爱”实践性之昭著，尤以孟胜殉城一事，最能与墨翟救宋相提并论，

① 详细阐述，参见马腾：《爱与正义关系理论研究——以“兼爱”与“圣爱”为类型》，《中山大学法律评论》2011 年第 2 期。

② 《亲士》以下七篇，孙星衍持“墨翟自著说”，影响不大。胡适对《亲士》以下七篇的辨伪前后观点不一，但始终认为《修身》乃儒家说教，梁启超也说是“后人伪托”，为后来学界沿袭。参见胡适：《中国哲学史大纲》（卷上），载姜义华主编：《胡适学术文集·中国哲学史》（上），中华书局 1991 年版，第 106 页。罗根泽认为《亲士》以下七篇作于战国墨家。参见罗根泽：《墨子探源》，《文史哲季刊》第 1 卷第 1 期，1943 年。另参见栾调甫：《墨子研究论文集》，人民出版社 1957 年版，第 108 ~ 112 页。詹剑峰认为“都是墨子学说的组成部分”。詹剑峰：《墨子及墨家研究》，华中师范大学出版社 2007 年版，第 8 页。新近研究一般认为“前七篇”均为墨家著作。参见薛柏成：《墨家思想新探》，黑龙江人民出版社 2006 年版，第 5 ~ 7 页。《修身》应属墨家著作，且为“后学”之作。

足显"兼爱"之实践意义：

> 墨者钜子孟胜，善荆之阳城君。阳城君令守于国，毁璜以为符，约曰："符合听之。"荆王薨，群臣攻吴起，兵于丧所，阳城君与焉。荆罪之，阳城君走，荆收其国。孟胜曰："受人之国，与之有符。今不见符，而力不能禁，不能死，不可。"其弟子徐弱谏孟胜曰："死而有益阳城君，死之可矣。无益也，而绝墨者于世，不可。"孟胜曰："不然。吾于阳城君也，非师则友也，非友则臣也。不死，自今以来，求严师必不于墨者矣，求贤友必不于墨者矣，求良臣必不于墨者矣。死之，所以行墨者之义而继其业者也。我将属钜子于宋之田襄子。田襄子，贤者也，何患墨者之绝世也？"(《吕氏春秋·离俗览·上德》)

孟胜以身死卫城行义，尽管徐弱也以典型的墨者利害分析言说加以劝谏，但孟胜深谙墨家"志功合观"之旨，强调"行墨者之义而继其业"这一身体力行之"利"。同时，孟胜也阐明兼爱行义之实践不啻墨家集团安身立命之本，远贵于钜子及其徒属之生命。究其意旨，或有似儒家"经权之辩"。"兼爱"实践性可表达为实体规范的呈现，乃至正义制度的诉求，然而，这不仅主张构建一种"国家百姓人民之利"的形式正义体系，还呼吁一种经由"兼爱"不断调适、检验而形成的动态、持续的实质正义。毕竟天志贵生兼爱，故立天志以为法仪，这符合墨学"兼爱"塑造"法仪"的思想格局。

五、体分于兼之结合性

《墨子·经上》曰："体，分于兼也。"可谓从逻辑角度阐明"兼"这一全量与"体"这一部分量的关系，如梁启超释曰："兼，指总体；体，指部分。部分由总体出，故曰：'体分于兼。'几何公理谓'全量大于其分''全量等于各分之和'，即其义也。"①

"体分于兼"在不同论域中可以转换出相关议题的哲理陈述，毕竟"兼"之全量概念源于墨翟"兼爱"根核。《墨子·经上》云："仁，体爱也。"这是从爱之对象为部分而非全体的角度，诠释"兼爱"所以高于"仁爱"。合言之，爱之对象为人类整体即为"兼"，若非穷尽结合为全

① 梁启超：《墨经校释》，载《饮冰室合集》专集三十八，中华书局1989年版，第3～4页。

体，则个人及其依照地缘、血缘等某种现实纽带组成的某部分群体，就可名为从这一整体中分裂出的“体”。历经墨者对爱之对象的深刻思辨，《墨经》以辞典话语定义“兼爱”的结合性义涵。这种结合性本源于人类生存所需，独立个人、家庭族系的“体”原本分于“兼”，经由“爱”的情感联系重新得以融合维系。苏昌美言爱之哲学，深合此理：“从本体论上讲，‘结合’实乃培育原始相属的一体，今遭分离的重新融合。”[①] 在墨家看来，人不因个体（“体”）处于整体（“兼”）之中而失去自我，反而因脱离整体（“兼”）而异化沉沦。在对原本分于“兼”之个体族群进行整合的逻辑思路中，“兼爱”凸显对个体族群之间紧密勾连的结合性，由此也体现兼爱与博爱语词的微妙不同：“盖有浑然一体之义，故其言博爱曰兼爱。”[②]

墨辩后学正有观于体与兼、交与兼之微妙差异，从而其“爱”的学说富于“结合性”之哲理发微。这是对人类个体与社会集体关系的解说，尤其对人之社会性意义的阐弘，可构成普遍社会建法立制的道德原理。伍非百释曰：“兼与交之分别，一从全体着想，一从个体着想。盖为个体计，而牺牲全体之利益以就之，固为偏私少恩。为全体计，而抹杀个体之幸福以成之，亦觉惨酷无情。持群之说者，每言兼而遗交，非人情难近。持人之说者，又处处持人与群之利益打算，每主交而遗兼，成为相市之社会。”[③]“兼爱”所指涉的人与人的“结合性”，较一般集体话语更直接澄明人类合作体系的必要性，并对正义原则与社会制度在考量个体与整体的繁复关系上具有深刻启示。

六、兼爱相若之不可分割性

《墨子·大取》：“兼爱相若，一爱相若，一爱相若，其类在死也（虵）[④]。”相若即相等，这是自然科学“心中，自是往相若也”（《墨子·经说上》）（圆心到圆周距离相等）原理在“兼爱”的应用。“相若”的复述旨在从逻辑上说明，“兼爱”是一个不可分割的关系命题，任何逻辑上的分割都可能意味着等差的产生。因为把原本平等的人与人之间的关系割裂，犹如把活生生的虵（同“蛇”）切成几段，一旦分割就失去了生

① 苏昌美：《爱的哲学》，东大图书股份有限公司1983年版，第60页。
② 戴晨：《墨经集说》，《东吴》第1卷第2期，1933年。
③ 伍非百：《墨子大义述》，载《民国丛书》第四编第五册，上海书店1992年版，第30页。
④ 毕沅、孙诒让均指出“也”字他本作“虵”。参见［清］孙诒让：《墨子间诂》，中华书局2001年版，第415页。孙中原对该句的解释独出心裁，今从其说。参见孙中原：《墨者的智慧：墨子说粹》，生活·读书·新知三联书店1995年版，第225页。

命力。墨家在人与人的关系上坚持不可分割、铁板一块的人类整体观念，反对那种更贴合文化传统与社会土壤并为儒家所倡导的三六九等关系。墨家指出，如果将这种人际关系的最初形态人为地区分开来，爱也就沦为有差别的而非一体的爱，从而导致社会差序的形成与等级结构的塑造。由此，“兼爱相若”论从人类社会整体的角度诠释了“兼爱”所具有的原初平等理念，也不免预示着，由于爱的分割差等，人类社会走向异化的趋势。诚如史华兹所说：“除非能引导人们学会普遍地‘爱’所有的人，否则整个人类的一般利益就永远也不可能实现。说到底，只有普遍的爱才能使得同等地看待他们自己与其他人的利益。起点必须是爱所有的人，而且这种爱是普遍的，一丝一毫也不能分割。”①

七、人己两忘之集体性

既然强调“结合”，则“兼爱”有集体主义倾向，更注重集体而非落于个人，这也是墨家“兼爱”区别于儒家等差之爱、迥异于杨朱“为我”的学说特征。与儒家之爱相比，与孟子同时的墨者夷之强调“爱无差等，施由亲始”（《孟子·滕文公上》）。《墨子·大取》则云：“爱人不外己，己在所爱中。己在所爱，爱加于己。伦列之爱己，爱人也。”在墨翟创议之时，“兼爱”论即已显示出“兼相爱，交相利”的言说特点。爱的对象本易于被视为语言的宾语、关系的“客体”。然而，在“兼”“交”的语境下，它却有呈现成为主体的理论意旨。在墨家观念中，即便作为爱的主体谈论“兼爱”，奉行“兼爱”之时，自我的主体性与周爱之对象的主体性亦能交汇融合而浑然一体。因此，除为理论阐述所作必要的逻辑区分之外，墨家“兼爱”的观念并不呈现出“己”与“人”的对立之维，而似有“互主体性”之理论旨趣。由此，墨家阐扬一切爱的主体汇合以成之集体性，“兼爱”之个体在此时已经融于集体所爱之人之中。

与杨学之自爱相比，墨家钜子禽滑厘始终坚守墨子“兼爱”之道，而不认同杨朱及其弟子孟孙阳的“为我”之道：

> 禽子问杨朱曰：“去子体之一毛以济一世，汝为之乎？”杨子曰：“世固非一毛之所济。”禽子曰：“假济，为之乎？”杨子弗应。禽子出语孟孙阳。孟孙阳曰：“子不达夫子之心，吾请言之。有侵

---

① 〔美〕本杰明·史华兹：《古代中国的思想世界》，程钢译，江苏人民出版社2004年版，第148页。

若肌肤获万金者，若为之乎？”曰：“为之。”孟孙阳曰：“有断若一节得一国，子为之乎？”禽子默然有间。孟孙阳曰：“一毛微于肌肤，肌肤微于一节，省矣。然则积一毛以成肌肤，积肌肤以成一节。一毛固一体万分中之一物，奈何轻之乎？”禽子曰：“吾不能所以答子。然则以子之言问老聃、关尹，则子言当矣；以吾言问大禹、墨翟，则吾言当矣。”孟孙阳因顾与其徒说他事。(《列子·杨朱》)

《列子》一书自然是站在杨学立场宣显“为我”论的意义，孟孙阳贵生之义固然精湛，但应当注意，禽子虽一时语塞，仍毫不退让地护卫兼爱济世之正当性。在实践上，“摩顶放踵利天下”即一种“忘我”为天下的“兼爱”之心。后学将此种忘我的“兼爱”提炼出来：“天下无人，子墨子之言也。”(《墨子·大取》) 孙诒让释曰：“无人，即兼爱之义。言人己两忘，则使人如己矣。”① 涵摄于“兼爱”集体属性之中，“无人”也意味着“无我”，这是“兼爱”集体性或整体性的另一陈说。申言之，“无人”与“无我”的双向表述，或正或反均为“兼爱”整体性的精当命题，正相得益彰以呈现“兼爱”关注集体命运的社会本位思想。詹剑峰说：“墨子之以兼易别，劝爱禁恶，翻译成现代语即以集体主义代替个人主义，提倡利他主义而反对利己主义。”② 按照墨者的理解，唯有在这种“无人”“无我”的整体框架下，个人方能保持对自我的反思与他人的关怀，也才称得上是生成并维系社会道义原则的基础条件。

八、爱利一体之功利性

承袭墨子功利主义思想，“墨辩”阐述深化“兼相爱，交相利”之义。《墨子·大取》曰：“圣人有爱而无利，伣日之言也，乃客之言也。天下无人，子墨子之言也。”又曰：“去其爱而天下利，弗能去也。”爱利本一致，唯恐世人逐利无爱，故圣人盛称爱，不过暂时而偏狭；企图去其爱而天下利，更难以为恃而不可求。墨家真正的圣人圣言，必言爱利一体。王桐龄曰：“儒墨之异同比较，有最明显之一语。即儒家常以仁义并称，……墨家常以爱利并称。”③ 或认为，墨家“爱”为内，“利”为外，与“仁内义外”之说不谋而合。其实，“爱内利外”本质上仍是“爱利分离”的表现。

---

① ［清］孙诒让：《墨子间诂》，中华书局 2001 年版，第 408 页。

② 詹剑峰：《墨子及墨家研究》，华中师范大学出版社 2007 年版，第 44 页。

③ 王桐龄：《儒墨之异同》，载《民国丛书》第四编第五册，上海书店 1992 年版，第 39 页。

《墨子·经说下》：“仁，仁爱也。义，利也。爱利，此也。所爱所利，彼也。爱利不相为内外，所爱利亦不相为外内。其为仁内也、义外也，举爱与所利也，是狂举也，若左目出右目入。”可见，墨辩后学明确澄清“爱”与“利”并非内外关系，打破惯常的“举爱与所利”的思想言说定式，强化墨子“兼相爱，交相利”主张之“爱利一体”的观念意旨。又如《墨子·大取》曰：“爱人之亲，若爱其亲，其类在官苟。”“官苟”[①]即拟同官方未依血缘的共同体救济互助，从而诠释墨子“兼相爱，交相利”有关社会合作与人际互助的原则。

“利”与“爱”在墨学中本可互训，随着理论的演绎，也可衍生出更为具体的含义，如“利益”与“权利”。“交相利”可谓权益话语体系对人际关系的基本解释，这种思路中易于萌生权利意识与秩序观念。[②]它不仅包含尊重人的财产权和生存权之意，还反映正义框架中发展生产以增加社会物质财富的民众愿望。墨学固然注重公平平等的权利秩序，如“节用”诸论所倡之资源调配，但又不局限于既定制度范畴的权利分配，而是将“兴天下之利”这一民众发展权问题视为“交利”的根本宗旨。就此而言，“交相利”是一种对社会经济发展具有规范调整作用与推动指引功效的权利秩序论。

九、爱非为用、爱非为誉之纯粹性

爱之理论是否有等差性，乃儒墨之分野。极言一种抽象的普遍爱的理论，此墨家“兼爱”思想所以睥睨诸子之缘故。《墨子·大取》曰：“厚亲不称行，而类行，其类在江上井。”相比“兼爱”，建立在“亲亲”血缘伦理上的爱，尽管有犹如井水齐平江水之价值，从另一方面看来仍不过犹如江上之井般局限微渺。有论者据《墨子·大取》中“义可厚，厚之；义可薄，薄之，谓之伦列”一句，认为墨家“兼爱”也涵盖“伦列之爱”，以自我为中心而建立起一套依人际关系亲疏远近为标准的血缘关系系统。[③]其实，“义”之“厚薄”仅是因时而变的施行效果问题，不必然构成差等

① 张纯一说：“刘再赓云，官犹公也。苟音亟，敬也。墨子之意，谓爱人之亲，若爱其亲，其类在公敬。……曹云，苟读如亟，谓自急饬也。官苟者，急官府之事也。”张纯一：《墨子集解》，成都古籍书店1988年版，第401～402页。

② 参见马腾：《墨家“兼爱”思想的法权利观阐释》，《中山大学学报（社会科学版）》2011年第2期。

③ 参见李贤中：《从墨家“兼爱”观佛家“慈悲”》，载《第六次儒佛会通学术研讨会论文集》（下册），华梵大学2002年，第227页。

之爱的学说本身，按照一般观点，这大抵是在陈述对己对人爱的平等。[①] 纯粹之爱本身无“厚薄”，即如《墨子·大取》有“厚〔人〕不外己，爱无厚薄”之说，可为佐证。同时，纯粹之爱无差等，作为一种普遍性道德原则，却不免于实施方面的先后始终，但这并非差等之义，前述墨者夷之的“爱无差等，施由亲始”一语即深明此义。墨子曾曰：“我钩之以爱，揣之以恭。弗钩以爱则不亲，弗揣以恭则速狎，狎而不亲，则速离。故交相爱，交相恭，犹若相利也。”(《墨子·鲁问》) 由此，墨家亦将“爱”的气质显现诠释为“恭”，强调爱的端庄适宜，蔡元培形象称之为“调摄之道”。[②] 可见在“兼爱”之道的阐释之余，实践中薄厚有别、爱恭调摄的具体表现并不违其根本要求。由此看来，爱无差等、爱无厚薄是后学对墨子“兼爱”之纯粹性的宣显。

“墨辩”还从反面阐释墨家兼爱应有“爱非为用”“爱非为誉”之义，使之愈发纯粹精深。《墨子·经说上》曰：“仁，爱己者非为用己也，不若爱马著（者）若明。”这句话意在强调“爱人”的宗旨，并非若“爱马”般仅考虑“用”的因素。“爱非为用”的精神才是墨家兼爱之最高境界。[③] 梁启超释曰：“因人与我同出一体，爱人如爱己，爱己非为用己，则爱人非为用人明矣。”[④]

“爱非为用”否弃将人工具化的假爱，更进一层的“爱非为誉”则祛

---

① “伦列”，有平等、秩序、等差、类列次数解。一为平等。孙诒让以“等”释“伦”，以“等比”释“列”。谭戒甫、吴毓江均解为“平等”。谭戒甫释曰：“盖此伦列即无等差，亦即今言平等之义。”谭戒甫：《墨辩发微》，中华书局 1964 年版，第 358 页。吴毓江注曰：“‘薄’读为‘博’，非攻下篇‘夫杀人之为利人也博矣’，‘博’俞校作‘薄’，可互为例。……墨家以天爱人至博，利人至厚，莫与比伦。”吴毓江：《墨子校注》，中华书局 1993 年版，第 617 页。二为秩序。如张岱年袭曹耀湘之见，理解为“秩序”，并解释道：“爱不可以私意而有厚薄，但可以义而厚薄。……墨子的兼爱，是不分远近，不分阶级的无差等之爱。在原则上，是一律同等；在实际上，则难以无先后缓急之序。初期的墨家，对此不甚注意。后来乃渐渐注意及之。”张岱年：《中国哲学大纲》，中国社会科学出版社 1982 年版，第 277 页。三为等差，如上引李贤中说，但伍非百说则认为“伦列”出处是指称墨者所排异的“儒家等差之爱”。伍非百：《墨子大义述》，载《民国丛书》第四编第五册，上海书店 1992 年版，第 57 页。四为类列次或类行，其实是平等说的微调。刘文清认为：“墨家之兼爱说，自饱受其他诸家之非难后，后期墨家遂略作修正，唯其所谓‘爱无差等，施由亲始’之说，乃由‘伦列’故，而与儒家之以亲疏论厚薄，仍大异其趣矣。故由‘伦列’一词之确立，不仅能澄清以往对后期墨者‘推墨附儒’之质疑，且对理解后期墨家兼爱学说之实际内涵，具关键性之意义。”刘文清：《〈墨子·大取篇〉“权”与“求”、“伦列”新解》，载王裕安、李广星主编：《墨子研究论丛》（六），北京图书馆出版社 2004 年版，第 488 页。

② 蔡元培：《中国伦理学史》，江苏文艺出版社 2007 年版，第 42 页。

③ 参见钟肇鹏：《墨子兼爱阐释》，《东岳论丛》2006 年第 1 期。

④ 梁启超：《墨经校释》，载《饮冰室合集》专集三十八，中华书局 1989 年版，第 6 页。

除沽名钓誉之假爱。《墨子·亲士》曰："非无安居也，我无安心也。非无足财也，我无足心也。"墨家纯粹之爱最终是为人类心境愉悦、身心安泰。因而，《墨子·大取》有言："爱人非为誉也，其类在逆旅。"张纯一之解至为精当："言人在世，一切无非虚妄，非安身之真宅。当舍己利他，清静自心，求永居之乐土。"①

孙诒让钩沉墨家后学时指出，"墨辩"对"兼爱"的诠释"尤纯笃无疵"。② 从后学文本《随巢子》来看，墨家"兼爱"一义已被诠释为一种根本法则。③ 有见于墨学"兼爱"之深意者，必能体悟"兼爱"已接近佛教普度众生的情怀，盖已备观"墨辩"对墨学价值的演绎升华。④

"兼爱"在墨翟时代已备受争议。针对时人的现实性诘难或潜隐性质疑，墨子一一辩之，是为伍非百所谓"兼爱十二辩"。⑤ "兼爱十二辩"全面而详尽地回应了批判者，在理论交锋中亦提升了"兼爱"理论之系统性，墨家"兼爱"的法哲学意蕴也分别于理论逻辑与实践意义上逐步浮现。由《墨子·兼爱》三篇视之，墨翟于创议"兼爱"之时已颇能周圆其说，从"兼爱"之必要、可行、要求及特征各个层面详加阐释，以至回应质疑，雄辩成论。只是，不应忽视"墨辩"的严谨逻辑与深湛阐释，其在很大程度上使墨学"兼爱"精义愈发显现。

"墨辩"一方面以逻辑方法将"兼爱"之普遍性加以周延性陈述，更彰显"兼爱"论对人类社会秩序之结合性、不可分割性、集体性的指涉，且以"超时空性"命题揭橥墨家法哲学之普世性价值。另一方面，鉴于墨者实践，后学更突出"兼爱"之一贯性与实践性，旨在使其高尚德性落实为一种具有经验品格的关于社会秩序与制度正义的思想。"爱利一体"，更赋予墨家法哲学丰富的平等、权利意蕴与浓厚的功利色彩。至如爱之纯粹

---

① 张纯一：《墨子集解·附录·墨学与景教》，成都古籍书店 1988 年版，第 627 页。

② ［清］孙诒让：《墨子间诂》附录《墨子后语》卷下《墨家诸子钩沈》，中华书局 2001 年版，第 751 页。

③ 随巢子盖为墨派学者之后劲，继以阐发"兼爱"奥义："有疏而无绝，有后而无遗。大圣之行，兼爱万民，疏而不绝。贤者欣之，不肖者则怜之。贤而不欣，是贱德也；不肖不怜，是忍人也。"［清］孙诒让：《墨子间诂》附录《墨子后语》卷下《随巢子佚文》，中华书局 2001 年版，第 754 页。

④ 顾炎武云："由慈悲利物之说而极之，以至于普度众生，超拔苦海，则墨氏之兼爱也。"［明］顾炎武著，［清］黄汝成集释：《日知录集释》，岳麓书社 1994 年版，第 652 页。类似诠释，参见秦彦士：《墨子考论》，巴蜀书社 2002 年版，第 240 页。

⑤ "兼爱十二辩"，即非人情本性辩、善而不可用辩、可择士不可择君辩、愿而不可为辩、害为孝辩、难不可为辩、无穷则害兼辩、不知其数则害兼辩、不知处所则害兼辩、何故杀盗辩、何故厚禹辩、爱人不外己辩。参见伍非百：《墨子大义述》，载《民国丛书》第四编第五册，上海书店 1992 年版，第 42 ~ 58 页。

性命题，终使墨家法思想于轴心时代独树一帜。今人审思墨学于法思想史之意义，亦当有见于“兼爱”价值论谱系中闪现的正义、平等、权利等法哲学意蕴。

第三节　尊儒辟墨与视墨同儒：墨学“兼爱”论的历史困境

文人相轻，鸱张门户，盖为古今学界之通弊。创议之初，墨家“兼爱”思想即屡遭儒者巫马子诘难。后世思想一统，墨学更备受冷落竟至中绝，其因有二：一为“尊儒辟墨”，压制墨学的话语权；二为“视墨同儒”，消解墨学之真精神。

一方面，战国时孟子对墨家显学“兼爱”之说的非难，原是一种排斥异端、争辩逞强的偏激之辞。① 后儒以孟子“能言距杨墨者，圣人之徒也”（《孟子·滕文公下》）自励，不忘祖述孔孟，芟除异端，将“墨氏兼爱，是无父也”的辟墨总论奉若圭臬。韩昌黎、张横渠辟墨之余偶有褒扬取合而外，后儒大多承续道统，引绳批根，以己说渲染诠释，将辟墨论阐扬光大。柳宗元言“墨不如佛”②，王安石持“性理说”批判墨家“为人”，③“三苏”复倡“儒墨之辩”，程颐扬其“至德”而抑其“舍正道”，④程颢又云“杨墨之害，甚于申韩”，⑤而为朱熹所传之“粹言”。⑥朱熹拾亚圣余唾：“墨子爱无差等，而视其至亲无异众人，故无父。”⑦又秉承“但能说距杨墨，亦是圣人之徒”的偏激立场，斥“兼爱”为“诐、淫、邪、遁”之辞，“尤出于矫伪，不近人情而难行”。⑧马端临亦言，“杨朱墨翟之言，未尝不本仁祖义，尚贤尊德。而择之不精，语之不详，其流弊

---

① 梁启超说：“孟子之距杨、墨，则毫无论据，而漫加以‘无父’‘无君’之恶名……凡此之类，皆绝似村妪媳骂口吻，毫无士君子从容论道之风。”梁启超：《论中国学术思想变迁之大势》，上海古籍出版社2001年版，第48页。

② ［唐］柳宗元：《柳河东全集》，中国书店1991年版，第285页。

③ 王安石曰：“墨子者，废人物亲疏之别，而方以天下为己任，是以所欲以利人，适所以为天下害患也，岂不过甚哉？”［宋］王安石：《王安石全集》，上海古籍出版社1999年版，第229页。

④ 程颐曰：“墨子之德至矣，而君子弗学也，以其舍正道而之他也。”［宋］程颢、程颐：《二程集·河南程氏遗书》卷二五《伊川先生语十一》，中华书局1981年版，第319页。

⑤ ［宋］程颢、程颐：《二程集·河南程氏遗书》卷十三《明道先生语三》，中华书局1981年版，第138页。

⑥ 参见［宋］朱熹：《朱子语类》，中华书局1994年版，第1320页。

⑦ ［宋］朱熹：《孟子集注·滕文公章句下》，载《四书章句集注》，中华书局1983年版，第272页。另参见孙以楷：《朱熹论墨子之兼爱说》，《孔子研究》2003年第4期。“视己父如路人”颠倒主客参照，歪曲兼爱真义。

⑧ ［宋］朱熹：《朱子语类》，中华书局1994年版，第586页、1237页。

遂至无父无君”，因而“不容不深锄而力辩之”[①]。王守仁谓墨子“行仁而过”。[②] 胡应麟曰：“墨祸之烈，甚于庄杨二子。”[③] 辟墨之言林林总总，今人观之，书空咄咄。

另一方面，视墨同儒、孔墨并举的观念源远流长，又可谓另一种形式的“辟墨”。刘安《淮南子》多次孔墨并称，如《主术训》曰“孔墨博通”，《人间训》云：“非仁义儒墨不行，非其世而用之，则为之禽矣。”韩昌黎云：“孔子必用墨子，墨子必用孔子，不相用，不足为孔墨。”[④] 同时，韩愈有时亦持辟墨观点，在儒墨关系问题上自相龃龉，宋人洪迈之批评可谓洞若观火。就学术思想而论，韩愈之论实不足取，尚且不如传统辟墨说严谨。至宋明理学，理学家之思想以“理”“气”或“心”为核心，常摄取墨家“兼爱”精义。张载《西铭》有“乾父坤母”“民胞物与”之论，《正蒙》有“知必周知，爱必兼爱”之说，体现儒学对佛道天地一体、墨家天志兼爱的吸纳。依张载之观点，作为天地父母之子女的万民，自然是同胞兄弟，同胞兄弟之爱近于“兼爱”；爱人之父如已父，就应当不算是无父。二程的弟子杨时就断言《西铭》同于墨氏兼爱。不过，张载又说：“淫辞放侈，近于兼爱齐物。”（《张载集·张子语录》）无独有偶，颜元曾言“杨墨道行，无君无父”，然其事功之旨近乎墨子，亦曾为杨墨辩言：“杨氏之精实似义，墨氏之博爱近仁，即不仁义矣，而其‘为我’‘兼爱’犹足以自全庇物，而生民亦食其福，气运犹受其持。”（《颜元集·朱子语类评》）辟墨宥墨，游移不定。[⑤]“孔墨并举”“视墨同儒”的另类话语貌似包容并呈现了墨学义理，客观上却不乏消弭儒墨精神差异之嫌。儒家对墨家的批判仍常被视为墨家式微的主要原因。

虽然偶有胆识之士为之正名，如李贽辩云：“我爱人之父，然后人皆爱我之父，何说无父？若谓使人皆爱我父者乃是无父，则必使人贼我父者

---

① ［元］马端临：《文献通考·经籍考》，华东师范大学出版社1985年版，第926页。

② ［明］王阳明：《王阳明全集》，上海古籍出版社1992年版，第77～78页。

③ 参见蔡尚思：《儒墨斗争史与儒法合作史》，载蔡尚思主编：《十家论墨》，上海人民出版社2004年版，第305页。该书304～306页蔡氏所梳理自古至今学术文化界的墨学评论，颇为全面，值得参考。

④ ［唐］韩愈：《读墨子》，载［清］董诰等编：《全唐文》卷五五九，中华书局1983年影印嘉庆十九年本，第5656～5657页。

⑤ 参见王越：《程朱距墨而颜元宥墨》，《暨南学报（哲学社会科学）》1985年第4期。据解成研究，颜元早年辟墨而晚年尚墨，其与墨学之近似已多有论及。参见解成：《颜学溯源——墨子》，载张知寒主编：《墨子研究论丛》（一），山东大学出版社1991年版，第322页。

乃是有父乎？是何异禽兽、夷狄人也！”[①] 又如俞正燮叹曰：“学者恶墨以绳墨自矫，不便私欲，为遁辞以避之。”[②] 然毕竟沧海一粟耳。

儒家以外，道家、法家也摈斥墨学，排抑“兼爱”。虽各自“言盈天下”，但杨学“为己”而墨学“兼爱”，乃两套旨趣相反而各擅胜场的话语体系，因此“兼爱、尚贤、右鬼、非命，墨子所立也，而杨子非之”（《淮南子·泛论训》）。老庄“清静无为”之旨亦与墨家积极救世之心大相径庭。后世承道家之学如《淮南鸿烈》者，均力辟儒墨。深受墨家影响的法家也对“兼爱”不以为然。狭隘的邦国利益令法术之士敌王所忾，将墨者与“兼爱”视为眼中钉。《管子·立政九败解》曰：“兼爱之说胜，则士卒不战。”《韩非子·五蠹》也批判“兼爱天下”的主张“不可以为治”。可见，墨学及“兼爱”之说在古代思想界树敌众多。

在儒术独尊抑或儒法合流的古代意识形态中，辟墨之说已成必然，只不过力度有别。崔清田分析道：“当儒家及其学说处于意识形态绝对权威地位时，墨子被‘目为禽兽’，其书则‘深相疾恶，无有治之者’；当儒家及其学说的地位相对削弱，子学得以复苏时，‘儒主墨辅’就取代了‘距杨墨，放淫辞，邪说者不得作’的扼杀路数。”[③] 当初独树一帜而睥睨诸子的墨家思想，在硕学通儒的辟墨之言中被束之高阁，在“视墨同儒”的观念史中被逐步消解，墨家学说亦随之湮没无闻，这就是秦汉以来墨学式微的命运写照。

清末墨学复兴之际，思想氛围大为宽松，儒墨并尊乃至尊墨批儒蔚为风潮，遽尔大有论者为“兼爱”辩护伸张，二千多年“辟墨”之传统似已寿终正寝。孙诒让曰：“墨氏兼爱，固谆谆以孝慈为本，其书具在，可以勘验。”[④] 章太炎说：“诋其‘兼爱’而谓之‘无父’，则末流之噧言，有以取讥于君子，顾非其本也……夫墨家宗祀严父，以孝视天下，孰曰无父！”[⑤] 近代适逢救亡图存之大变局，墨学救国说风靡华夏，“兼爱”论一

---

① ［明］李贽：《墨子批选》，卷一《兼爱上》，李氏丛书，明刻本。［清］陈梦雷、蒋廷锡等辑：《古今图书集成·理学汇编·经籍典》卷四四〇《墨子部汇考二·明李贽墨子批选自序》，中华书局、巴蜀书社1985年版，第72305页。又言：“予读《墨子》，谬为批选，而意其言之可用者如此。虽然，予又何敢言之，言之则其罪大矣。”以李贽之胆识犹不免无奈之叹，足见辟墨之习深久。

② ［清］俞正燮：《癸巳存稿》卷十二《墨子兼爱》，辽宁教育出版社2003年版，第335页。

③ 崔清田：《显学重光——近现代的先秦墨家研究》，辽宁教育出版社1997年版，第8页。

④ ［清］孙诒让：《墨子间诂·墨子后语·墨学通论》，中华书局2001年版，第733页。

⑤ 章太炎：《检论·原墨》，载《章太炎全集》（三），上海人民出版社1984年版，第433～434页。连新儒家熊十力亦为墨家“兼爱”辩护，惜乎其高足牟宗三仍高扬仁爱，贬斥兼爱，恶紫夺朱之情、好丹非素之意仍未尽释。参见刘述先：《全球伦理与宗教对话》，立绪文化事业有限公司2001年版，第60～61页。

雪饱受攻讦之宿命，而备受追捧于学林。学界巨擘梁启超、胡适等奉“兼爱”为救国救世之良药，“国父”孙中山将“兼爱”化为“天下为公”的博爱情怀，西方传教士则利用“兼爱”促使中国人接纳“博爱”之基督教。

今人观墨学应正本清源、涤除定见，重回“儒墨辨异”，厘清“兼爱”与“仁爱”的根本差异仍不无裨益。如此，方能恢复墨学之原貌，彰显其平等精神，使墨家先哲的人文情怀重现于今。墨学之历史命途与义理得失固然仍有待众家争鸣，然“兼爱”这一墨学中最具统领地位、最具永恒意义的命题，已开始显示出某些现代性价值，其所蕴含的和平正义观、平等思想及权利意识，所能予以现代人深入挖掘的法哲学价值不可磨灭。

第三章　墨家“兼爱”之正义观

墨学“兼爱”的感染力源于并激发人们心中最淳朴的正义观念，因而首先应探讨“兼爱”论是否蕴含墨学的正义观点。在当时，道德家与政客均乐言所谓“爱”，墨家倡导的“兼爱”观念，旨在彰显“爱非为用”的人文关怀与正义感，是对社会观念形态的正本清源。以往的比较文化研究拘于特定语词概念的僵化理解，认为正义观念为中国传统文化所或缺，而为西方文化之特质。其实这是不合常识的，中国轴心时代的思想家均不乏对天下正义的深刻思考，墨子提倡“义政”便是对政治正义的强烈诉求。“义政”同“义正”，即贵“义”之正，诉诸超验的“天志”而坐实为人间之“法仪”。爱的哲学是正义的源泉，墨学“兼爱”从“天志”“法仪”诸维度阐明其正义观点，以爱的哲学激发一种强烈的正义感，并指引着具体社会制度正义的路向。进而，墨家始终关注社会正义问题，“兼爱”观蕴含追求和平和谐的理想及提倡“交利”的社会正义观。不同于儒家仁爱或耶稣之爱，“兼爱”实现了人文化的世俗之爱与宗教化的神圣之爱的统一，并具有从“爱”到正义的演绎路径，其治道层面中所蕴含的追求和平、和谐的正义观，正是墨家法哲学之价值所在。

第一节　墨家之“爱”

一、“兼爱”的人文关怀——诸子之“爱”辨异

先秦诸子多言“爱”。而墨子之爱在当时独树一帜，既可在逻辑上涵摄孔孟仁爱之说，又与荀况、商韩之爱有着本质区别。

儒家的爱重“别”，而墨家的爱重“兼”。墨子的“兼爱”与孔、孟的“仁者爱人”不同，后者以“亲亲”“尊尊”为原则，主张爱有等差区别；前者以泛爱为原则，主张“远施周遍”，不分亲疏厚薄。由于“爱”必然强调普遍性问题，墨家“兼爱”主张不分亲疏爱一切人，故而在论说普遍

性方面比儒家“仁爱”更广，有超越于现实宗法社会的意义。

早期法家或排斥仁爱，① 或假言“爱”，实则将民众视为工具，于霸道语境中论证赏刑论的合理性。《商君书·靳令》：“重刑少赏，上爱民，民死赏。”荀子曰：“有社稷者而不能爱民，不能利民，而求民之亲爱己，不可得也。民不亲不爱，而求其为己用，为己死，不可得也。”（《荀子·君道》）这种所谓的“爱”，目标竟是“求为己用，为己死”，其背后更隐藏着将民众视为工具的险恶用心。韩非师从荀子，又通晓法家赏刑论，自然承袭这种理论。《韩非子·心度》云：“圣人之治民，度于本，不从其欲，期于利民而已。故其与之刑，非所以恶民，爱之本也。”所谓“冰冻三尺非一日之寒”，这种畸形的“爱”论牙慧相传，或许反映其于治国治民言说中由来已久，故而早前墨家已有的放矢，否定这种扭曲变态的统治观念。《墨子·经说上》“仁，爱己者非为用己也，不若爱马著（者）若明。”这句话意在强调“爱人”的宗旨，并非若“爱马”般仅考虑“用”的因素。“爱非为用”的精神才是墨家兼爱、儒家仁爱之纯粹性彰显。相比那些统治者及其献媚者虚伪的“爱”，墨家这种“爱”的哲学旨在强调人作为目的的意旨，富有强烈的人本主义气息。

诸子对“爱”的不同理解与表述，透射出“爱”之观念差异，这种差异彰显墨家“兼爱”的正义情怀。有论者指出：“古往今来，‘爱’兴许是使用频率最高的一个字眼，但像墨子这样，真正站在弱小者的立场上，以自苦自律的精神来倡导爱、实行爱，却又非常罕见。”② 在中国轴心时代之人文化思潮中，原不乏墨家持“兼爱”之论警醒世人，亦堪称对其他诸子所谓“爱”之观念的正本清源，具有超越性和进步性，只可惜未能遏制荀韩一脉那种更“利于”粉饰君权秩序的主张。由此观之，墨家的兼爱与孔孟的仁爱，都富有一种将人视为目的而非工具的人文情怀，呼唤对众生施加公正而合理的关怀。作为一种道德态度，对于实现福利、和平和安全都是不可或缺的。③

二、“兼爱”的正义意蕴——众家之译透析

《说文》：“兼，并也。从又持秝。兼持二禾，秉持一禾。”是一个会意字，从“又”（手）从“秝”（lì），形似“一手执两禾”，意为同

① 如《商君书·说民》云：“慈仁，过之母也。”
② 陈伟：《墨子清谈》，长江文艺出版社 2003 年版，第 4 页。
③ 参见〔美〕本杰明·史华兹：《古代中国的思想世界》，程钢译，江苏人民出版社 2004 年版，第 150 页。

时涉及或具有几种事物，或由各部分合为整体。在《墨子·兼爱》中，“兼”与“别”相对，墨子所谓“兼以易别”之呼吁，正是将“别”视为“兼”的反义词。在“兼以易别”的阐述中，“兼”至少包含了相互、周延、穷尽几层含义。而这些基本含义赋予“兼”浓厚的平等意味，尤其是“交”“相互”的含义，是墨学“兼爱”平等观的显著特征。

“兼爱”一词在西方以“Universal Love”为通行译法，可见“兼爱”一词以普遍性为第一要义。陈荣捷曾指出，“兼爱”最好被翻译成“相互的爱”。[①] 然而，这只是近乎直译未达堂奥，反而缺乏“Universal Love”这一层意思，颇有信而不达之弊。葛瑞汉则认为：“‘兼爱’在英语中最流行的对应词是‘Universal Love’（博爱），这样译方便但却有误导之嫌。它既太模糊（‘兼’的意思与其说意是‘为全体’，不如说是‘为每个’），又太富有感情色彩（墨家的‘爱’是一种利民远害的无感情的意愿）。”[②] 因此他自创“Concern for Everyone”的译法，[③] 虽能标新立异，却有违“兼爱”集体主义之旨。实际上，依循葛氏之辨析，“兼”“为全体”的色彩远强于“为每个”。在墨家思想与墨者实践中，“兼爱”展现出颇为鲜明的正义原则，以至于葛氏认为：“墨家人物是性情冷峻的人，他们倾听正义的呼声而不诉求爱心。”[④] 从墨者的救世情怀看来，葛瑞汉将墨家视为“性情冷峻”之辈，漠视墨家心系天下的深沉大爱，亦有割裂爱心与正义之间紧密关系之嫌。凡间所谓爱心，未必等同臆想中的情见于色，或许更内化为墨者冷峻形貌下的博爱情怀。诚然，墨者之贵义行义清晰昭明，然而谈及“兼爱”一词，也许人们脑海首先浮现的是“爱心”。以“正义感”直接代替“兼爱”的译法以偏概全，并不妥帖。况且，爱的情感与正义利民之间非但不应对立起来，更浑为紧密相连之思想整体，在这一整体中“兼爱”相较“正义”更为宏阔。

经由对“兼爱”译法“信达雅”的推敲，史华兹揭示了“兼爱”除仁爱意义上的爱心，还包含着正义与公平的观念。因而，史华兹将“兼

---

① Wing-tsit Chan, 1955: “The Evolution of the Confucian Concept Jen”, *Philosophy East and West*.

② 〔英〕葛瑞汉：《论道者：中国古代哲学论辩》，张海晏译，中国社会科学出版社 2003 年版，第 53 页。

③ 此外还有“Inclusive Care”与“Co-love”两种译法。参见孙中原：《墨学与现代文化》（修订版），中国广播电视出版社 2007 年版，第 218 ~ 219 页。孙君恒：《墨学在当代西方》，载王裕安、李广星主编：《墨子研究论丛》（七），北京图书馆出版社 2006 年版，第 657 ~ 658 页。

④ 〔英〕葛瑞汉：《论道者：中国古代哲学论辩》，张海晏译，中国社会科学出版社 2003 年版，第 53 页。

爱”译为“普遍的公正”（Universal Fairness）或“公平感”（Sense of Equity）[①]。这种意译不拘于字面意思，颇能诠释墨家“兼爱”哲学对社会公平正义的一贯关注，是理解其法哲学价值的语义基础。

倾心墨学的美籍华人李绍崑曾指出：“英文的‘爱’，至少有三种不同的名词：最低层次的爱，称之为‘Love’，……其次的爱，称之为‘Charity’，目前也被滥用了，是指给人‘施舍’，并非仁爱之美德；而最高尚的‘爱’，英文直译于希腊文，而称之为‘Agape’，乃指大爱、博爱，或墨子所称的‘兼爱’！”[②]Agape或为较“雅”之译法，也从更广阔的比较视阈，提炼“兼爱”源于并超越朴素“爱”之情感，及其彰显的正义、公平、平等意蕴，尽显其高尚神圣格调。尽管这种译法未必合于文化特殊主义而不够严谨，然于审思墨家“兼爱”与“天志”之内在关系、及与基督教“爱的律令”的相通性仍有所启示。

第二节　墨者之“义”

在墨家思想体系中，“爱”对“义”的生成与推衍有着根本性意义。反过来说，如美国学者宾克莱所论，正义是爱在社会历史中的具体化，一个有爱心的人，当他不得不在制度的世界中活动的时候，他就会把他的爱变成正义。[③]正因如此，欲求墨家法思想贴合于正义观念的现代诠释，便须立足于对“兼爱”这一根本观念的实在理解。墨家“非攻”实践之正义感众所周知，与“兼爱”总纲如影随形。探索墨者之“义”与墨家的正义观，绝不可忘却墨家“兼爱”之公义情怀。

一、墨家集团——正义之守护神

墨子生于战火纷飞、干戈扰攘的东周列国时代，于诸侯争霸而满目疮痍的社会倍感切肤之痛，遂率墨徒悬壶济世、亲力亲为，以“兼爱”“非攻”为灵丹妙药，希图解民倒悬。后世刻画“独自苦而为义”“摩顶放踵利天下”之救世情怀，实源于墨子胸中兼爱的精神和理想追求。在先秦各派中，墨家无疑是言行抱一、力行主义的典范，“兼爱非攻”之说起于救

---

① 参见〔美〕本杰明·史华兹：《古代中国的思想世界》，程钢译，江苏人民出版社2004年版，第154页。

② 〔美〕李绍崑：《墨子论爱与智》，载王裕安、李广星主编：《墨子研究论丛》（七），北京图书馆出版社2006年版，第604～605页。

③ 〔美〕L. J. 宾克莱：《理想的冲突》，马元德、陈白澄、王太庆等译，商务印书馆1983年版，第339页。

时之弊，直面邦国之间逐于气力、涂炭生灵之惨况，而非停留于坐而论道式的道德谴责，抑或闭门造车式的学说玄谈。那些指责墨家“兼爱”为虚幻空想的讥讽，似乎无视墨子劝止齐攻鲁、劝止鲁阳文君攻郑、劝止楚王公输盘攻宋的伟大壮举，忘却无数墨者力挽狂澜，为拯救素昧平生的各国子民而上演一幕幕“兼爱非攻”之旷世壮举。

墨子为“圣之任者”，[①] 墨者皆为“任士”，如《墨子·经说上》：“任，为身之所恶，以成人之所急。”“任，士损己而益所为也。”观诸墨家集团，其广纳农工、分工合作、生活俭朴、纪律严明，具有独立的经费来源（“耕柱献金”）、法律规范（“墨者之法”）与政治制度（“钜子制度”），乃融学术、宗教、军事于一体，是一个规模庞大的独立社团组织，与那乱世中趁火打劫的盗贼团伙截然相反，投身兼爱正义之生涯功业。正如萧鲁阳评说：“墨家书中连篇累牍论说义事，倒真是实实在在的义薄云天……人说墨家是侠的老祖宗，亦无甚不妥。”[②] 确矣，墨家“兼爱”理论已泯乎时空界限，可谓东方道德境界的冥漠之都。这种理想及价值感召已然超越时代界限，墨子及其徒众“非攻”之举巍巍荡荡而流传至今。与西人所倡博爱遥为呼应，实显彪炳千古的人类道德。有观中西文化之学者诚明其通约，透过钜子孟胜殉道等故事，王治心直言道：“可见墨者不怕死的精神，甘为教义牺牲；假若与基督易地而处，怕也不辞十字架之苦。”[③]

如果说佛家大爱遁世，那么墨者堪称大爱救世。既以攻伐有违兼爱，则必投身守御圣战。吕思勉曾讲，墨子实行的精神，最为丰富。[④] 墨子与墨家集团之实践均以“兼爱”为宗旨，其现实镜像便是墨家集团显闻于世的侠气义行。墨子本人堪称正义守护神，视群体的生存与发展高于个人生命，若自我的劳苦与赴死有助停息战火、利于天下，则“死”极富价值。墨家一直传承这种“实用的经验主义方法”[⑤]，面对死亡，追求正义。墨者曰：“杀己以存天下，是杀己以利天下。”（《墨子·大取》）

概言之，“兼爱”自墨翟创议之时便具有强烈的实践性，并于非攻事业不断累积升华，完成其正义品格的锻造。墨学以“兼爱”为本，无不感染触动人们心中最淳朴的正义观念。因而，“兼爱”论实蕴含墨学试图代言传达的一般民众正义观，并汇聚墨家正义理论的基本要素。究其特质，这种

① 王桐龄：《儒墨之异同》，载《民国丛书》第四编第五册，上海书店 1992 年版，第 177 页。
② 萧鲁阳：《行侠仗义说墨家》，湖北人民出版社 2011 年版，第 1 页。
③ 王治心：《墨子哲学》，南京宜春阁印刷局 1925 年版，第 29 ~ 30 页。
④ 吕思勉：《中国通史》，上海古籍出版社 2009 年版，第 261 页。
⑤ 郑晓江：《论墨家的死亡观——兼及儒、墨、道死亡观之区别》，载张知寒主编：《墨子研究论丛》（二），山东大学出版社 1993 年版，第 452 页。

正义并非斗争的正义，不似其他思想家构想的通过暴力征服实现，并任由“强者”书写缘饰，而是通过一种消除压迫与怨恨的方式达致，从而深富共生共存之学说品质。吕思勉说：“席卷六合，罢侯置守，非墨子所能梦想。欲求少澹干戈之祸，唯望率土地而食人肉者，稍念正义而惜民命而已。”① 可见，墨家“兼爱”的核心精神正呈现出一种追求和平、和谐的正义观。

二、贵“义”之正——以“兼爱”之“天志”为“法仪”

先秦哲人多言“义”，古代文献中的“义”与西方正义理论固然不可等同视之随意附会，却也非酉参之于卯辰。毕竟伟大思想家关于道义爱德之言说，诚不离对人类正义的深刻关怀与实际构设。在先秦诸子中，墨家尤其贵“义”，曰“义，天下之良宝也”(《墨子·耕柱》)，“万事莫贵于义”(《墨子·贵义》)。而且，墨子还以“义”伸张其学，提出“义之钩强”的形象命题，一喻尽显墨旨，既从道德论角度阐弘“义”超越优先于“战”，又拟同“钩”之功用阐发“为义”的团结价值和交往功用，可谓“既不失为德性境界，又有明确的现实品格”②。综观《墨子》一书，其“义”论与广泛探讨深富价值的“正义”论说常有趋合。墨子曰：“义者，正③也。”(《墨子·天志下》)可见其“义”非唯伦理道德，亦是治道之本。

首先，墨家治道源于“天志”。“天志”是天子、三公、诸侯、士、庶人之“正”“义”源泉。《墨子·天志中》云：“义果自天出矣。”《墨子·天志下》谓：“天之志者，义之经也。”“义”正于天，求义之正必顺乎“天志”，而天之志只是形式，是外衣，它以“兼爱”万民为实质，为旨归。墨子曰：“今天下之士君子之欲为义者，则不可不顺天之意矣。曰：顺天之意何若？曰：兼爱天下之人。”(《墨子·天志下》)可见，墨子求“义”之“正”经由“尚同于天”的理路，与作为“天志”内核的“兼爱”相沟通。因而，墨子的“兼爱”具有治道意义上的“正义”层面。《墨子·天志下》云：“兼之为道也，义正。”而墨子于治道所析言之“义”或“义政”，即如《墨子·天志上》云“(天下)有义则治，无义则乱”，均导源于“兼爱”之本。“兼爱”镀上“天志”而添附以绝对权威，成为墨子眼中王公大人与百姓万民理应恪守的金科玉律：“爱人利人，顺天之

① 吕思勉：《先秦学术概论》，东方出版中心 1985 年版，第 122 页。

② 施炎平：《〈墨子〉一日一语》，浙江人民出版社 2000 年版，第 86 页。

③ 《墨子·天志上》作“政”。孙诒让案：“《意林》引下篇‘正’皆作‘政’，二字互通。‘义者，正也’，言义者所以正治人也。”［清］孙诒让：《墨子间诂》，中华书局 2001 年版，第 193 页。

意，得天之赏者有矣；憎人贼人，反天之意，得天之罚者亦有矣。”（《墨子·天志中》）

其次，原发于人类崇高道德情感的“兼爱”，经由“天志”镀层而具有权威形式的赋予，并获得天下规范体系化构建的逻辑起点。由此，“兼爱”便向天志正义论与国家正义观渗透而赋予其“贵义”品格，所谓“义者，善政也”（《墨子·天志中》）。“法仪”之广义即治法，狭义即规范，墨子设问曰：“然则奚以为治法而可？故曰莫若法天。”（《墨子·法仪》）因此，偏于具体化、类型化的社会“法仪”源于整体性的“天志”，具体论域的正义原则与社会规范的生成，就是在“法天”之际通过“一同天下之义”的方式走向实在化、标准化，完成将“天志”“置以为法，立以为仪”的立法过程。有论者评曰：“墨家的这种‘义行’、‘义政’的和谐思想与主张，既强调了每个人的社会责任与义务，又为发展个人权利提供了激励动力和开拓空间。这种‘尚义’的和谐，就含有平等正义思想价值。这比起儒家‘中庸之道’要全面深刻，也不会在其后人传播和践行中发生扭曲，因为墨家强调了‘义’和‘法’的紧密相结合。”[①] 于是，“兼爱”在抽象的层面上具有“天志”的属性，在具体的意义上具有“法仪”的属性，既是最根本的“天志”，也是最核心的“法仪”，在墨学中居于根本核心地位。

最后，墨子之“法仪”经由“天志”的演绎方式，也直接传达一种超越实然的正义观念，并构成其正义价值在世间与天道的双层表述。从法律思想的角度阐释墨学，杨鸿烈认为：“墨子所谓‘法仪’便是正义，墨子的法律观念是以正义为标准，正义本于上天好生之德。”[②] 在规范形式意义上，“天志”本身作为一种超越存在，有基础规范与批判规范的意义。墨家依循“兼爱”之“天志”，以“天志”证成“兼爱”，又立以为“法仪”。同时，墨家运用这一超越存在作为批判武器，以“贵义”之说矫正“不义”之实，以“天志”的“兼爱”法则审视批判实在的“侵凌”法度。由此看来，贵“义”之正的墨家理念，较诸西方法哲学之正义观，亦有同样上位于实在法律的“高级法”[③] 属性。《墨子·法仪》曰：

① 朱传棨：《“仁爱”与“兼爱”：两种不同的和谐文化传统》，载任守景主编：《墨子研究论丛》（九），齐鲁书社 2010 年版，第 145 ~ 146 页。

② 杨鸿烈：《中国法律思想史》，中国政法大学出版社 2004 年版，第 38 页。

③ 杨鹤皋主编的《中国法律思想史》教材认为墨家的天志是自然法思想。参见杨鹤皋主编：《中国法律思想史》，北京大学出版社 1998 年版，第 68 ~ 69 页。赵建文亦持此说。赵建文：《墨子法律思想的自然法理论特征》，《现代法学》1995 年第 2 期。这里不采用“自然法”一词，以避免牵涉“自然法”的形式性与内容性之争，即“自然法”是否为西学专利这一无谓的概念争论。

> 然则奚以为治法而可？当皆法其父母奚若？天下之为父母者众，而仁者寡，若皆法其父母，此法不仁也。法不仁，不可以为法。当皆法其学奚若？天下之为学者众，而仁者寡，若皆法其学，此法不仁也。法不仁，不可以为法。当皆法其君奚若？天下之为君者众，而仁者寡，若皆法其君，此法不仁也。法不仁，不可以为法。故父母、学、君三者，莫可以为治法。
>
> 然则奚以为治法而可？故曰莫若法天。天之行广而无私，其施厚而不德，其明久而不衰，故圣王法之。……今天下无大小国，皆天之邑也。人无幼长贵贱，皆天之臣也。

取法、效法指涉人们的日常行为规范，在此总体上意味着国家社会治法的参照标准。墨子有如抽丝剥茧，先破后立，一一批判“法父母”“法学者”“法君王”三种效法方式，分别指向家庭范导、主流话语、现实权力，从而基本上否弃现实社会中人们行为规范的三方面权威来源。在考量个体行为如何依循规范的问题上，墨子反复表述之“法不仁，不可以为法”，迥异于后来法家“法虽不善，犹愈于无法”（《慎子·威德》）的命题。后者曾被目为类似西方“恶法亦法”[①]的命题，确实疏离于轴心时代人文化思潮，以及以自然正义超越实在法、批判实在法的自然法学品格。[②]反观墨子隆重推出的“莫若法天”命题，不同于那些“不仁”的效法标准，这种诉诸天志的“高级法”极具普遍性（行广）、公平性（无私）、正义性（顺天意者，义政也）、平等性（皆天之臣）、权利性（施厚）、明确性与稳定性（明久而不衰）等品质，应当奉为实在法的指导原则与参照标准。

概言之，墨子贵义之正，诉诸以“兼爱”为本之“天志”证成。作为墨家实质性核心观念的“兼爱”自是正义的源泉与根本，而灌注填充“兼爱”原则的“天志”与“法仪”则以其正义源泉与规范标准的体系性意义

---

① 参见陶保霖：《恶法亦法之界说》，《东方杂志》第 17 卷第 13 号，1920 年。萨孟武也说：“此言与过去英国法学者所谓‘恶法也是法’完全相同。”萨孟武：《中国政治思想史》，东方出版社 2008 年版，第 101 页。

② 薛保纶的阐释颇为透彻：“1. 法律（或立法）与道德有什么关系？墨子及一般道德家的答复是：凡是人‘该’做什么或‘不该’做什么，一切有责任性的行为、规诫或条款，它都属道德的范畴含善与不善的性格。2. 道德与宗教有什么关系？墨子的答复是：道德是一种法律。一切法律，不管是处世法（positive law）或自然法（natural law），其最后都涉到人良心，且其根源为人的良心。良心本身是为道德——行善避恶而设，它的设立又来自它背后的赋予者——天和天志。”薛保纶：《墨子“三表法”的立法精神》，载张知寒主编：《墨子研究论丛》（三），山东人民出版社 1995 年版，第 109 页。

加以凸显传达。这一墨学体系图景，展现了先秦诸子中最为显著、富有层次的正义学说。

三、和平和谐——比较视野下的墨家正义论

西方正义理论或言说往往较为贴合于制度层面详加讨论，相比而言，在中国传统文化观念谱系中，尤其透过华夏文化和平和谐的历史观，正义观念或言说更契合天道理念、大爱精神与和谐理想。由此审思墨家正义论之原则内容，结合墨子贵义、非攻之思想与实践视之，则将墨家正义论诠释为保障生命财产安全与维护国家社会稳定秩序的和平和谐正义论，或能贴合墨子“兼爱非攻”这一显学格调。观诸西方思想，也不乏将正义理解诠释为和谐和平价值的思想理论，其著者如霍布斯和边沁。治墨而时观他山，不乏别开生面之启示。

在阐释政治正义的诸多层面上，墨子与民约论者霍布斯的见解如出一辙。在正义论的基本内容上，霍布斯以基本自然律的形式，将之定义为“寻求和平、信守和平”①，这与墨家“兼爱非攻”正义论的和平愿望同符合契。首先，墨子和霍布斯都在理论上假设了一个初民社会或原始状态，但都旋即赋予其灰暗色调，描绘其斗争情景。墨子脑海中“天下之乱，若禽兽然”的初民社会，与霍布斯对原始状态“虎狼争斗”的描述大同小异。②其次，霍布斯经由契约论，将正义的性质定位为“遵守有效的信约”③，寻求基本自然律的遵守，从而脱离自然战争状态。不少学者认为墨子之政治起源论类似于西方契约论，提出以“民选天子”“臣民通约”的方式建立以君主为中心的国家政府架构以脱离初民社会（详见第六章第一节）。只是，墨子的“兼爱非攻”非纯导源于“十人十义”之初民社会“一同天下之义”的诉求，而有出于对现实社会“强之劫弱，众之暴寡，詰（哲）之谋愚，贵之敖贱”等不正义现象的深恶痛绝。再次，“兼爱”论与霍布斯的正义观在逻辑演绎上有异曲同工之妙，所发明正义之第一义皆为对生命财产安全的保障以及安全和平的诉求。最后，依循类似的自然状态消极描述与负面评价、趋近的和平和谐正义或基本自然律，墨子与霍布斯最终都主张强大的主权者权力与国家机器作为立政之本，从而趋于政治集权专制

① 参见〔英〕霍布斯：《利维坦》，黎思复、黎廷弼译，商务印书馆 1985 年版，第 98 页。

② 霍布斯认为原始时代在没有国家之前，人们处在一种互相争斗的自然状态，犹如虎狼之间的争斗。参见〔英〕霍布斯：《利维坦》，黎思复、黎廷弼译，商务印书馆 1985 年版，第 92 ~ 97 页。

③ 〔英〕霍布斯：《利维坦》，黎思复、黎廷弼译，商务印书馆 1985 年版，第 109 页。

的结论。无怪乎梁任公感叹，墨子最终得出“尚同”的专制论与霍布斯的“利维坦”不谋而合。①

如果说墨子与霍布斯之近似更多在于政治起源与政制设计，那么与边沁所由通则更多在于三表法、义利合一与功利主义的融通之处。边沁与墨子相似的正义观，源于一种功利思想——墨子原百姓万民之利，“兼爱”与“交利”紧密相连，不可分割；边沁则以功利原理为唯一正确的理论，奉以为立法原理之基石。② 墨学复兴以来，这一联想比较已非孤论，如冯友兰所说：“边沁以为道德及法律之目的，在于求‘最大多数人之最大幸福’；墨家亦然。”③ 然而，除方法之外，两者对正义首要价值的认识亦所见略同，这一点则少有所察。边沁将安全奉为通过法律的社会控制的首要目的，从其归纳之罪名序列中可见，符合功利主义原则的法律控制应首先集中在人身权的保护与财产权的不可侵犯等问题上，自由、和平等则应当服从这一基本自然律。④ 至于墨子其时，只需领会反对侵犯人身财产权益与国家主权的“非攻”论作为“兼爱”至急之务，玩味其“非攻”的论辩言辞及利害分析，就足以体察和平、和谐于墨家正义论之首要意义。

进而，如果说糅合“非攻”的“兼爱”论蕴含着一种追求和平和谐的正义观，那么墨子站在平民立场提出的“兼相爱，交相利”则为这种政治军事的正义观铺垫了一种社会基础，构成墨子以“兼爱”为核心的社会正义观。如徐复观所说：“他（墨子）所反映的平民的利害，可以构成社会正义的基础……他在先秦所发生的重大影响，主要是来自他伟大的

① 梁启超说，墨子“尚同”思想是“‘叫人民都跟著皇帝走’也。就此点论，与霍布士辈所说，真乃不谋而合。霍氏既发明民约原理，却以为既成国以后，人人便将固有之自由权抛却，全听君主指挥。后此卢梭派之新民约论，所批评修正者即在此点。墨家却纯属霍氏一流论调，而意态之横厉又过之”。梁启超：《先秦政治思想史》，天津古籍出版社 2004 年版，第 152 ~ 153 页。

② 参见〔英〕边沁：《道德与立法原理导论》，时殷弘译，商务印书馆 2000 年版，第 57 ~ 64 页。

③ 冯友兰：《三松堂全集》（第二卷），河南人民出版社 2001 年版，第 122 页、337 ~ 338 页。也有一些学者持有异议，如陈顾远认为：“墨子主张底利，既不是‘自私自利’底利，也不是‘最大多数最大幸福’底利，实是‘社会全体幸福’底利。”陈顾远：《墨子政治哲学》，泰东图书局 1923 年版，第 27 页。晚近有学者严格按照西方功利主义思想体系，结合此前中西治墨学者的观点，尤其针对异议意见进行研究，认为墨家是世界历史上最早、最典型的功利主义。参见孙君恒、高珍：《墨家为功利主义学派论》，载邵长婕主编：《墨子研究论丛》（十），齐鲁书社 2013 年版，第 267 ~ 276 页。

④ 参见〔英〕边沁：《道德与立法原理导论》，时殷弘译，商务印书馆 2000 年版，第 253 ~ 255 页。

正义感，与为正义牺牲的精神。”[①] 从社会正义观的角度诠释“兼爱”，墨家思想始终立足底层社会，其关注社会细节问题的倾向有些平民舆论的色彩，其“兼爱”口号实乃弱势群体诉求的时代强音。之后辟墨的孟子，也在这种墨言盈天下的氛围中为“仁政”注入重视民生的题材。因此，尽管诸子百家之学都对社会民生问题有所关注，代表小生产者利益的墨家仍以鲜明的平民色彩独树一帜。甚至有论者断言：“在先秦各家中，墨子是唯一以社会问题作为主要问题的思想家。”[②] 以墨家“兼爱”为本，一种较为稳定的符合正义的法律秩序呼之欲出，它立足于权利主体的共生交往，致力于促成对立利益的调和，而非满足一种利益而牺牲另一利益，从而为社会民众保障社会和平。[③] 有见于现实社会分化与差等悬殊之纷纭情态，墨子又毅然坚持以“赏善罚暴”“扶弱抑强”作为其正义总体原则的基本倾向，并倡导“有力者疾以助人，有财者勉以分人，有道者劝以教人”(《墨子·尚贤下》)这番有关社会互助的正义理念。概言之，墨家思想体系的核心“兼爱”论蕴含追求和平和谐的正义观以及“交利”的社会正义观。由此，墨学中爱义如影随形，墨家“兼爱”表达与墨者正义实践，构成了爱与正义关系之理论与实践的双重维度。

第三节 从“兼爱”到“正义”[④]

在各种关于“爱”的理论中，基督教“圣爱”与墨家“兼爱”典型地体现从“爱”到“正义”的理论路径——爱要求正义，超越正义，完成正义，从中展现“爱与正义”的紧密关系。这两种理论类型的本质差异，则主要体现为混合性与宗教性、整体性与层次性、原则性与规则性的区别。

一、爱与正义——法律与宗教关系的桥梁

关于宗教与法律的关系问题，伯尔曼曾在《法律与宗教》第一章指出两者在四个方面的同质性。该书第三章《宗教中的法律》专门讨论“爱与

① 徐复观：《中国人性论史·先秦篇》，上海三联书店2001年版，第279页。
② 韦政通：《先秦七大哲学家》，江苏教育出版社2006年版，第117页。
③ 这一判断缘于凯尔森关于正义与和平关系论述的启发。参见〔奥〕凯尔森：《法与国家的一般理论》，沈宗灵译，中国大百科全书出版社1996年版，第13页。
④ 该节初稿《爱与正义关系理论研究——以“圣爱”与“兼爱”为类型》发表于《中山大学法律评论》2011年第2期。

法律"的问题，强调两者的紧密联系。① 可见"爱"是宗教与法律关系的一个媒介。在"宗教中的法律"或"法律的宗教因素"这一范畴中，宗教与法律的关系典型地体现为爱与正义的关系。基督教现实主义论者尼布尔说："在处理社会问题上，宗教的资源与限度非常清楚地表现在它的爱的精神中，而不是表现在它的忏悔的意识中。宗教把生活中的道德原则绝对化，使这一原则能够达到纯粹的公正无私，同时还赋予了他人的生活以超越的价值。正如我们所看到的那样，宗教正是通过这种方式激发出了爱与仁慈。"② 因此，讨论宗教与法律的问题，爱与正义问题是一个重要的桥梁。

"正义"是西方思想史上的永恒话题，它有着"普罗透斯之脸"，在西方哲学诸正义论中呈现出变幻无常的面貌。不过，西方"正义"论大多指向制度范畴，以社会制度的问题为焦点。诚然，在柏拉图和亚里士多德的理论中，正义既可以是城邦国家或法律制度的德性，也可以是个人的德性，此二重性仍延续至今。然而，正义首先指向法律制度的道德属性，个体道德的正义问题则退居其次。③

"爱"与"正义"，在哲学家伦理范畴与制度范畴的双重语境中展现出不同意义。"爱"虽为伦理学之核心范畴，④ 却难以直接成为社会的制度原则，它必须经由正义感从多层次灌注到制度层面。尼布尔指出："由于爱很难适用于复杂的社会，就不能要求爱在社会的范围内比正义的理性原则更有价值。"⑤

爱是正义的伦理源泉，它激发纯粹的正义感，为正义提供情感观念的基础。与"理性"相比，作为"宗教的伦理理想"的"爱"比理性激发出来的正义更纯粹。⑥"爱"虽具有原生性，却常被诠释为正义、公平诸义，

---

① 参见〔美〕伯尔曼：《法律与宗教》，梁治平译，中国政法大学出版社 2003 年版，第 20 ~ 30 页、71 ~ 81 页。

② 〔美〕莱因霍尔德·尼布尔：《道德的人与不道德的社会》，蒋庆、王守昌、阮炜等译，贵州人民出版社 1998 年版，第 57 页。

③ 亚里士多德说："政治学上的善就是'正义'，正义以公共利益为依归。按照一般的认识，正义是某些事物的'平等'观念。"〔古希腊〕亚里士多德：《政治学》，吴寿彭译，商务印书馆 1965 年版，第 152 页。

④ 奥古斯丁说："美德最简洁、最正确的定义就是'正确有序的爱'。"〔古罗马〕奥古斯丁：《上帝之城》，王晓朝译，人民出版社 2006 年版，第 677 页。

⑤ 〔美〕莱因霍尔德·尼布尔：《道德的人与不道德的社会》，蒋庆、王守昌、阮炜等译，贵州人民出版社 1998 年版，第 46 页。

⑥ 尼布尔比较了理性的伦理所追求的正义和宗教的伦理所追求的正义后得出这一结论。参见〔美〕莱因霍尔德·尼布尔：《道德的人与不道德的社会》，蒋庆、王守昌、阮炜等译，贵州人民出版社 1998 年版，第 46 页。

甚至被合为一体：爱是最大的正义，正义是最适度的爱。在承认爱与法律的差异之余，伯尔曼强调法律（或制度正义）与爱之间的辩证关系，以形象的表述将两者综合起来：“法律不应当是爱，但它应当去充当爱的可靠仆人。”①“境遇伦理学”认为，爱同正义是一回事，因为正义就是被分配了的爱。②

在近现代政治哲学和应用伦理学（尤其是尼布尔的理论）的推动下，两者关系的定位超越了对立关系或统一关系而得以升华。罗尔斯集正义论之大成，将博爱与自由、平等之间的统一体现在他的两个正义原则之中。③尽管他强调“人类之爱比正义感更为宽广全面，它推动着份外的行为”，但仍认为“两者都包含着一种行使正义的欲望”。④概言之，“正义”无论作为一种道德原则还是作为一种根本律法，终将诉诸“爱”。承尼布尔之说，一方面，“爱是任何道德原则体系的终极”⑤，另一方面，“律法的本质就是爱”⑥。

二、“兼爱”与“圣爱”之暗合

古今中外曾有过林林总总的关于爱与正义的理论。在世界性宗教中，尤以基督教的“圣爱”（Agape）为著。它以宗教的爱激发制度正义与律法，是现代西方爱与正义理论的基本素材。⑦在中国先秦时代，儒家和墨家都以爱的观念为根本。然而，墨家的“兼爱”诉诸“天志”而强调平等，与儒家推己及人的“仁爱”相比，在宗教性（或超越性）及等差性方面存在明显差异。这两方面的差异反而使得墨家“兼爱”更易与西方“圣爱”相沟通。近代以降，随着墨学的复兴，许多墨学研究者以基督教义比

① 〔美〕伯尔曼：《法律与宗教》，梁治平译，中国政法大学出版社 2003 年版，第 80 页。

② 参见〔美〕约瑟夫·弗莱彻：《境遇伦理学》，程立显译，中国社会科学出版社 1989 年版，第 75 页、80 页。

③ 罗尔斯说：“博爱被认为是体现了某种社会评价方面的平等……一旦我们接受了这一点，我们就可以把自由、平等、博爱的传统观念与两个正义原则的民主解释如此联系起来：自由相应于第一个原则；平等相应于与公平机会的平等联系在一起的第一个原则的平等观念；博爱相应于差别原则。”〔美〕约翰·罗尔斯：《正义论》，何怀宏、何包钢、廖申白译，中国社会科学出版社 1988 年版，第 100 ~ 101 页。

④ 参见〔美〕约翰·罗尔斯：《正义论》，何怀宏、何包钢、廖申白译，中国社会科学出版社 1988 年版，第 183 ~ 184 页。

⑤ Reinhold Niebuhr, *The Nature and Destiny of Man*, Charles Scribner's Sons, 1941, p. 295.

⑥ Reinhold Niebuhr, *The Nature and Destiny of Man*, Charles Scribner's Sons, 1941, p. 16.

⑦ 尼布尔在伦理学上的主要成就是将基督教教义诠释成为一种应用于社会问题的基督教应用伦理学，即所谓“基督教现实主义”。参见陈维政：“《道德的人与不道德的社会》中译本序”，载〔美〕莱因霍尔德·尼布尔：《道德的人与不道德的社会》，蒋庆、王守昌、阮炜等译，贵州人民出版社 1998 年版，第 1 页。

附墨家义理。梁启超说：“古今中外哲人中，同情心之厚、义务观念之强、牺牲精神之富，基督而外，墨子而已。”[①] 孙中山推崇墨子的“兼爱”，认为“与耶稣所讲的‘博爱’是一样的”。[②] 当然，这并非只是特定历史时期国人固守国粹、中体西用的产物，即使外国传教士，也“曾经利用这一中国古代的先贤促使现代中国的教外人士重视基督教的‘博爱’，并论证说这位令人景仰的古代先哲讲述的东西和舶来的基督教义别无二致”。[③] 韦政通认为，在西方文化中，基督教的“上帝”代表博爱，因此有“上帝面前人人平等”的信念。这个信念，启发了近代“法律面前人人平等”的观念。同样，以兼爱为基本伦理的墨者团体，也倡导普遍性的法律观念。而且，“墨者之法”就是墨家有法律观念的证据。[④] 这些“比附”之合理一面，在于揭示了基督教“圣爱”与墨家“兼爱”所共同具有的平等精神[⑤] 以及从爱到正义的理论路径。

正义不是一个独立的概念，而是一个关系性概念。要理解正义，首先必须从爱与正义间的关系入手。爱既要求正义，又超越正义，完成正义，使其处于一个不断发展臻于圆融的过程。[⑥]

（一）爱要求正义

爱在信仰的基础上产生，作为一种情感，在逻辑上先于正义。就社会伦理而言，爱通向正义的路径，随着人类的繁衍而开辟。群体规模的扩大，客观上要求将个人自发的同情心提升为持久稳定的责任感，个人伦理的爱理性化为原则或规则，即正义的原则或规则。爱必须通过正义才能表现，正义则将个人对他人的情感与责任客观化、普遍化、持续化，从而实现爱。

西方“爱”的观念主要源于基督教义，“基督福音”的全部意义在于

---

① 梁启超：《先秦政治思想史》，天津古籍出版社 2004 年版，第 150 页。

② 孙文：《三民主义·民族主义第六讲》，载《孙中山全集》（第九卷），中华书局 1986 年版，第 244 页。

③ 〔美〕牟复礼：《中国思想之渊源》，王立刚译，北京大学出版社 2009 年版，第 91 ~ 92 页。

④ 韦政通：《先秦七大哲学家》，江苏教育出版社 2006 年版，第 120 ~ 121 页。

⑤ 无论是《墨子·兼爱》中讲“兼以易别”，还是《荀子·非十二子》中讲墨子“僈差等”，都体现了墨家“兼爱”的平等性。《圣经》中的“创世论”也体现了平等思想，路德诠释为“上帝面前人人平等”，这对西方宗教平等思想影响深远。

⑥ Harland 将 Niebuhr 的爱与正义的辩证关系归纳为：爱要求正义、否定正义和完成正义。Gordon Harland, *The Thought of Reinhold Niebuhr*, Oxford University Press, 1960, p. 20.

突出以"天主为中心"的博爱思想。[1] 爱首先是一种价值创造原则，它在基督教义中具有最深刻和最终决定性的特征。[2] 其次，它是一种律法，在福音书中以"爱的律法"为表现形式：

> 我爱你们，正如父爱我一样，你们要常在我的爱里。[3]
>
> 你们要彼此相爱，像我爱你们一样；这就是我的命令。[4]
>
> 你们倒要爱仇敌，也要善待他们。[5]
>
> 我赐给你们一条新命令，乃是叫你们彼此相爱；我怎样爱你们，你们也要怎样相爱。[6]

从这些表述可以看出，"爱"在基督教义中被视为一种"律法"，它深刻地揭示了爱对正义的要求。爱是律法本身的精神所在，而构成律法的抽象道德原则及具体行为规则都要体现爱的精神。[7] 爱的律法，也是上帝理性的体现，它通过具体化为世俗理性，构建正义秩序，指引现实律法，从而约束一切人。[8] 反过来，人们通过对正义的追求，对律法的恪守，就实现了对上帝的"爱"："我们遵守神的诫命，这就是爱他了。"[9] 因而，人们对神恩的回馈本质是一种爱，恪守律法并非害怕受到惩罚，而是爱上帝的必然结果。在阿奎那看来，基督教律法与神恩并无二致。孟德斯鸠在谈罗马法之时也说："遵守法律不是由于恐惧或由于理智，而是由于感情而爱法律。"[10] 基督教之"爱"，作为其宗教的核心思想，改变并升华人的心理状态、精神层次，[11] 赋予人们在世俗世界之上更高的尊严，并指引人们在现实中追求正义，恪守律法。中世纪教会法是上帝"爱的律法"在世俗世界

---

① 马达钦：《"兼爱"与"博爱"——浅谈墨子思想中闪烁着的天主教精神》，《中国天主教》2008 年第 6 期。

② Andres Nygren, *Agape and Eros*, University of Chicago Press, 1982, p. 82.

③ 《约翰福音》，南京爱德印刷有限公司 2009 年版，第十五章第九节，第 124 页。

④ 《约翰福音》，南京爱德印刷有限公司 2009 年版，第十五章第十二节，第 124 页。

⑤ 《路加福音》，南京爱德印刷有限公司 2009 年版，第六章第三十五节，第 74 页。

⑥ 《约翰福音》，南京爱德印刷有限公司 2009 年版，第十三章第三十四节，第 123 页。

⑦ 伯尔曼认为："他（耶稣）坚持以律法的精神和目的，即以爱来阐释所有的律法。"〔美〕伯尔曼：《法律与宗教》，梁治平译，中国政法大学出版社 2003 年版，第 74 页。

⑧ 参见〔古罗马〕西塞罗：《国家篇 法律篇》，沈叔平、苏力译，商务印书馆 1999 年版，第 180 页。

⑨ 《约翰一书》，南京爱德印刷有限公司 2009 年版，第五章第三节，第 271 页。

⑩ 〔法〕孟德斯鸠：《罗马盛衰原因论》，婉玲译，商务印书馆 2003 年版，第 17 页。

⑪ 涂尔干专门阐述了宗教对人的心理结构和精神状态的提升作用。参见〔法〕爱弥尔·涂尔干：《宗教生活的基本形式》，渠东、汲喆译，上海人民出版社 1999 年版，第 548 ~ 584 页。

的镜像，它体现了爱对正义的要求。彭小瑜的《教会法研究》一书正是以“爱的律法”为结语：“教会法是爱的律法，爱统合正义和仁慈。”①

在墨学的发展历程中，墨子“兼爱”经过后学的发挥，超越了一般的伦理情感，实现了客观化、普遍化、持续化的过程，名为“兼爱”，实则基本具备正义论内涵。“兼爱”是墨学中的天之志，作为一种宇宙原则统御人类世界，决定万事万物的发展。这一宇宙原则支配着人间的“法仪”正义。在先秦诸子中，墨家尤其贵“义”，且《墨子》中的“义”尤与“正义”较为逼近。墨子曰：“义者，正也。”（《墨子·天志下》）此“义”不仅是个人伦理道德，亦是国家治道之本，即所谓“义者，善政也”。这一治道源于“天志”：“义果自天出矣。”（《墨子·天志中》）“天志”是天子、三公、诸侯、士、庶人之“正”“义”源泉。故《墨子·天志下》谓：“天之志者，义之经也。”“义”正于天，求义之正必顺乎“天志”。墨子曰：“今天下之士君子之欲为义者，则不可不顺天之意矣。曰：顺天之意何若？曰：兼爱天下之人。”可见，墨子求“义”之“正”经由“尚同于天”的理路，与作为“天志”内核的“兼爱”相沟通。因而，墨子的“兼爱”具有治道意义上的“正义”层面。《墨子·天志下》云：“兼之为道也，义正。”墨子的“法仪”经由“天志”演绎出来，展现正义价值在世间与天道的双层表述。杨鸿烈说：“墨子所谓‘法仪’便是正义，墨子的法律观念是以正义为标准，正义本于上天好生之德。”②在形式意义上，与西方法哲学的正义观相若，墨家以“兼爱”之“天志”为“法仪”，贵“义”之正的思想具有上位于法律的“高级法”属性。

概言之，墨子贵“义”之正，而诉诸以“兼爱”为本的“天志”。“兼爱”就是正义的源泉与根本，而填充了“兼爱”的“天志”与“法仪”正是先秦诸子中最为显著的正义观。③墨子以“天志”行“兼爱”，又以“法仪”明“天志”，展现“兼爱”形式化与“天志”“法仪”实质化的理论向度，继而针对“百姓人民之利”，以尚贤能、明赏罚、节用、节葬为基本

---

① 彭小瑜：《教会法研究》，商务印书馆 2003 年版，第 427 页。

② 杨鸿烈：《中国法律思想史》，中国政法大学出版社 2004 年版，第 38 页。

③ 张斌峰对墨家的“法治”正义观有一段精彩的论断：“墨家实以正义说为法学之根本观念者。正义之源，一出于天，故曰兼采正义说与神意说也。墨子所谓‘法仪’便是正义，墨子的‘法治’观念是以正义为标准，正义本于上天好生之德。墨子的正义观异化为‘天志’，天志与正义应是正义价值的不同表达方式，都是一种抽象的观念，天志不过是墨子对其正义观念的抽象表达。墨子把正义寄托于天，认为天是正义的化身，实行赏罚的功能。”张斌峰：《墨子的“法治”观及其现代价值》，《中南民族大学学报》（人文社会科学版）2009 年第 1 期。

律法，演绎出一种围绕“兼爱”推衍出来的制度层面之正义理论。

（二）爱超越正义

首先，爱是任何道德体系的极限概念。[①] 爱作为精神的律法高于普通的理性范畴，超越一切法则和规律。其次，爱和正义的关系是个人伦理和社会伦理之间的关系。因为爱在原始意义上是个人伦理的原则，正义是社会伦理的规范，是爱的延伸扩展。个人伦理与社会伦理的连续性，使两者之间存在一个规范的等级序列。这一序列依行为主体超越能力的递减和客观因素（包括自然的、社会的因素）的递增依次为牺牲之爱、互爱、正义。[②] 正义的框架体系与制度安排不免与本源之“爱”相龃龉，甚至背离“爱”的初衷，尤其在权力博弈中强势话语的反客为主，对“正义”的手段化、利益化，使得特定“历史正义”可能脱离普世、超越的爱，降格蜕化为一种低于理想正义的东西。教会法学家格兰西强调：“基督教之爱绝不可以在爱的名义下淡化为仁慈，毁损或边缘化正义……爱超越正义和仁慈。”[③] 罗尔斯亦坦言：“除非同情和仁爱能够普遍深入地培养，（否则）他们的正义观就有被动摇的危险。”[④] 因此，爱对正义的超越意义非凡——爱不仅是正义的来源，也是发现“正义局限”的终极视角。

“圣爱”对“正义”的超越体现为《新约》超越《旧约》、神法超越人法、教会法超越世俗法三个层面：其一，在《圣经》中，《旧约》以“律法”为主题，而《新约》以“爱”为主题。于是，《新约》将“爱”置于“律法”之上，以“爱”突破“律法”，使基督教突破犹太种族主义而成为世界性宗教：“正是这种爱的精神和爱的奉献使基督教成为一种‘爱的宗教’，使其作为一种伦理性宗教而在世界宗教中得以突显。”[⑤]《圣经》记载耶稣以爱来阐释律法，并不拘泥于字面意义（即律法正义本身），这是爱对正义或具体律法内容超越的直接例证。所以，伯尔曼说“（耶稣）以律法本身的名义、以律法精神的名义而行事”。[⑥] 其二，“爱”的精神对“律

---

① Reinhold Niebuhr, *The Nature and Destiny of Man*, Charles Scribner's Sons, 1941, p. 295.

② 这种区分主要源于尼布尔的学说，参见刘时工：《爱与正义——尼布尔基督教伦理思想研究》，中国社会科学出版社 2004 年版，第 168 页。

③ 彭小瑜：《教会法研究》，商务印书馆 2003 年版，第 65 页。彭小瑜在《教会法研究》第二章介绍了格兰西、索姆、伊沃等人关于基督教之爱与教会法关系的理论，展现了“爱与正义”的复杂关系，颇值参阅。

④ 〔美〕约翰·罗尔斯：《正义论》，何怀宏、何包钢、廖申白译，中国社会科学出版社 1988 年版，第 170 页。

⑤ 卓新平：《神圣与世俗之间》，黑龙江人民出版社 2004 年版，第 139 页。

⑥ 〔美〕伯尔曼：《法律与宗教》，梁治平译，中国政法大学出版社 2003 年版，第 74 页。

法”的超越，从《圣经》中耶稣对“爱”的阐述得以体现，也是后来神学家教俗二元观的思想基础。在奥古斯丁看来，世俗国家的律法与秩序并不天然地象征“正义”（超验正义），最多只能算正义的“残片”，且须经以“爱”为内容的“信仰”的检验。[①] 基于永恒法、神法、自然法、人法的类型划分，阿奎那阐述了前三种“法”对人法的超越，奠定了中世纪自然法思想：某种违背正义的世俗法律并不能使人在良心上接受，[②] 这种良心正以一种超越于实在法的爱的观念为依托。其三，基督教之爱对正义的超越意义，还可从西方法律史上教会法与世俗法的关系中略见一斑。伯尔曼说：“教会的法律无疑是人法；但它也被认为是自然法和神法的反映。……（世俗）法律与非理性的因素、权力、迷信和堕落有更多的联系……教会有助于使它更充分地与自然法并最终与神法相一致。教会法可用作各种世俗法律秩序仿效的样板。”[③] 在西方法律传统中，作为基督教教义规范化的教会法，被视为对同时代并行之世俗法的超越，因而世俗法需要“模仿教会法”。故教会法元素对后代世俗法律规范的渗透，实际上是一个宗教之爱对制度正义的二次建构过程，体现了“圣爱”对历史正义的超越。由此，法律史视野下的从“圣爱”到正义的三级阶梯便昭然可见：基督教之爱—教会法—世俗法。

墨学以“兼爱”为本，既源于对特定历史社会的反思，又不拘囿于特定历史之情境。一方面，墨家代表“农与工肆之人”，以“兼爱”为根本观念对旧的法律秩序提出挑战。“兼爱”天然就是对现实社会进行有力批判的武器，具有一种平等而激进的本质精神，有冲破时代社会体制、伦理秩序与人际关系的意向，因而具有超越一般社会正义的特质。在墨子对社会现实凌厉而深刻的口诛笔伐中，一种源于“兼爱”的正义力量油然而生，并带有超越“历史正义”的批判精神，洋溢于各篇诸论之中。另一方面，墨家求“义”之“正”而诉诸“天志”，又以“法仪”明“天志”，“天志”与“法仪”永恒地以“兼爱”为基准。这就为任何特定的正义罩上一个超越性的“兼爱”光环，亦始终矫正现实的“历史正义”。由此，

---

① 奥古斯丁说：“不侍奉上帝的人能有什么样的正义呢？如果灵魂不侍奉上帝就不能正义地统治身体，那么理性不侍奉上帝也就不能正义地统治各种邪恶。如果这样的人没有正义，那么由这种人组成的集合体也没有正义。”〔古罗马〕奥古斯丁：《上帝之城》，王晓朝译，人民出版社 2006 年版，第 937 页。

② 参见〔意〕阿奎那：《阿奎那政治著作选》，马清槐译，商务印书馆 1963 年版，第 106 ~ 121 页。

③ 〔美〕哈罗德·J. 伯尔曼：《法律与革命》，贺卫方、高鸿钧、夏勇等译，中国大百科全书出版社 1993 年版，第 654 页。

墨家从“兼爱”的宗旨出发，审思天下习以为常的是非观念，对一些貌似正义合理、实则颠倒黑白的观念、行为、习俗、制度均提出有力的批判。诚如《墨子·非攻上》云：

> 今有人于此，少见黑曰黑，多见黑曰白，则以此人不知白黑之辩矣。少尝苦曰苦，多尝苦曰甘，则必以此人为不知甘苦之辩矣。今小为非，则知而非之。大为非攻国，则不知而非，从而誉之，谓之义。此可谓知义与不义之辩乎？是以知天下之君子也，辩义与不义之乱也。

爱对正义的超越，甚至以一种“否定”的极端形式体现出来，即爱与正义的对立情形。在基督教爱的理论体系中，由神爱演绎到互爱的过程中，由于“神的恩典”存在被剥离的可能，因此互爱可能会蜕变成只有互惠利益的功利计算。[①] 在这个意义上，爱否定了这种以功利为原则的“正义”：“爱否定正义，因为爱消除了对正义的利益的审慎计较。”[②] 而在墨家学说中，“爱利一体”观念一以贯之。它不仅在墨翟“兼相爱，交相利”的表述中及“三表法”的论证方式中一再呈现，更在墨家后学的阐发中得以强化：“仁，仁爱也。义，利也。爱利，此也。所爱所利，彼也。爱利不相为内外，所爱利亦不相为外内。其为仁内也、义外也，举爱与所利也，是狂举也，若左目出右目入。”因此，爱对正义的超越是否对这一否定关系有所呈现，是基督教“圣爱”与墨家“兼爱”的一个区别，两者在层次性上的差别留待后文详述。

（三）爱完成正义

在广义上，爱对正义的完成包括了前面两方面：爱是正义的源泉，是生命的“律法”；爱超越正义，不断地修正“律法”。在狭义上，爱的绝对要求能够激励正义持续而具体的升华。理性化的正义关注普遍性，而爱满足个体的特殊需要，更关注后果——人类的幸福生活，且可于特定情境中对正义进行修正，这也体现了爱完成正义是一个从理想到实践的过程，从中凸显爱的观念所具有的实践性层面。

《圣经》讲“爱就完全了律法”[③]，表明爱不仅是律法的最初源泉，而且

---

① Reinhold Niebuhr, *Faith and History*, Charles Scribner's Sons, 1949, p. 185.

② Reinhold Niebuhr, *The Nature and Destiny of Man*, Charles Scribner's Sons, 1941, p. 295.

③ 《罗马书》，南京爱德印刷有限公司 2009 年版，第十三章第十节，第 180 页。

能够使律法及正义不断在个案中进行超越，这是爱对律法的完成过程。这一完成过程若能达到一个理想状态，也就如《圣经》所言，“全律法都包在‘爱人如己’这一句话之内了”[①]。蒂利希提出“圣爱”对“爱的含混性”的“治愈功能”，实乃对俗爱、力量和公义三者的提升而圣化的意义。[②] 另外，基督教的爱以律令形式贯穿于实践中，凸显一种行动之爱。《圣经》曰：“小子们哪，我们相爱，不要只在言语和舌头上，总要在行为和诚实上。”[③] 又云：“凡你们所作的，都要凭爱心而作。”[④] 这种在实践行为中恪守“爱”的主张，是爱对结果关注的应有之义。就基督教的“圣爱”而言，当这种爱合理地分配给大众的时候，爱就取得了公平、公义、正义的形式。[⑤] 现实的正义秩序，在规则化的同时可能成为“普罗克拉斯提斯之床”，强调统一性而缺乏对实际情形、具体情境的关注与考量。这就要求以基督教爱观统合“正义”与“仁慈”，通过爱的精神调摄趋固正义秩序体系，实现爱对正义的完成。

如果从这个角度诠释墨家“兼爱”，则可发现墨家的正义观注重一种持续而动态变化的标准，它处于“兼爱”的不断调适与校验之中。一方面，制度化的正义不同于“爱”所激发的正义观念，固化的“法仪”并非墨学正义论的归宿。墨学始终立足于正义的本源，因而“兼爱”对“法仪”的灌注与塑造正是爱对正义的完成过程。相比而言，爱比正义更加关注个体及后果，并上升为人类的幸福生活，其标准即墨家所讲的“百姓人民之利”，应合“兼爱”“交利”的理论统一。另一方面，爱对正义的成就，也许在班班可考的墨者实践中更为显著。墨子曰：“言足以复行者，常之。不足以举行者，勿常。不足以举行而常之，是荡口也。”(《墨子·耕柱》) 墨者以实践的精神、殉道的勇气，凸显了“兼爱”对一般意义上的正义观的超越。墨家正义的观念，在超越性原则“兼爱”的引导下，在墨者前赴后继的圣战实践中，得以持续地塑造调校。尤其如前文所述，当墨家集团值生死攸关之际，弟子徐弱以墨者熟谙的利害分析劝谏钜子孟胜逃生，但孟胜说完一番大爱大义之言，坚持以死卫城行墨义。正所谓“藏于心者无以竭爱”(《墨子·修身》)，与《圣经》行动与诚实的律令不谋而合。可见，墨家“兼爱”对正义的完成并非经由玄奥的哲学思辨，

---

① 《加拉太书》，南京爱德印刷有限公司 2009 年版，第五章第十四节，第 213 页。

② Paul Tillich, *Love Power and Justice*, Oxford University Press, 1954, pp. 116 ~ 119.

③ 《约翰一书》，南京爱德印刷有限公司 2009 年版，第三章第十八节，第 270 页。

④ 《哥林多前书》，南京爱德印刷有限公司 2009 年版，第十六章第十四节，第 198 页。

⑤ 参见丁光训：《丁光训文集》，译林出版社 1998 年版，第 214 页。

而是在经验世界中大爱情怀与实践正义的凝练。

三、“圣爱”与“兼爱”之差异

墨家讲“天志”的核心在于“兼爱”，因而“兼爱”应当是天下子民的最高准则。这一点与《圣经》中所讲“我们爱，因为神先爱我们”① 极其相似。相比儒家，墨家由于具有“天志”的范畴而更适合与西方基督教“圣爱”对观。② 近代墨学研究使墨家先哲智慧重现于今，得益于学界巨擘与革命领袖的鸣锣开道，“兼爱”思想也在基督教义的映衬下彰显焕发价值的潜在能量。不过，在推进墨学复兴潮流之余，某些等同视之的结论也有消磨中西学说本质差异之嫌，仍应考察“圣爱”与“兼爱”之差异。

（一）“圣爱”的宗教性与“兼爱”的混合性

信仰上位于爱，是“圣爱”的显著特征。基督教之爱作为一种神爱，既是信仰之条件又是信仰之内容。奥古斯丁曾引《圣经》中“基督超越一切的爱”，③ 阐释上帝信仰至上的思想，成为基督教义之信仰主义的权威注脚，“爱”在奥古斯丁的言说中也成了上帝信仰主义的仆人。④ 上帝的爱具有优先性和决定作用，相比而言，人类之爱只是对于上帝之爱的回应。在人与人的关系中，处于根本地位的是来自上帝命令的爱以及被耶稣基督所亲身证明的爱。质言之，正如虞格仁所强调的，上帝之爱具有不同于人类之爱的神圣性。⑤ 尤其是“十字架”的意象，蕴含了“圣爱”的深刻哲理——耶稣在十字架前的受难就是爱的最完美表达。⑥ 因此，“圣爱”是一种爱的宗教，基督教“全体的人都和救赎者联系在一起”。⑦ 信仰取代了理

---

① 《约翰一书》，南京爱德印刷有限公司 2009 年版，第四章第十九节，第 271 页。

② 在墨家与基督教的比较研究方面，王治心有上乘之作。尤其在差异性方面，他认为墨家专言鬼神祸福而短于道德责任，不讲灵魂不灭来世之乐，鬼神混杂多元而无唯一至尊论，持超神论而无上帝在心论，此四方面乃与基督教的不同。参见王治心：《墨子哲学》，南京宜春阁印刷局 1925 年版，第 43 ~ 45 页。

③ 《以弗所书》，南京爱德印刷有限公司 2009 年版，第三章第十九节，第 217 页。

④ 奥古斯丁说：“‘圣神’自始即‘超越一切’。”〔古罗马〕奥古斯丁：《忏悔录》，周士良译，商务印书馆 1963 年版，第 292 页。奥古斯丁对基督教爱观的阐述可归纳为：“只有首先爱上帝，我们才能恰当地爱一个人。”〔美〕撒穆尔·伊诺克·斯通普夫、詹姆斯·菲泽：《西方哲学史》，丁三东，张传友、邓晓芒等译，中华书局 2005 年版，第 202 页。

⑤ Andres Nygren, *Agape and Eros*, University of Chicago Press, 1982, p. 721.

⑥ 参见王崇尧：《莱因霍尔德·尼布尔》，永望文化事业有限公司 1993 年版，第 183 页。

⑦ 〔美〕胡斯都·L. 冈察雷斯：《基督教思想史》，陈泽民、孙汉书、司徒桐等译，译林出版社 2008 年版，第 386 页。

性获得至尊地位，信仰先于认识，理性服从上帝，均是对“圣爱”宗教性的深刻注解。这种“上帝之爱”在形式上以宗教律法或命令的形式宣扬，它宣扬爱的普遍、广博和彻底，“你们的仇敌，要爱他；恨你们的，要待他好”，“有人打你这边的脸，连那边的脸也由他打。有人夺你的外衣，连里衣也由他拿去”。[①]

基督教“圣爱”，历经宗教改革的发展成为后来西方的博爱主义，对西方的伦理、政治、法律都有深刻影响。大革命时代之“自由、平等、博爱”，应追溯到人的本性的意义上去理解。没有博爱，人的本性就未能经由一种相互关系获得确定及承认。在文艺复兴与启蒙运动中，宗教教义的爱与人文的博爱间的斗争交织其中，作为“律令”，“爱上帝胜过一切”的基督教教义与近代人文化的博爱观念有本质的冲突。[②] 概言之，西方的博爱主义是一种人文的自然爱，是宗教的超自然爱的逆流。费尔巴哈指出：“对作为人的人的爱，只不过是属自然的爱。属基督的爱，乃是超自然的、洁净了的、神圣化了的爱；但是，属基督的爱也只爱属基督的东西。”[③] 至少，基督教的爱与信仰有相互矛盾的一面，[④] 尽管爱与信仰在某些方面是统一的，信仰仍是高位阶的、本源性的，是爱的灵魂或基础。

就基督教而言，爱只是基督教之道德，信仰却是基督教之宗教。反观墨家的“兼爱”，“爱”的观念本身就构成墨学核心。墨家“兼爱”的弘扬与推行有赖墨家集团的引领表率作用，却不限于集团之内，更不以绝对的宗教信仰为归依，其义涵是普遍的甚至超时空的。[⑤] 由此，基督教“圣爱”的“普遍性”排除了“异端”，实际上局限于宗教信仰的范畴，即使依靠宗教推行而功成，仍不如墨学“兼爱”之博大胸怀与视界。墨学无儒法两家之文化专制思想，更摆脱宗教上排斥异端、迫害异教的弊病。

曾有论者将墨学视为宗教，新儒家也批判墨学“次于人文”，均抹杀了墨家“兼爱”所具有的人文情怀。毕竟，墨子仅于论证“兼爱”的某个环节以“天志兼爱”为理据，而沾染些许“天”的神圣权威。这或许为周秦诸子论证并推行学说的间接途径。其实，墨家“以人论天”，毕竟与传

---

① 《路加福音》，南京爱德印刷有限公司 2009 年版，第六章第二十七、二十九节，第 73 页。另见《马太福音》，南京爱德印刷有限公司 2009 年版，第五章第三十九、四十节，第 6 页。

② 参见〔德〕M. 舍勒：《爱的秩序》，林克等译，生活·读书·新知三联书店 1995 年版，第 86 ~ 94 页。

③ 〔德〕费尔巴哈：《基督教的本质》，荣震华译，商务印书馆 1984 年版，第 329 页。

④ 费尔巴哈正是用“信仰与爱的矛盾”作为《基督教的本质》一书第二十七章的标题。

⑤ 《墨子·大取》云：“爱众世与爱寡世相若，兼爱之有（又）相若。爱尚（上）世与爱后世，一若今之世人也。”

统“以天论人”大异其趣，是传统文化理性精神觉醒的标志之一。① 有墨学研究者指出，“天志”其实就是墨子之志，可谓真知灼见。的确，虚无缥缈的“天志”实乃墨翟本人的理念，是普世性正义观的外衣。因而，在墨学体系中，“天志”之形式不具有“兼爱”之内核的根本性，盖可见于梁任公“天志纲领说”向“兼爱基础说”的观点转变。诚然，“天志”“兼爱”的主宰性、律令性，在强调理性化的先秦学风中逐渐被湮没在理势性与规则性之中。然而，墨家之“天”并非只有纯粹的主宰含义，而具有一定的自然含义。“兼爱”的观念，虽呈现出“天志化”倾向，但非常贴近民众，关注民生，真正以人文关怀的“爱”而非宗教信仰为第一要义。不管是东方的兼爱、仁爱还是基督教圣爱，都旨在实现一种“超越”。墨家“兼爱”体现的是人文主义的超越，它是人类本性通过自己达到超越。信仰超越的有神论在“天志”“明鬼”也有所体现，然而“兼爱”仍以人在经验世界的现世努力为路途。张斌峰说：“墨家‘兼爱’与基督教之爱的区别是现实性、具体性与（宗教）超越性、抽象性的对立与区别。”② 墨学“兼爱”的理想迥异于基督教以对信仰神、期待神的拯救为内容的神学超越，是以人的进步与自我超越为内涵的人文进步。史怀哲则说：“虽然墨子的主张从语言上看让人联想起因上帝的爱的意愿而向人们提出爱的劝诫的耶稣，但这并不意味着墨子就可以与耶稣等量齐观。他提出的兼爱的主张远远不及耶稣的爱的劝诫。他的主张主要基于用益性和目的性的权衡。”③

一般认为，儒家的仁爱与耶稣的圣爱，分别代表人文化的世俗之爱与宗教化的神圣之爱的典型。④ 墨家的“兼爱”，是主体性与互主体性、价值理想与工具理性、超越性与实践性、功利性与道义性的统一，⑤ 实现人文化的世俗之爱与宗教化的神圣之爱的统一，从而使得由爱析出的正义观兼具宗教式的神圣权威和人文式的世俗关怀。无论是基督教“圣爱”对信仰的要求，还是儒家对修身、礼教的强调，都显示出“爱”的某种排他性，墨

---

① 参见祁雪瑞：《墨子法哲学思想的历史意义与现代价值》，《中华文化论坛》2008年第4期。

② 张斌峰：《墨子“兼爱”学说的新透视》，《中国哲学史》1998年第1期。

③ 〔德〕阿尔伯特·史怀哲：《中国思想史》，常暄译，社会科学文献出版社2009年版，第69页。

④ 对儒家仁爱与基督教神爱的比较研究，参见谢桂山：《圣经犹太伦理与先秦儒家伦理》，山东大学出版社2009年版，第70～85页。该书第三章对“爱”与“仁”的差异分析（来源、对象、形式、地位四方面）正是把握其宗教性与人文性的差异。另参见姚新中：《儒教与基督教——仁与爱的比较研究》，赵艳霞译，中国社会科学出版社2002年版，第85～133页。

⑤ 参见张斌峰：《墨家人文精神的基本内涵与特征》，《社会科学战线》2001年第4期。

家的“兼爱”则不然。墨家“兼爱”更隐含本体的“性”，既非基督教的“信仰”“律法”，也不止于心理或伦理层面的“同情”。不过，这种宗教人文的混合性也是墨学式微的原因：墨家“兼爱”虽具有一种团体的宗教信仰特征，却缺乏一种广泛推行于天下的扩张力，依靠小团体的军事活动和实践行为很难全面地影响社会大众，其根本在于缺乏宗教信仰的普遍性。[①]所以，墨家“兼爱”虽糅合宗教性与人文性，展示了一种折衷于宗教化与人文化之间的爱，却不如儒家之彻底的人文化之爱切理而餍心，亦缺乏基督教之爱的宗教色彩与信仰要素。概言之，宗教性与混合性的差异可谓“圣爱”与“兼爱”的本质性差异，由此引出以下两个方面的区别。

（二）“圣爱”的层次性与“兼爱”的整体性

基督教爱观的宗教性本质，决定了它包括上帝自上而下的“圣爱”与人类自下而上的“欲爱”两大基本类型，又具体化为爱的四个向度，即上帝对人的爱、人对上帝的爱、人对同胞的爱和人的自爱。[②]也有学者将其诠释为三个方面：第一方面是上帝对人的超越性怜悯，第二方面是人对于上帝的宗教虔诚，而第三方面则是人对于自己同类的伦理关怀。无论何种分类，都体现了基督教爱观的多层次性，且不同层次之间具有矛盾关系。[③]无论是奥古斯丁对基督教“爱观综合体”（Caritas）的建构，还是后来虞格仁的“圣爱”与“欲爱”分离论，[④]抑或蒂希特的“圣爱”与“欲爱”统合论，[⑤]均是剖析“圣爱”与“欲爱”基础上处理其关系的不同取向，基督教爱观的层次性仍不言自明。

就具体化的“爱的律法”而言，基督教爱观被置换为两大戒律：第一戒律是“爱上帝”，第二戒律是“爱邻人”。两大戒律构成“爱的律法”的双重轨道，承载着“信仰”与“爱”而通行俗界。在整个基督教义中，

---

① 诸多论者倾向于强调墨家的宗教性。章太炎认为：“墨家者，古宗教家，与孔、老绝殊者也。”章太炎：《诸子学略说》，载汤志钧编：《章太炎政论选集》，中华书局1977年版，第293页。邢兆良则认为墨家具备了宗教式组织的基本条件：宗教领袖（巨子）、教义（俱诵墨经）、教规（墨者之法）和宗教精神（狂热的信念、执着的追求）。参见邢兆良：《墨子评传》，南京大学出版社2011年版，第229页。

② Andres Nygren, *Agape and Eros*, University of Chicago Press, 1982, pp. 48 ~ 211.

③ 参见罗秉祥：《爱与效法——对话及诠释性的神学伦理学》，《中国神学研究院期刊》第35期，2003年。

④ Andres Nygren, *Agape and Eros*, University of Chicago Press, 1982, pp. 29 ~ 56.

⑤ Paul Tillich, *Love Power and Justice*, Oxford University Press, 1954, p. 25. 关于虞格仁与蒂利希对基督教爱观的研究，参见王涛：《圣爱与欲爱：保罗·蒂利希的爱观》，宗教文化出版社2009年版，第13 ~ 152页；游冠辉：《欲爱与圣爱——基督教思想史上两种爱的关系类型研究》，北京大学博士学位论文，2001年。

“再没有比这两条诫命更大的了”，[①]“这两条诫命是律法和先知一切道理的总纲”。[②]借用奥古斯丁的形象比喻，即自上而下的“属天之爱”与自下而上的“属地之爱”的划分。[③]

“爱的律法”首先表达了上帝对信徒的普遍“圣爱”，也因此赋予人们彼此相爱的动机与力量。上帝之爱是所有能够被称为爱的东西的源泉。耶稣基督的真正意义就在于具体体现上帝之爱，昭示上帝与其创造物之间的真正统一。继而，作为对上帝之爱的模仿与回馈，人与人之间产生了“互爱”：“亲爱的弟兄啊，我们应当彼此相爱，因为爱是从神来的。凡有爱心的，都是由神而生，并且认识神。没有爱心的，就不认识神，因为神就是爱。”[④]无论是“圣爱”与“欲爱”的区分，还是“爱的律法”中的两条诫命，都折射出基督教“圣爱”的层次性。

“天志”与“法仪”似乎也析离出墨家“兼爱”的层次。墨家为了阐扬推广“兼爱”，必须宣扬一种超越性的权威，而“天志”正为“兼爱”裹上一层具有宗教色彩的外衣。墨子设问道：“顺天之意何若？曰兼爱天下之人。”（《墨子·天志下》）“兼爱”获得了“天志”的属性而具有绝对的权威，成为王公大人与百姓万民理应恪守的金科玉律：“爱人利人，顺天之意，得天之赏者有矣；憎人贼人，反天之意，得天之罚者亦有矣。”（《墨子·天志中》）“法仪”之广义即治法，狭义即规范，墨子仍设问道：“然则奚以为治法而可？故曰莫若法天。”（《墨子·法仪》）因此，具体化的各类“法仪”源于“天志”，治道与规范的形成是“法天”之际实现标准化的过程，即将“天志”置以为法，立以为仪。所以，“兼爱”既是最根本的“天志”，也是最核心的“法仪”。“兼爱”根本观念的贯彻弘扬必须经由“一同天下之义”，立“天志”以为“法仪”的过程。然而，由墨学微乎其微的宗教色彩所决定，无论“天志”还是“法仪”，从文本上还仅为“兼爱”形式化的范畴，因而从理论发展的程度看，未能呈现独立为爱之观念不同层次的状态。以“天志”为外衣的“兼爱”仅具有微弱的宗教性，且“兼爱”虽以“法仪”为属性，却仍倾向于道德原则性言说。

---

① 《马可福音》，南京爱德印刷有限公司 2009 年版，第十二章第三十一节，第 56 页。
② 《马太福音》，南京爱德印刷有限公司 2009 年版，第二十二章第四十节，第 29 页。
③ 〔古罗马〕奥古斯丁：《上帝之城》，王晓朝译，人民出版社 2006 年版，第 631 页。
④ 《约翰一书》，南京爱德印刷有限公司 2009 年版，第四章第七、八节，第 270 页。

（三）“圣爱”的规则性与“兼爱”的原则性

前文已述，“圣爱”与“兼爱”都典型地体现了爱与正义的紧密关系，以及爱的观念所蕴含的规范性。不过，爱之“规范”，基于明确性、具体性、强制性之差异，或倾向于“规则”，或倾向于“原则”，恰以“圣爱”“兼爱”为典型。所谓“圣爱”，即“爱的律法”，质言之，爱是被命令的，它构成了“爱的秩序”的基本前提。因而，爱一般侧重于在律法或规则的意义上被理解：

> 我赐给你们一条新命令，乃是叫你们彼此相爱；我怎样爱你们，你们也要怎样相爱。①
>
> 你们若遵守我的命令，就常在我的爱里；正如我遵守了我父的命令，常在他的爱里。②

在基督教学说中，爱与正义统一在“爱的律法”中。上帝作为普遍神的身份，他的自我给予的爱，以及作为基督的耶稣的神人双重本性，正是基督教信仰之所以能够获得广泛传播的三个最重要的因素。③基督教“爱的律法”流露出强烈的强制命令色彩，且多次以具体行为规则的面貌呈现，展现出“圣爱”的规则属性，这正是其对西方法律文化产生深远影响的内因。通过历代神学家的阐释及宗教改革，以“爱的律法”为核心的基督教伦理为现代西方法律制度的产生提供了重要思想源泉，④这一影响的两个层面无不彰显“圣爱”的规则性：首先，教皇革命时期神权与政权的二元并立使得教会立法有足够的发展空间，⑤它将“爱的律法”在神权“领土”以教会法的形式规则化；其次，“爱的律法”又通过教会法的发展演变而逐步渗透到欧洲世俗法中，圣经诫命演化为一般法律规范。

反观墨学，“兼爱”是超越社会正义的道德原则，它并无更多具体化的规则表述。由此，它或许未因“爱的秩序”的观念而降格为强制性意义的制度秩序。然而，“兼爱”的形式化过程不能彻底使“天志”与“法仪”

---

① 《约翰福音》，南京爱德印刷有限公司 2009 年版，第十三章第三十四节，第 123 页。

② 《约翰福音》，南京爱德印刷有限公司 2009 年版，第十五章第十节，第 124 页。

③ 参见姚新中：《儒教与基督教——仁与爱的比较研究》，赵艳霞译，中国社会科学出版社 2002 年版，第 59 页、285 页、290 页。

④ 参见〔德〕马克斯·韦伯：《新教伦理与资本主义精神》，于晓、陈维纲等译，生活·读书·新知三联书店 1987 年版。

⑤ 参见〔美〕哈罗德·J. 伯尔曼：《法律与革命》，贺卫方、高鸿钧、夏勇等译，中国大百科全书出版社 1993 年版，第 103 ~ 145 页。

分别独立为宗教性与规则性范畴，这或许也是墨学日趋式微的缘故。

一方面，墨家之“爱”乃至墨学的式微，在于“爱”与制度正义或法律关系的一种严重失衡。在爱与正义的协调问题上，墨家过多注重了对前者的宣扬，而忽略了对后者的建构。尼布尔说：“从个人之间的一般关系到社会群体的生活，其范围越大，关系越复杂，爱的精神在解决这种大范围的更为复杂的问题时表现出来的无能为力就变得日益明显……因为爱的原则比公正原则的要求更高。”[①] 墨家虽不乏崇高的理想和原则，但缺乏更为系统具体的法律制度建构。[②] 尤其是由于墨子未曾出仕，在具体制度话语上难以比肩那个时代敏锐察觉新政新法诉求并予以巧妙建构的政治家（如齐管仲、郑子产、魏李悝等），故有博而寡要之弊，易有曲高和寡之感，亦庄子所谓“反天下之心，天下不堪”（《庄子·天下》）。另一方面，墨家“兼爱”源于其淑世情怀，是因互爱期望而命俦啸侣的道德呼吁，堪称墨家道德的冥漠之都。然而，在根深蒂固的差序社会中，这一道德原则不如纯粹人文化的“仁爱”切理餍心而终被涵摄。而且，墨家虽有“明鬼”之赏刑观为“兼爱”保障，但宗教色彩的微弱使“兼爱”仅在墨家团体中能够贯彻实践，而难以诉诸更高的持续权威将其推而广之，更未能像基督教“圣爱”逐步规则化并形成律法秩序。因此，墨家虽然也希望“赋予自己的思想以普遍性的形式，把它们描绘成唯一合乎理性的、有普遍意义的思想”，[③] 却缺乏关于正义、律法、规则的细致设计与阐述。宗教权威性及规则性的缺乏使其难以普遍推行，特定的历史背景与墨家城守运势，又切断其通过军事活动实现的路径。

“兼爱”与“圣爱”，都体现了爱要求正义，超越正义，并完成正义的理论路径，从中展现了爱的观念与正义观念的紧密联系。两者的本质差异，则主要体现为混合性与宗教性、整体性与层次性、原则性与规则性的区别。这一方面映衬出墨子“兼爱”中“爱”的观念的高尚德性与人文情怀，另一方面也显示了墨学宗教性与规则性的微弱，以及层次性缺失而导致对具体正义制度建构的淡漠。通过对这两种“爱与正义”不同类型的分析，可以看出：一方面，纯粹宗教性的“爱”，相比宗教性与人文性相调

---

① 〔美〕莱因霍尔德·尼布尔：《道德的人与不道德的社会》，蒋庆、王守昌、阮炜等译，贵州人民出版社 1998 年版，第 60 页。

② 葛兆光认为墨子“‘宗教’—‘刑政’—‘操作’的思路，不能落实在现世操作，一切都无意义”。葛兆光：《中国思想史》，复旦大学出版社 2001 年版，第 107 页。

③ 〔德〕马克思、恩格斯：《德意志意识形态》，载《马克思恩格斯选集》第一卷，人民出版社 2012 年版，第 179 页。

和的“兼爱”更具有扩张力和绝对性，虽然其规则性不利于爱对正义的超越，却依赖律法为载体而更具有传承与发展的生命力；另一方面，爱与正义之间不但需要紧密结合，而且需要爱的层次化来整合对称平衡与层次协调之结构，具体制度正义的构建是完成从爱到正义的必由之路。

第四章 墨家“兼爱”之平等观[①]

墨子学儒者之业而自创学说，以兼爱为根本，以平等为宗旨，曾构建一个“非儒”的墨学体系。而后墨学式微，学人或尊儒辟墨，或视墨同儒，排抑消解墨学之平等思想。细绎其旨，墨子高倡“兼以易别”，阐发一种异于儒家“仁爱”的“兼爱”论：兼交并举、爱利一体，表达具有超越意义的人类对等关系与平等法则；有见于齐、独優差等，强调现实等级环境中的社会平等理念。

第一节 “兼即仁义”：“兼”“仁”之辨

墨子的“兼爱”与孔、孟的“仁者爱人”不同，前者以泛爱为原则，主张远施周遍，不分亲疏厚薄，后者以“亲亲”“尊尊”为原则，主张爱有等差区别。然而，囿于历史上孔墨并举、视墨同儒的传统，以及将墨家“兼爱”与儒家“仁爱”混淆的观念，仍有论者认为墨家的“兼爱”和儒家的“仁爱”名异实同。萧公权认为，“墨子之爱，乃袭孔子之仁而略加以变异以成者也”。[②]“墨”与“儒”的师承关系、“兼”与“仁”的表面近似，合力导致视墨同儒的观念生成与持续影响，故不得不先进行一番“兼”“仁”之辨。《墨子·兼爱下》曰：

> 然而天下之士非兼者之言也，犹未止也，曰：兼即仁矣，义矣。虽然，岂可为哉？吾譬兼之不可为也，犹挈泰山以超江、河也。故兼者，直愿之也，夫岂可为之物哉？子墨子曰：夫挈泰山以超江、河，自古之及今，生民而来未尝有也。今若夫兼相爱、交相利，此

---

① 该章初稿《墨家平等思想探析》发表于《法学评论》2014年第3期。

② 其所据理由有四：“训诂相通”“大旨相通”“未尝本兼爱之旨以攻孔门”“孟子诘墨子乃恶紫夺朱而力距”。尽管如此，萧公权仍承认，儒墨在爱之等差的问题上存在分歧。参见萧公权：《中国政治思想史》，新星出版社2005年版，第89～90页。

自先圣六王者亲行之。何知先圣六王之亲行之也？子墨子曰：吾非与之并世同时，亲闻其声，见其色也。以其所书于竹帛，镂于金石，琢于槃盂，传遗后世子孙者知之。

杨俊光认为“兼爱”与“仁爱”并无二致，其根本论据便是此处“兼即仁矣，义矣”一句。[①] 但个中误解亟待澄清：

首先，就语境而言，“兼即仁矣，义矣”语出“非兼者”，并非墨子所下定义。由“非兼者”来为“兼”下定义，岂可张冠李戴为墨子“兼”之原义？论者切不可以斯语断章取义。

其次，退一步说，即使“非兼者”之定义为墨子认可，墨子之意仍蕴含了“兼”对“仁”的超越。细绎其语义，“兼即仁矣，义矣”一句中，“即”并非“就是”的意思，而是“则”的意思。辨析其逻辑，兼与仁实乃真包含关系而非全同关系。质言之，“爱一切人”涵摄了“爱一部分人”，“兼爱”强化、升华了“仁爱”。

再次，就词性而言，“兼”是副词，“爱”则是动词，“兼爱”是“一个副词性语素和一个动词性语素组合构成合成词”。[②] 诚然，在《兼爱》篇中，“兼”包含了“爱”，超越了本义，突破了指向关系的副词词性，成为“兼爱”的约文。《墨子·兼爱下》总结道：“故兼者圣王之道也。”然而，《兼爱》篇自当以“爱”为言说范畴或语境，具体讨论爱的范围问题。墨子以“兼”与“别”的二元对立展开，以“君”“士”为喻紧扣“如何爱”的主题，阐释“兼以易别”的总括性命题。而在它篇中，“兼”就回归副词词性，如《墨子·天志下》曰：“兼爱天下之人。”甚至，副词的“兼”亦可与“憎”或“恶”搭配。[③] 所以，“兼”即“爱”，只是《兼爱》篇的孤立表象，不能真正等同视之。厘清了“兼”的词性，“兼”等于“仁”的观点就不攻自破。通观《兼爱》三篇中“兼”的含义，墨家“兼爱”与儒家“仁爱”泾渭分明。

最后，就论争背景视之，“兼”与“仁”的异多于同。兼、仁之亲缘性与相似性毋庸讳言。庄子笔下的孔子也言“兼”，《庄子·天道》曰：“孔子曰：‘中心物恺，兼爱无私，此仁义之情也。’”观诸《墨子》，也有言“仁”之处。而且，在其他诸子眼中，儒与墨、仁与兼具有明显的共

① 杨俊光：《墨子新论》，江苏教育出版社 1992 年版，第 104 页。
② 参见孙卓彩、刘书玉：《墨子词汇研究》，中国社会科学出版社 2008 年版，第 149 页。
③ 《墨子·法仪》曰：“暴王桀纣幽厉，兼恶天下之百姓。”《墨子·天志下》亦言“兼恶天下”，《墨子·尚贤中》云“兼而憎之”。

性，如《韩非子·五蠹》：“今儒、墨皆称‘先王兼爱天下’，则视民如父母。”有很多学者也承续视墨同儒、儒墨并用的观念。然而，无论是墨者多言“兼”少言“仁”，还是亚圣孟子力辟墨学，都是儒家与墨家在爱的观念上冲突对立的表现。这种差异，归根结蒂是由于在爱的普遍性或爱的等差性问题上所秉持的不同观念。[①] 儒墨辨异，更有助于直睹墨学“兼爱”之堂奥。

第二节　“爱利一体”：“兼爱”之平等性与对等性

早在先秦，荀子就批判墨子“有见于齐，无见于畸”（《荀子·天论》）、“僈差等”（《荀子·非十二子》）。宋儒多云墨子但知“理一”，不知“分殊”，原为标榜门庭，反而揭示了墨家思想中最富价值的平等观。梁启超认为，“兼爱”骤视若与儒家无甚异同，其实不然，“儒家专主‘以己度’，因爱己身，推而爱他人，……己与他之间，总不能不生差别，故有所谓‘亲亲之杀尊贤之等’，有所谓‘度量分界’。墨家以此种差别观念为罪恶根原。……彼所云爱，以平等周遍为鹄。”[②] 可见，平等思想是墨学之特质。刘师培说：“墨家不重阶级，众生平等为归。”[③] 蒙文通说：“以极端平等之思想，摧破周秦阶级之政治，墨家之要义。”[④] 方授楚断言墨学的核心精神即“平等”二字：“墨子于政治经济各方面之主张，大致已如上述。然则其思想之特点安在？一言以蔽之，则平等是已。”[⑤]

正义之情怀往往发源于对人类平等关系的信仰与陈说。因此，以“兼爱”为根核的墨家正义情怀，除却一种最为鲜明的和谐和平愿景，还始终渗透于其平等旨趣的融贯表达。法国学者勒鲁有言：“平等，这是今天我们唯一的合理原则和唯一的正义标准。”[⑥] 在墨学中，“爱”的正义与“兼”的平等是形影相依、高度统一的。在“兼爱”一词中，如果说“兼爱”之“爱”蕴含着一种正义理想的人文情怀，那么以“兼”形容“爱”，则合成

---

① 虽然墨家阵营中只有墨者夷之与孟子在爱的问题上有过争鸣辩论，但毕竟也是儒墨针锋相对的一个缩影，是儒墨间“爱”之论争的一个侧面。参见郑杰文：《中国墨学通史》，人民出版社 2006 年版，第 114 页。

② 梁启超：《先秦政治思想史》，天津古籍出版社 2004 年版，第 140 页。

③ 刘师培：《周末学术史序》，载《刘申叔遗书》，江苏古籍出版社 1997 年版，第 509 页。

④ 蒙文通：《儒学五论》，广西师范大学出版社 2007 年版，第 76 页。

⑤ 方授楚视“平等”为墨家的根本精神，是《墨学源流》最有创意的观点，但是一概赋予墨学十论（尤其是尚同）平等之义则稍为牵强。参见方授楚：《墨学源流》，中华书局、上海书店 1989 年影印版，第 107 ~ 113 页。

⑥ 〔法〕皮埃尔·勒鲁：《论平等》，王允道译，商务印书馆 1988 年版，第 59 页。

一个与儒家仁爱相对的“兼爱”概念，显现出一种诠释正义的平等精神。在墨家看来，爱之所以是一种面向全体人的普遍法则，正因为天对人“兼而有之”，普天之下芸芸众生生而平等。

在墨子对“兼以易别”的阐述中，“兼”至少包含了相互、周延、穷尽等多层含义，包含着平等性原则、普遍性原则、相互性原则，以及无私性原则。[①] 这些基本含义与原则均凸现“兼”浓厚的平等色彩，尤其是“交”“相互”的含义，是墨学“兼爱”平等观的显著特征。在对“贵兼”理念抽丝剥茧的论述中，墨子抽象出“兼君”与“别君”、“兼士”与“别士”的对立概念组。通过描述品行的天渊之别，在“兼”与“别”的截然反差中，“兼”的平等、对等意蕴亦跃然浮现。在墨子生动而现实的叙述中，真正践行兼爱原则的主体都能积极赋予他者一种关于基本生活的物质利益，这也是近人常将墨学视为“乐利主义”的缘由。故伍非百说：“大抵墨子之言‘兼’也，含有‘交’义。言‘爱’也，包有‘利’言。”[②] 此言动中窾要，洞明墨学“兼”“交”并举、“爱”“利”互释的特征，即揭橥对等性与平等性在“兼相爱，交相利”表述中的统一。对于道德理想与功利标准，墨子意在揭示其融通统合的一面。所谓“视人之身若视其身”，意味着人与人之间的相互爱护与尊重，将人人平等奉为玉圭金臬，包含一种平等权利意识。与之相对，儒家文献中俯拾皆是的“君子—小人”分疏修辞具有浓厚道德意蕴的价值论，其道德等级思想深嵌入等级社会秩序，而这种修辞在墨子那里付之阙如。“爱利一体”的观念，使墨学始终呈现出利益与权利的理论面相，也为墨家兼爱平等精神具象于制度原则开辟进路。

第三节　“有见于齐”：“兼爱”的社会平等观

“兼爱”的精神在于平等，这与儒家内化的仁爱观念相对立，也与儒家外显的礼治秩序相冲突。于是，儒墨之争，就既有内在的“兼仁之辩”，也有外在的“齐畸之辩”。儒家主张礼乐治国，强调社会等级，且不忘经由上智下愚的差别界分，以及社会分工的必要性言说，为社会等级饰言。孟子直言不讳为等级论正名：“劳心者治人，劳力者治于人；治于人者食人，治人者食于人，天下之通义。”（《孟子·滕文公上》）然斯语问题有三：一是“以黑为白”：对三六九等的现象习以为常，“劳心者治人，劳力

---

① 参见谭家健：《墨子研究》，贵州教育出版社 1995 年版，第 27 ~ 30 页。

② 伍非百：《墨子大义述》，载《民国丛书》第四编第五册，上海书店 1992 年版，第 28 页。

者治于人"在孟子则被视为"天下之通义"，即永恒的普遍性原则；二是"混淆视听"，劳心劳力之本义是指脑力劳动与体力劳动的差别，在社会分工的语境中，所谓"劳心者"本是实质创造文化财富、精神财富的科学家、文学家、艺术家等实际劳动者，倚仗强力的剥削统治者不见得是"劳心者"；[①]三是"偷梁换柱"，"劳心"与"劳力"的社会分工，被孟子转用以阐述等级的分工，在职业分化与等级区分间划上等号，职业差异的合理性便顺理成章地挪移为阶层差异的合理性。荀子于《王霸》篇以墨学为靶子，缘以论述等级政治分工：

> 大有天下，小有一国，必自为之然后可，则劳苦秏顇莫甚焉，如是，则虽臧获不肯与天子易埶业。以是县天下，一四海，何故必自为之？为之者，役夫之道也，墨子之说也。论德使能而官施之者，圣王之道也，儒之所谨守也。

孟荀为鸱张孔学门户，以"维齐非齐"为前见真理，并处心积虑批判墨学"僈差等"，"有见于齐，无见于畸"，杨倞亦注云："不知贵贱等级之文饰也。"(《荀子·解蔽》)[②]然而，墨子并未申说人的自然平等，即智慧能力的整齐划一，在墨学话语中无"君子""小人"之分，唯有"圣人""众人"之别；墨子更未拒斥社会分工，与吴虑的辩论就淋漓尽致地展现社会分工、功劳等差理论。[③]从整体上看，礼崩乐坏的社会尚未树立新的价值体系，人们生活于一种"失范状态"[④]中。这必然产生异化力量与分散作用，更将激化人与人之间的矛盾分歧，由此可能窒息集体意识与协作精神，导致社会合作体系的崩塌。就个体而言，个人既可以紧密依附集体成为合力因子，也能转移到个别活动相互疏离，加剧社会分割断裂（如杨朱之学所倡）。因此，墨家认为，必须树立某种同等和永久的

---

① 参见任继愈：《中国哲学史》（第一册），人民出版社1963年版，第150页。

② 尚墨至如梁任公者亦说，"其（兼爱）陈义不可谓不高"，但其旨"为'虽善而不可用'，不如儒家'老吾老以及人之老，幼吾幼以及人之幼'之说之能切理而餍心也。荀子曰：'墨子有见于齐，无见于畸'，可谓确评。盖墨家仅见人类平等的一面，而忘却其实有差等的一面，为事实上所不能抹杀也"。梁启超：《先秦政治思想史》，天津古籍出版社2004年版，第140～142页。

③ 《墨子·鲁问》记载了墨子与"冬陶夏耕"的吴虑对话，提出"虽不耕织，而功贤于耕织"的命题，解释自身致力于"鼓而进于义"的求义生涯，同时蕴含社会分工、功劳等差的基本叙述。

④ "失范状态"的概念及现象，参见〔法〕埃米尔·涂尔干：《社会分工论》，渠东译，生活·读书·新知三联书店2000年版，第313～332页。

原则，对失范社会进行深入整饬，减少不协调情况的发生，扭转规则匮乏的状态。可见，在承认先天差异与社会分工之余，申言共识与平等于人类社会之弥合作用，其重要性不言而喻。墨子并非无视人的能力差距，他故意矫枉过正极言平等，消除那种“以黑为白”之定见；墨子也不反对社会分工，他倾向于视之为职责不同，瓦解那种“劳心治人”的饰言。

其实，墨子有见于齐，有见于畸。然而，“畸”论已不知凡几，“齐”论恰如空谷足音，不管作为“历时”道德还是“共时”理想，皆殊为可宝，故墨子独優差等。墨子始倡之“兼爱”，诚然萌生出一种精神伦理的引导力与内心情感的感染力，却难以径直成为世人生活的现实航标。它必须转化为制度正义，在特定社会历史中因时制宜，灌注于政治法律制度中。因此，“兼爱”之正义平等，必于社会制度体系方面具体而微，衍为某些平等制度。譬如，墨学因“兼爱”之道而倡“节葬”之法，便合平等旨归。《史记·太史公自序》评曰：“使天下法若此，则尊卑无别也。”这一假言，蕴含史家辟墨学、扬尊卑的立场，反映了平等精神在古代缺乏现实土壤，同时也揭示了墨学以“兼爱”为纲的“节葬”诸“法”所具有的平等价值与超越意义。

合“仁兼之辩”与“齐畸之辩”观之，墨家“兼爱”与儒家“仁爱”差异是处于社会转型时期的思想家对基本单位、社会结构与规范体系的不同设想：儒家认同、推崇以家族为基本单位的社会结构，将人以血缘关系为纽带联结成家族进而构成国家，自然呼吁推己及人、伦列等差的爱以及等差规范体系；墨学则基于小生产者团体的自身结构，以共同的正义理想与平等精神为依托构建民间社团作为理想社会的基本单位，力倡一种弱化亲疏差别、平等普遍的爱以及平等规范体系。如果说儒家修齐治平的推衍过程更切理餍心，那么墨家似乎难以将团体依托的“兼爱”理想推而广之。然而，正如马恩所说，新阶级需要“赋予自己的思想以普遍性的形式，把它们描绘成唯一合乎理性的、有普遍意义的思想”[①]。对墨子而言，这需要一个纽带——“天志”，原本富于人文关怀的“兼爱”也具有了形式上的超验性，而这种超验性反过来成为墨学“兼爱”精神推广的标语或旗帜。墨学式微与儒学独尊的结局，在某种意义上无非一个芟除异端的残酷事实和一个此消彼长的人文历程：儒家宗法礼制思想及其浸润的文化土壤——以血缘关系为纽带的宗法家族伦理塑造的差序格局，对去宗法性

---

① 〔德〕马克思、恩格斯：《德意志意识形态》，载《马克思恩格斯选集》第一卷，人民出版社 2012 年版，第 179 页。

（或平等性）的墨家“兼爱”主张的挤兑，对小生产者阶层利益诉求的排抑，并交织着传统“爱”的观念之人文性的张扬与宗教性的消沉。

第四节　“以兼为本”：墨学诸论的平等精神

墨家平等精神，不仅于“兼爱”根本观念中一览无余，也于墨学各论中一以贯之。“兼爱”，在抽象的超验层面上具有“天志”的属性，在具体的制度意义上具有“法仪”的属性，既是最根本的“天志”，也是最核心的“法仪”。以“兼爱”为本，纲举而目张，墨学体系沿“法仪”观将其平等哲学投射于各个环节，显现为一种平等的制度精神。“非命”“节用”“尚贤”“明鬼”诸论，均拢合于墨学的平等法则。

一、非命

“非命”，是墨学独出机杼的人生观表达，实与“兼爱”形影相依，也是其平等法思想的哲理基础。细绎其论，“非命”饱含着对平等的呼吁，深富人格意识与人文色彩。“命富则富，命贫则贫，命众则众，命寡则寡，命治则治，命乱则乱，命寿则寿，命夭则夭”（《墨子·非命上》）的宿命论，隐藏着“执有命者”播糠眯目的险恶用心。析言之，统治者处心积虑地以深扃固钥，将现实不平等之根源归结为“命”，从而掩饰其讳莫如深的实质原因。即便以“仁”为核心的儒家，也常鼓吹“命”。《论语·宪问》曰：“道之将行也与，命也；道之将废也与，命也。”《论语·尧曰》曰：“不知命，无以为君子。”《论语·季氏》曰：“君子有三畏：畏天命，畏大人，畏圣人之言。”《论语·颜渊》曰：“死生有命，富贵在天。”儒家言“命”未必为宿命论，然而如此言说甚嚣尘上，不免使人在现实面前难有所为，或能动受限，未能更好地通过推行道术，冲决等级，转化贫富，追求平等。墨子“非命”的初衷就是将这一层窗户纸捅破。《墨子·非命下》云：“今天下之士君子，中实将欲求兴天下之利，除天下之害，当若有命者之言，不可不强非也。”

与“命”相反，《墨子·非命下》凸显的是“力”与“强”的概念。王桐龄说：“‘强’之一字，乃墨子之箴言。其所以不能不持非命之论者，以有命之说，与自强相抵触也。……墨子‘非命’诚千古之卓识哉。”[①]“非

---

① 王桐龄：《儒墨之异同》，载《民国丛书》第四编第五册，上海书店 1992 年版，第 20 ~ 21 页。

命”正本清源，否定命运安排，追求客观真理，强调人的主体性与能动性。此外，“非命”还隐含着理性思量正义公平问题的一个基础性前提，即对包括血缘、权势、财富等各人既定状况的遮蔽祛除。[①]故“非命”这种蕴含人文观念与平等精神的醒世恒言，对社会经济的发展具有重要意义，也是贯穿墨家法天立制过程的根本思路。

二、节用

“兼爱”在经济观上的镜像即“节用”。“节用”即“尚俭”，乃墨学的显著特征。在生产力相对低下，物质财富有限的战国，“节用”是反对王公大人奢侈浪费的时代强音，主张将有限的财富转移到社会民生，具有平等化倾向而符合民众的利益，对社会稳定与经济发展富有积极意义。[②]墨子主张仿效古者圣王制为“节用之法”，始终遵循“诸加费不加于民利者，圣王弗为”(《墨子·节用中》)的公共利益分配准则。从中可见，节用是社会平等的物质基础，如王治心说：“要求社会中人在经济上平等，必须在消费方面加以限制；若然社会中人不知限制，以奢侈相尚，那末就要产生资本主义，用掠夺的方法，纵少数人肉体上的享乐，这就违背人类平等—兼爱的道理，变为‘损不足以奉有余’。”[③]而且，节用厘清了在人类文明时代的政治社会关系中，如何审思基本物品与衍生功能、物质需求与精神文化、基本权利与等级特权、按劳分配与社会互助的关系，为文明社会的基本资源分配勾勒大致轮廓，蕴涵一种永恒的政治德性与普世的制度理念。

“节用”又衍生出“节葬”与“非乐”两个分支。墨子以“节用”为宗旨，力倡“节葬”，认为厚葬久丧“辍民之事，靡民之财”，最终“国家必贫，人民必寡，刑政必乱”(《墨子·节葬下》)。“节葬”的思想主要是针对“王公大人之为埋葬”的奢侈之风及殉葬的不人道现象，仍显露出墨家“俭”以治国的经济观念，符合利天下万民之旨归。“非乐”一直以来

---

① 美国学者罗尔斯便以“无知之幕”名之，以为审思“作为公平的正义”的基础。参见〔美〕约翰·罗尔斯：《正义论》，何怀宏、何包钢、廖申白译，中国社会科学出版社1988年版，第136页。

② 杨宏伟认为，墨子的“节用”把如何处理、分配社会物质财富与社会稳定紧密联系，这是墨子较诸子百家之长处。参见杨宏伟:《论墨子的经济思想对社会稳定与发展的意义》，载张知寒主编：《墨子研究论丛》（四），齐鲁书社1998年版，第220页。现代诠释多将之与可持续发展联系起来，如徐希燕认为，这是两千多年前的一种可持续发展观念。参见徐希燕：《墨学研究：墨子学说的现代诠释》，商务印书馆2001年版，第147页。

③ 王治心：《墨子哲学》，南京宜春阁印刷局1925年版，第70～71页。

备受指责，是墨家思想“不及人文”的镜像。[①] 其实，墨子并非绝对反对文化艺术、礼乐文明，而是因为“以此亏夺民衣食之财……上考之不中圣王之事，下度之不中万民之利”。对于钟鼓声乐，只要“中民之利”，则“弗敢非也”（《墨子·非乐上》）。墨家反对本末倒置的人生追求，主张先满足基本的物质，再追求崇高的礼乐；批判不分轻重缓急的社会治理：在民生艰苦的时代，当务之急是积累物质资料以培元固本，若追求“大钟鸣鼓、琴瑟竽笙之声”“刻镂华文章之色”“犓豢煎炙之味”“高台厚榭邃野之居”，而非诸如粮食、衣物等民生之所急需，则无法实现社会资源优化配置。伍非百说：“墨者非乐。非不知乐，为救世之急也。……墨子所谓利者，固不止物质的，而亦兼有精神的。不过利有缓急，有本末。先其急后其缓，培其本削其末。”[②] 从阶级论的角度讲，礼乐是贵族阶级的统治工具，墨子非乐是庶人阶级反对贵族阶级的思想代表，“有很大的进步意义”，只是“非乐也非得过分些”。[③] 概言之，墨家主张开源节流“以中国家百姓人民之利”，扭转“饥者不得食，寒者不得衣，劳者不得息”的局面，都是平等思想在社会基本制度中的应有之义。

三、尚贤

“兼爱”在政治观上的反映即“尚贤”。孔子举贤而不斥世袭旧制，孟子贵仁而溺于世禄旧闻。墨家作为小生产者代表，提倡淡化出身贵贱、血缘远近的理念，正与儒家“亲亲尊尊”原则下的“举贤才”貌合神离。[④] “以德就列，以官服事，以劳殿赏，量功而分禄”（《墨子·尚贤上》）的宣言，旨在冲决氏族血缘界限，改革世卿世禄的世袭制度，这是前无古人的。[⑤] 墨子提出的“在贤能面前人人平等的思想”[⑥]，正彰显了战国时代的新气象，“兼爱”“平等”之义亦在其政治观上具体而微。而且，

① 梁启超、章太炎、郭沫若都批判墨家对精神文化的漠视。谭家健、舒大刚也专门批判墨家“非乐”，可参见谭家健：《墨子研究》，贵州教育出版社 1995 年版，第 175 页。舒大刚：《苦行与救世——墨子的智慧》，四川教育出版社 1996 年版，第 117 ~ 121 页。

② 伍非百：《墨子大义述》，载《民国丛书》第四编第五册，上海书店 1992 年版，第 180 页。

③ 童书业：《先秦七子思想研究》，齐鲁书社 1982 年版，第 78 ~ 82 页。

④ 也有人持不同看法，如萧公权认为：“墨子非儒，未尝据尚贤以攻孔子，足见二家与此固有契合。”萧公权：《中国政治思想史》，新星出版社 2005 年版，第 99 页。

⑤ 参见陈朝晖：《孔墨尚贤人才观之比较》，载张知寒主编：《墨子研究论丛》（二），山东大学出版社 1993 年版，第 154 ~ 159 页。该文还总结道：“（墨子）关于进贤抑不肖、扩大贤才队伍和察能予官、类能而使的具体选才、用才方案，含有平等选任人才的民主因素和合理使用人才的思想。”

⑥ 杨俊光：《墨子新论》，江苏教育出版社 1992 年版，第 83 页。

“(尚贤)既是人格独立、平等意识的体现，又是权利意识的体现。近代的民主意识，就是主张人格独立、政治平等，并以此为基础规定了人的权利与义务”[①]，从而“尚贤”深富普遍性的政治权义理论价值。“尚贤”分为“道”与“术”两个层面：在“尚贤之道”上，墨子宣扬“官无常贵”[②]“民无终贱”，强调君主应做到“有能则举之，无能则下之，举公义，辟私怨”(《墨子·尚贤上》)；在“众贤之术”上，墨子譬喻曰：“譬若欲众其国之善射御之士者，必将富之贵之，敬之誉之。”(《墨子·尚贤上》) 即便“农与工肆之人”，墨子也主张“有能则举之，高予之爵，重予之禄，任之以事，断予之令”(《墨子·尚贤上》)。这种“众贤之术”，是物质之“利”与精神之“义”珠联璧合之结晶。在“尚贤之道”与“众贤之术”的阐述中，墨家重平等的思路一以贯之，演绎出一种平等旨趣的政法原则与职官制度。墨家尤好谈论低贱者得重用之典故，特别重拾周公与申徒狄的一段对话彰明此理：

> 申徒狄曰：“周之灵珪，出于土石；楚之明月，出于蜯蜃。”(《艺文类聚》卷八三引《墨子》)
>
> 周公见申徒狄，曰：“贱人强气则罚至。”申徒狄曰：“周之灵珪，出于土〔石〕；楚之明月，出〔于〕蚌蜃；五象出于汙泽，和氏之璧、夜光之珠、三棘六里(异)，此诸侯所谓良宝也。”(《太平御览》八〇二引《墨子》)
>
> 申屠狄谓周公曰：“贱人何可薄也！周之灵珪，出于土石；楚之明月，出于蚌蜃；少家大豪，出于污泽，天下诸侯皆以为宝。狄今请退也。”(《太平御览》卷九四一引《墨子》)
>
> ☒□周公勃然作色曰：易(狄)夫贱人格上，则刑戮至。刚☒
>
> ☒曰：易(狄)夫贱人刚恃，及(?)扑于刑者，有上贤☒(《信阳楚简》)[③]

墨家所述这一典故流传后世，隐喻颇深，申徒狄与周公之对话，既可谓战国士人崛起趋势与周代世卿世禄传统的抗衡，亦是各为其辩护者之墨

---

① 高晨阳：《传统文化的结构与墨学的价值定位》，载王裕安、李广星主编：《墨子研究论丛》(五)，齐鲁书社 2001 年版，第 43 页。

② 今日视之，在制度设计的意义上，“官无常贵”甚至可创设出确保平民参政与政治权利真正平等的强制性规则。

③ 河南省文物研究所：《信阳楚墓》，文物出版社 1986 年版，第 125 页。

家与儒家的角力。可见墨家的“尚贤”强调举任底层贤才，冲决传统抗争旧说，其平等观着实不虚。

四、明鬼

墨家的赏刑平等观，以“明鬼”为保障。墨家的“非命”与“明鬼”似乎如方凿之于圆枘，前者具有人文色彩，是自我意识的凸显，后者具有宗教色彩，是对外在“神”“力”的信仰。之所以“冰炭同器”，一方面由于墨子所非之命实为“宿命”而非“命运”，质疑“命”观念的永固特性而非被动特性，颠覆其永恒观念而非其存在观念；另一方面，“明鬼”并非专言“怪力乱神”，故弄玄虚，而是墨家正义观的一种独特表述，并蕴含着墨家的赏罚平等思想：“鬼神之所赏，无小必赏之；鬼神之所罚，无大必罚之”（《墨子・明鬼下》）。“明鬼”之旨归，在于保障“兼爱”：奉行“兼爱”则为鬼神所赏，违背“兼爱”则为鬼神所罚。所以“明鬼”旨在歆惧世人，使之“兼相爱，交相利”。墨子曾感叹道：“今若使天下之人偕若信鬼神之能赏贤而罚暴也，则夫天下岂乱哉！”（《墨子・明鬼下》）骤观“明鬼”不合科学精神，实则归旨于平等秩序的实现。

可见，以“兼爱”为本，纲举目张，墨学各论大多闪现着平等精神。不过，墨子虽主张“官无常贵，民无终贱”（《墨子・尚贤上》），但并未从根本上检视批判君主政体与等级制度。在“兼爱”与“尚贤”交汇处，亦有论者批判墨学在平等问题上的矛盾性，兼爱“理论的政治要求是企图得出古代社会的人类之平等义（兼＝平等）罢了。无可否认，这是形式的平等观，而且本质上是另一种不平等观，即墨子所谓的富之贵之和贫之贱之的对立”。[①] 加之墨子“尚同”理论精心构建的“一同天下之义”的世界中，严丝合缝的社会组织、等级森严的政治架构，都与理想中的平等社会恍如隔世。[②] 墨家集团本身的组织结构更是专制社会的缩影。任继愈指出：“墨子的道德观主张兼相爱、交相利，他的政治主张却表现出根深蒂固的等级

① 侯外庐、赵纪彬、杜国庠：《中国思想通史》（第一卷），人民出版社 1957 年版，第 203 页。

② 美国学者牟复礼将兼爱视为平等思想：“墨家兼爱的理想也清楚地包含了一个组织严密，崇尚均等（egalitarian）的社会。”〔美〕牟复礼：《中国思想之渊源》，王立刚译，北京大学出版社 2009 年版，第 90 页。但是将平等与严密组织联系起来，似乎缺乏对组织等级性的考虑。

观念。"[1]毋庸讳言，在平等的问题上，墨学的确呈现出双重性格，[2]存在相抵牾之处。这或许与时代思潮不无关系：一方面，墨子的平等观源于战国时期社会格局的变化。随着卿大夫的消沉与士民的崛起，国家君主相应地将目光逐渐拓展到全体社会成员的关系，墨子的平等法则便是沿这一现实导向应运而生的。但是，凝合上古王政、西周礼治的传统，现实社会与法律制度都充斥着等级理念，平等的理想世界邈若山河。另一方面，墨家憧憬一种人人相爱、追求平等的和谐世界，深入人心而荣称显学。于其时之诸侯政治，即便墨家可能主张彻底颠覆等级秩序与专制制度，也难以被君王认可青睐，只会反被视为异端邪说、古之大禁。

① 任继愈主编：《中国哲学发展史》（先秦），人民出版社 1983 年版，第 217 页。另外，郭沫若认为"今天下无大小国，皆天之邑也；人无幼长、贵贱，皆天之臣也"这句话，其实是"普天之下，莫非王土；率土之滨，莫非王臣"的扩大。所以"天志"也可能透露出一种以天道平等为外衣的不平等思想。参见郭沫若：《十批判书·孔墨的批判》，载《郭沫若全集》（历史编第二卷），人民出版社 1982 年版，第 109 页。
② 参见李泽厚：《中国古代思想史论》，人民出版社 1985 年版，第 57 页。

第五章　墨家“兼爱”之权利观[1]

墨家的“兼爱”思想，既追求社会的正义，也关注个体的权益。“兼以易别”，以“非儒”的方式表达了一种平等思想，衍生出所有权保护意识及权利秩序观念。首先，墨子将天下乱阶之原因归结为“不相爱”，深刻地揭示了侵权与犯罪的根源，并强调客观结果与主观动机的统一。其次，墨家所言“兼相爱，交相利”，迥异于“耻言利”的儒家思想，强调“爱利一体”，提倡“交相利”的平等权意识，包含尊重人的财产权和生存权之意，又反映小生产者要求发展生产以增加社会物质财富的愿望及发展权意识。最后，作为“兼爱”的消极言说方式，“非攻”以从个人基本权利到国家主权的论证方式，反对侵犯个人权利和国家主权，并揭示两者的同质性，进而勾勒出“自然法”统摄下的从个人权利到国家主权的权利秩序理论。

墨家的“兼爱”并不单纯是伦理或情感，而是蕴含着墨家的正义观。“兼相爱，交相利”这种“爱利一体”的观念，将个体的爱无限推衍，并有机结合，形成相互对等的人际关系。因此，在理想社会，每个人与其他人的关系就具有共同的“兼爱”基因。任何人与人的关系也就以“兼爱”为一元根本，这为制度化人际关系的整齐划一奠定了理论基础。“兼爱”以保障生命、财产安全，维护社会稳定秩序的和平诉求为核心，是先秦时代独树一帜的正义观。“兼爱”思想体现了集体主义色彩的社会正义观，从国家施政治理的视角，解决林林总总的民生问题。[2] 作为与“兼爱”互释的“交利”，则更凸显了人际关系中个体的权益。因而“兼相爱，交相利”是爱的观念在集体与个体之间的统一，既追求社会的正义，也关注个

① 该章初稿《墨家“兼爱”思想的法权利观阐释》发表于《中山大学学报》（社会科学版）2011 年第 2 期。

② 韦政通说：“在先秦各家中，墨子是唯一以社会问题作为主要问题的思想家。”韦政通：《先秦七大哲学家》，江苏教育出版社 2006 年版，第 117 页。

体的权益，尤其是私有财产权保护意识的彰显。[①]

前文已述，“兼爱”论经由“兼以易别”的辨异路径展示了“兼”“别”的针锋相对，即平等与差等的对立，表达了一种不同于儒家仁爱思想的平等观。“平等”是一个意蕴极其丰富的多义词，可以从社会学、哲学、政治学、经济学、法学等多视角析精剖微。由于纳入制度安排的“权利”天然地要求平等，因而法学视域之权利秩序乃最为现实、关系民生的具体化的平等范畴，是平等价值的现实标准。法国《人权宣言》开宗明义地宣称：“在权利方面，人们生来是而且始终是自由平等的。”质言之，平等要求体现一种具体化的权利相同的秩序。平等价值尽管不可能完全实现，却可以引导人类趋向平等，而这正是确立权利秩序的理论基础。墨家“兼爱”思想的法律观层面，透露出其权利意识与权利秩序理论。勒鲁说：“平等是一种神圣的法律，一种先于所有法律的法律，一种派生出各种法律的法律。”[②] 墨子“兼”所蕴含的平等正是这种神圣的法律，代表着人类对平等的追求，并在此基础上衍生出所有权保护意识及权利秩序观念。

第一节　“不相爱”：侵权与犯罪根源

“兼爱”本身具有强调私有财产权应予尊重保护的意旨。在阐明“兼爱”的必要性之时，墨子将战争、篡夺、乖忤、盗窃、欺诈等天下乱阶归结为“不相爱”，从而深刻地揭示了犯罪根源问题，发人深省。《墨子·兼爱上》：

> 子自爱不爱父，故亏父而自利；弟自爱不爱兄，故亏兄以自利；臣自爱不爱君，故亏君而自利，此所谓乱也。虽父之不慈子，兄之不慈弟，君之不慈臣，此亦天下之所谓乱也。父自爱也不爱子，故亏子而自利；兄自爱也不爱弟，故亏弟而自利；君自爱也不爱臣，故亏臣而自利。是何也？皆起不相爱。虽至天下之为盗贼者亦然，盗爱其室，不爱其异室，故窃异室以利其室；贼爱其身，不爱人，

① 郭沫若将“尊重私有财产权并保卫私有财产权”视为墨子兼爱和非攻的核心，还说“墨子的重心却不在人而在财产”，尽管带有偏见，却指出兼爱非攻的内涵之一。参见郭沫若：《十批判书·孔墨的批判》，载《郭沫若全集》（历史编第二卷），人民出版社1982年版，第114～116页。

② 〔法〕皮埃尔·勒鲁：《论平等》，王允道译，商务印书馆1988年版，第20页。

故贼人以利其身。此何也？皆起不相爱。……若使天下兼相爱，国与国不相攻，家与家不相乱，盗贼无有，君臣父子皆能孝慈，若此则天下治。故圣人以治天下为事者，恶得不禁恶而劝爱？故天下兼相爱则治，交相恶则乱。

将犯罪的原因全盘归结为“不相爱”，是具有超越性的精神层面的诊断，不失为对人与人关系洞若观火的深刻反思。罪生于“别”，乱息于“兼”。兼爱，确实能够遏制憎恨、恐惧的蔓延，成为犯罪最根本的解毒剂。在这个意义上，墨家“兼爱”仍然具有最根本的指引作用。也有论者认为：“把‘自爱’、‘自利’视为万恶之源，这种看法无疑是肤浅的。……墨子的浅薄之处就在于，他让个人承担社会动乱的责任。”① 这非但不是墨子的“浅薄”，更是墨子的望表知里的深刻洞见。这种深刻性体现为对违法犯罪共性的提炼统合，从而不止是在墨子所处时代，在今天也对犯罪富有解释力，并可奉为罪犯改造的根本原则。②

在社会乱象、违法犯罪的叙述中，墨家淋漓尽致地痛陈“亏人自利”行为之恶果，其背后隐含着墨家“中万民之利”的思维模式与判断标准。而在探求这种客观现象的根源之时，墨子将其归结为主观动机的“自爱”或“交相恶”。于是，墨家“兼相爱，交相利”的解决方案，同样具有兼容主观方面与客观方面的意味。儒门弟子巫马子曾质疑道：“子兼爱天下，未云利也；我不爱天下，未云贼也。功皆未至，子何独自是而非我哉？”其实，巫马子所云“利”不完全等同于墨家“交利”之“利”，他纯粹从客观的结果、功效诘难墨子。墨子反问道：“今有燎者于此，一人奉水将灌之，一人掺火将益之，功皆未至，子何贵于二人？”（《墨子·耕柱》）这反映了墨子思想虽有功利主义成分，却不一味单纯言“利”，而是“爱利合一”，既注重考察客观的效果，也不忽视分辨主观的善恶动机。③ 这种独特的思维模式使得墨家在分析违法犯罪时能够坚持主客观相结合的原则，既要以“利”为“用”考察后果，又考虑主观方面善意与恶意的区分。因此，墨子非但强调主观意义上的个人责任，而且在主客观结合的思维模式中关注个人权利。

---

① 刘泽华主编：《中国政治思想史》（先秦卷），浙江人民出版社 1996 年版，第 443 页。

② 现代学者通过对监狱犯人的调查访谈与对犯罪改造的实证分析，认为墨子兼爱思想在犯罪解释与罪犯改造方面富有启示意义。参见白焕然：《墨子兼爱思想的罪犯改造价值与意义》，载任守景主编：《墨子研究论丛》（九），齐鲁书社 2010 年版，第 530 ~ 545 页。

③ 参见孙中原：《墨者的智慧：墨子说粹》，生活·读书·新知三联书店 1995 年版，第 212 ~ 213 页。

不过，墨家并未从根本问题演绎开来，从而无意于分析社会矛盾和违法犯罪的具体因素，因而对礼制、政刑都缺乏充分而具体的建构方案。面对一个战乱频仍、盗贼四起的社会，墨子以“兼相爱”为“救世良方”，一味宣扬“兼爱”，对具体的政治、经济、法律、文化对策存而不论，其刑措论的建构，强其干而弱其枝，所以必然是“回天乏术”。而且，墨学对人性的“自爱”与“自利”过于忌讳以致有求全责备之嫌，更容易让人敬而远之。有论者指出：“‘自爱’、‘自利’是人的本性所决定的，它的产生与存在有其必然和合理的一面，也不以人的意志为转移。墨子偏偏要人们完全扼杀自己的本性而达到人人兼相爱、交相利的理想境界。”[①] 这的确反映了墨家思想的症结，但问题不在“兼爱”的根本观念，而是缺乏具体分析与方案建构。我们不应扬汤止沸地解决“兼爱”刑措论的弊病，那样或许仍会走向对社会问题“头痛医头，脚痛医脚”的误区。而应以“兼相爱，交相利”为根本推衍开来，秉要执本地探索人类罪愆与社会动乱之源，因时制宜地寻求治乱刑措之策，予以制度安排。若于其主客观统一语境下奠定并明晰具体的个人权利理论，则能逐步建构符合“兼爱”论的立法原理与法律制度。

第二节 “交相利”：权利意识与权利秩序

认识到社会乱阶起于“不相爱”，墨家主张“兼相爱，交相利”，消弭各种侵权与犯罪行为，从中也表达了“交相利”的权利观。墨家所讲的“兼相爱，交相利”，是以“爱利一体”为基本特征的。“兼相爱，交相利”本身是指导思想，但由于在惯常语义中，“利”较“爱”更具结果性、工具性的色彩，所以，一般认为，“兼相爱”落实到具体行动上就是“交相利”，“交相利”是“兼相爱”的具体方法或结果。梁启超说：“兼相爱是理论，交相利是实行这理论的方法。”[②] 由于墨家“兼爱”论中具有“交利”的思想，更有不少论者寻瘢索绽，断定“兼爱”因功利色彩而只具有一种工具价值。

其实，阐释“兼相爱，交相利”乃至墨学一以贯之的功利主义时，断章所取之义往往难以涵盖之。在“兼相爱，交相利”的观念中，墨翟阐发了“爱利一体”的观念，在某种意义上，“兼爱”与“交利”是同义词，互相涵摄，互为目的和结果。后学在《墨经》中明确地澄清“爱”与“利”并非内外关系，打破惯常的“举爱与所利”的定式，强化了爱利一

---

① 马作武：《墨子的法律观评析》，《法学评论》2004 年第 2 期。

② 梁启超：《墨子学案》，载《饮冰室合集》专集三十九，中华书局 1989 年版，第 8 页。

体观念的意旨，而非将爱利剥离。

所以，“兼爱”与“交利”并非目的与工具的关系，而是互为因果。“孔子重视贵族君子‘敬’的主观情操，墨子重视庶民‘利’的客观价值”[①]。这不仅是墨家与“耻言利”的儒家之不同，也是墨家阐发权利观念的基础。当然，在“互为因果”的关系中，“交利”作为“兼爱”的结果诚为不易之论。而且，“利”与“爱”在墨学中本可互训，只是伴随着理论的演绎，也可以衍生出更为具体的含义，如“利益”“权利”，因而也具有权利观的维度。“交相利”可谓基于权益话语体系对人际关系的基本解释，这种思路中易于萌生权利意识与秩序观念。即便在守城动员的紧迫情态下，也能看到墨家对老幼妇孺、各色人等的位置、能力、作用、权义的细致安排，这是“现代人权主义者所追求的和平共处的社会”。[②]

“爱”即赋予，墨家之“兼爱”即每个人平等地、无差别地相互赋予对方一种超越客体价值，甚至个体自身的更高价值。“兼爱”使得每一个对方都获得被赋予的价值，同时也将价值回馈赋予，于是“兼爱”即“交利”的过程。墨家的“兼”，强调“视人之身若视其身”，是“投我以桃，报之以李”这一朴素对等观念的最早阐释，意味着人与人之间的相互爱护与尊重，将人人平等奉为圭臬。所以，墨子的“兼爱”思想包含了一种平等权意识。荀子出于鸥张门户的良苦用心，以“维齐非齐”为真理，千方百计地论证墨学“僈差等”，批判其“有见于齐，无见于畸”，却正好反映了墨家的平等权观念。在先秦，“畸”论不知凡几，“齐”论则如空谷足音，与“交相利”珠联璧合，则是墨家独树一帜的平等权观念。

“交相利”要求人们互相帮助，共谋福利，反对互相争夺，“亏人自利”。要做到“交相利”，就必须做到“强不执弱，众不劫寡，富不侮贫，贵不傲贱”，从而实现“国家百姓人民之利”（《墨子·节用上》）。由于墨家始终将焦点放在民生问题上，因此“交利”意味着直接以百姓衣食住行、养生丧死为首要问题。在《墨子》中比比皆是的“三表法”式论述中，“三表”之“用”——“国家百姓人民之利”始终围绕着“交相利”这一基本取向与思路。墨子“交相利”的目标是保证每个人的“生利”，

---

① 侯外庐、赵纪彬、杜国庠：《中国思想通史》（第一卷），人民出版社1957年版，第218页。

② 韩国的黄晟圭博士另辟蹊径，认为妇女、儿童和老年人的人权问题远未解决，而墨家军事思想中恰有这方面现代意义的人权思想。“墨者的充分尊重人权思想，即男女老幼平等的思想及作法，为争取实现人类完全平等提供了理论基础和范例，现代社会有女权主义者，但没有老权、幼权主义者，这不能不说是遗憾，现代人应从自己祖先那里汲取更多的东西。”参见〔韩〕黄晟圭：《〈墨子〉军事思想及其现代意义》，载张知寒主编：《墨子研究论丛》（四），齐鲁书社1998年版，第308～313页、316页。

用现代的法学术语来说，就是维护公民的基本权利尤其是生存权问题。《墨子·节葬下》曰：“衣食者，人之生利也。”作为小生产者的代表，墨者将衣食视为人类与生俱来的基本权利。在乱世之中，人民丧失了基本的生存条件，所谓“饥者不得食，寒者不得衣，劳者不得息”（《墨子·兼爱下》）。于是，墨家从“兼相爱，交相利”的理想出发，要求君主尊重人民的生存权利，“先万民之身后为其身”，对百姓“饥即食之，寒即衣之，疾病侍养之，死丧葬埋之”（《墨子·兼爱下》），“兴天下之利，除天下之害”（《墨子·非乐上》）。

墨家的权利意识包含尊重人的财产权和生存权之意，还反映在正义框架中发展生产以增加社会物质财富的民众愿望。墨学固然注重公平平等的权利秩序，如“节用”诸论所倡之资源调配，但又不局限于实在、既定制度范畴的权利分配，而是将“兴天下之利”这一发展权问题视为“交利”的根本宗旨。由此可见，墨子“交相利”的思想中既具有权利意识与秩序观念，也包含了尊重人的财产权和生存权之意，又反映了小生产者要求发展生产以增加社会物质财富的愿望。如果说“兼爱”更多反映了墨家基本的道德观念与理想的道德秩序，那么，“交利”则更具体地展示了墨家观念中的权利秩序，更具有制度建构的意义。墨学既注重公平平等的权利秩序，又不局限于法律范畴的权利分配，以“兴天下之利”之发展权问题为“交利”之归宿，与现代人权理论的新发展颇有暗合之处。因而“交相利”所蕴含的权利秩序论，是一种对社会经济发展既具有规范调整作用又具有推动指引功效的重要理论。此外，“兼爱”而“尚贤”凸显平民参政的权利，前文已述。至于“有道者劝以教人”（《墨子·尚贤下》），“天下匹夫徒步之士少知义，而教天下以义者功亦多”（《墨子·鲁问》），则表达墨家思想中教育之于社会的重要性以及民众受教育权的意旨。

不过，由于墨家代表小生产者的利益，其基本权利观念大多立足于底层民众的生存权，因而在特定的历史环境中，没有系统地提出完备的基本权利理论。当然，熟谙权利意识的我们或许不应苛求古人。在特定的社会状况下，墨者关注人们的基本生存权与发展权，延及教育权利与政治权利问题，并旨在以“兼相爱，交相利”解决社会基本矛盾的现实情怀仍令人感佩，对当代人权问题仍不乏启示。①

---

① 参见吴明贤、秦彦士：《墨家人权观》，载王裕安、李广星主编：《墨子研究论丛》（五），齐鲁书社 2001 年版，第 83 页。

第三节　“兼爱”与“非攻”：从基本权利到国家主权

《墨子·兼爱上》曰：“盗爱其室，不爱其异室，故窃异室以利其室。”盗窃的根源在于不尊重他人的财产所有权，即所谓“视人之室若其室，谁窃”。违法犯罪的实质是违反“兼爱”及“交利”。因此，“在功利论的基础上，墨子合乎逻辑地得出了以法律保护‘利’，即私有财产权、人身权以及劳动成果，对夺人之‘利’者予以法律制裁的结论。”①

“兼”与“交”本义均立足人与人的关系，“兼爱”与“交利”沿着人际关系的扩充而推衍。具体到权利问题上，“交利”旨在培养一种权利意识，自然需要引导人们尊重他人的财产所有权，谴责侵犯他人权利的行为。当个人与个人的关系在理论逻辑与经验实践上扩充，形成复杂化、抽象化的人际关系时，“交利”便相应地构建一个权利秩序，对秩序的强调诉诸法律制度的建设，最终保障“兼爱”“交利”，维护人的基本权利。当问题进一步推衍，以致形成多人与多人的关系时，就使得人际关系问题上升为国家关系问题。颇类似于现代社会“主权在民”的理路，国家是人民的共同体，国家的权力来源于人民，人民是国家的最高主权者。在墨家看来，国家关系问题仍不外乎人际关系问题，其处理原则仍不外乎“兼爱”“交利”。

“非攻”作为战国时期处理各国之间关系的具体原则，则是从“兼爱”之“本”上生长出来的一枝树杈。在所有的“树杈”中，“非攻”这一枝与主干最为神似，因为它几乎就是“兼爱”的反向表述，尤其是在国家关系的特定语境中，“非攻”与具体化的“兼爱”实乃一个问题的两个方面，是其和平主张的消极言说方式和积极言说方式，且后者是前者的深化。②在墨家看来，“兼爱”最直接的现实作用就是“非攻”，两者往往并称，“国家务夺侵凌，即语之兼爱、非攻”（《墨子·鲁问》）。诚然，除战国主张富国强兵之法家，道家持贵生而主张寝兵，老子曰“夫兵者，不祥之器”（《老子》三十一章）；儒家亦对军事兼并战争嗤之以鼻，视之为以弑君、亡国为突出现象的礼崩乐坏，孔子以“军旅之事，未之学也”（《论语·卫灵公》）回应卫灵公问阵，孟子更直言“春秋无义战”（《孟子·尽心下》）。大抵而言，儒家教之以礼，以和为贵，寻求仁义之道，纯以道德理想主义情怀反对功利战争。道家无欲不争，以兵乃不祥之器，不武力示

---

① 倪正茂：《墨家法哲学对儒家法哲学的抗争》，《社会科学》1997年第1期。

② 秦彦士说：“墨子的和平反战思想便由非攻论这种制止战争的消极和平进一步深化为‘兼爱’论的积极和平主张。”参见秦彦士：《墨子考论》，巴蜀书社2002年版，第238页。

人，恬淡为上，高屋建瓴揭露战争违反天道人道。[①] 墨家的“非攻”虽然在仁义、贵生方面与儒道相若，却不乏其特质，即更明确站在弱势群体权益的立场反对侵略战争，更详细具体地揭露战争罪行，秉持统合道义与利益的反战论说，创造精湛的守御之法积极践行非攻。

“非攻”包含反对侵犯个人所有权和国家主权之义，也流露出墨学体系中较为稀薄的自由之旨。张纯一说：“墨教无自由之名，然确有自由之实。如非攻，即非攻者之侵人自由也。……自由者，天人一兼之产物。”[②] 因此，墨家的“兼爱”“非攻”具有从人际关系到国家关系、从人权问题到主权问题的系络意义。这在墨子别出机杼的论证方式中有迹可循。

> 今天下无大小国，皆天之邑也。人无幼长贵贱，皆天之臣也。(《墨子·法仪》)
>
> 今有一人，入人园圃，窃其桃李，众闻则非之，上为政者得则罚之。此何也？以亏人自利也。至攘人犬豕鸡豚者，其不义又甚入人园圃窃桃李。是何故也？以亏人愈多，其不仁兹甚，罪益厚。至入人栏厩，取人马牛者，其不仁义又甚攘人犬豕鸡豚。此何故也？以其亏人愈多。苟亏人愈多，其不仁兹甚，罪益厚。至杀不辜人也，扡其衣裘，取戈剑者，其不义又甚入人栏厩、取人马牛。此何故也？以其亏人愈多。苟亏人愈多，其不仁兹甚矣，罪益厚。当此，天下之君子皆知而非之，谓之不义。今至大为攻国，则弗知非，从而誉之，谓之义。此可谓知义与不义之别乎？(《墨子·非攻上》)

在墨家看来，人际关系与国家关系几乎完全一致，既然在天志、兼爱下人与人之间完全平等，则国与国亦然。如同作为现代国际法基础的“主权平等原则”(《联合国宪章》第二条第一款)，墨子早已指出邦国关系应遵循平等原则，不管国家大小、强弱、贫富，主权皆平等，并批判那种打着“助天伐”旗号侵犯他国的行径。于是，小到“窃人桃李”，大到“攻人之国”，都是不仁不义的违法犯罪行为。罪行的严重程度与社会危害性，是与所侵犯的人身、财产权益成正比或正相关关系的。墨家构建的权利秩序的层次，在对“窃人桃李”“取人马牛”“攻人之国”层层递进的抨击中清晰可见。墨子虽然将具有差异的国家关系与人际关系区分开来，但仍然

① 参见马腾、马作武：《道家法思想的“大和”本质》，《社会科学家》2012 年第 1 期。
② 张纯一：《墨子集解·附录·墨学与景教》，成都古籍书店 1988 年版，第 638 页。

从根本上把握国内关系与国家关系的“同质性”。[①] 源于对这种同质性的认识，墨子采取这种量比论证分析，剥茧抽丝，终显非攻大义。

墨翟对君王行径的指摘，以至对“唯器与名不可以假人”的统治阶级的法权形式的批判，不禁让现代学者感叹：“墨子居然批评到国家法权的内容是掠夺。”[②] 墨子以权利为中心，阐释“窃人桃李”一类盗贼行径的刑事责任，更从国家主权的高度谴责“攻人之国”的“危害和平”的国际犯罪，也包括“刭杀其万民，覆其老弱”（《墨子·非攻下》）之类现代国际法所谓“战争罪”与“违反人道罪”。其闪光之处正在于将“攻人之国”与“窃人桃李”同质化，蕴含着墨学中颇具法学色彩且一以贯之的权利观念。只有把握墨学以“权利”为中心阐述权利秩序的方法，方能体悟墨子之苦心孤诣。这一权利观统摄了国际关系问题与人际关系问题，国家主权问题与个人权利问题。从犯罪论的角度而言，墨家明确了人身财产犯罪与国际犯罪都有其相应的刑事责任，后者比前者更严重；从权利观的角度而言，墨家以权利秩序统摄个人权利与国家主权，后者比前者更重要。

墨者既强调基本社会经济权利，彰显正义平等观念下的个人权利意识，又通过从个人到国家的路径，强调国际秩序的稳定，呼吁以安全、和谐的局面保障国家社会祥和发展，并由此超越个人权利的视角，提出拟同个人关系权利的国家主权概念与国际关系理论。进而，墨家关于国际关系法则的基本态度昭然若揭，它预示着国家具有一元的人格，主权与人权的同质性理解将导向一种国际法与国内法一元论的观点，这亦符合“一同天下之义”的逻辑脉络。

难能可贵的是，这种别具一格的理论，具有墨学鲜明且一以贯之的实践理性，并在墨子游说诸侯之的辩论技巧中淋漓尽致地体现出来。例如，墨子游说鲁阳文君时便将这种方法运用自如，有如郢匠挥斤，辅之以类似于苏格拉底式的“产婆术”与归谬法，最终使鲁阳文君心服首肯，停止

① 杰赛普提出国际法的重要理论“跨国法”（Transnational law），前提正是国内关系与国际关系的同质化，如两者同样面临贫困、政治参与以及在迅速变化的社会结构中各不同阶层之差别的调整和妥协的困难等问题。Philip Jessup, *Transnational Law*, Yale University Press, 1956, p. 2.

② 参见侯外庐、赵纪彬、杜国庠：《中国思想通史》（第一卷），人民出版社 1957 年版，第 209 页。

攻郑。①

以“兼爱非攻”作为处理国际关系的准则，同时隐含着一个理论预设，即国际法则的效力依据渊源于形式上具有高级法色彩的“天志”。“兼爱”作为墨学的根本观念，在抽象层面上具有“天志”的属性，在具体的意义上具有“法仪”的属性，既是最根本的“天志”，也是最核心的“法仪”。中西皆有论者指出，墨子的“天志”就是普遍的和理性的法则，是一种“理想法”或“自然法”。② 所以，墨家以“天志”“法仪”为形式或载体的“兼爱”“非攻”理论，强调在“自然法”王笏下万民、万国的平等权利。对自然法与国际法的关联乃至共性，③ 古罗马法学家及早期自然法学派格劳秀斯等人的理论中颇有论及阐述，而墨子提出的国际法准则——“兼爱非攻”同时获得“天志”的“自然法”属性，其内容既与西方自然法学派以“自然法”为形式的“正义感”或“各民族的法律良知”有异曲同工之妙，其理路亦与西方自然法与国际法关系论遥相呼应。从而，尽管墨家强调国家主权，仍未通往国家权力绝对论之路，而是以超越单一国家主体、遵循天志兼爱为原则。在“非攻”框架下，墨家提倡国家之间的睦邻友好关系（“遍礼四邻”），区分正义战争（“诛”）与非正义战争（“攻”），主张进行反侵略的自卫战争（“入守”），形成国家集体安全机制（“同忧同救”）。④

这番“义”的递进论述往往已足以在道义上立于不败之地，而墨家更有一套利益修辞与之相得益彰。面对言“利”的君主，墨子不但动之以“义”，还晓之以“利”，利害分析也就成了墨子止战说辞中的画龙点睛之笔。墨子认为，大国攻小国，无异于“童子之为马”，“足用而劳”。国家争锋如韩卢逐逡，败者失家国，惨胜亦如败，确是诸侯君主大夫应当言

① 参见《墨子·耕柱》《墨子·鲁问》。《墨子·耕柱》：“子墨子谓鲁阳文君曰：‘大国之攻小国，譬犹童子之为马也。童子之为马，足用而劳。今大国之攻小国也，攻者农夫不得耕，妇人不得织，以守为事；攻人者，亦农夫不得耕，妇人不得织，以攻为事。故大国之攻小国也，譬犹童子之为马也。’”《墨子·鲁问》：“齐将伐鲁，子墨子谓项子牛曰：‘伐鲁，齐之大过也。昔者吴王东伐越，棲诸会稽；西伐楚，葆昭王于随；北伐齐，取国子以归于吴。诸侯报其雠，百姓苦其劳而弗为用，是以国为虚戾，身为刑戮也。昔者智伯伐范氏与中行氏，兼三晋之地。诸侯报其雠，百姓苦其劳而弗为用，是故大国之攻小国也，是交相贼也，过必反于国。’”

② 参见杨鹤皋：《中国法律思想史》，北京大学出版社 1998 年版，第 90 ~ 91 页。〔美〕金勇义：《中国与西方的法律观念》，陈国平、韦向阳、李存捧译，辽宁人民出版社 1989 年版，第 63 页。

③ 如梅因认为：“所谓‘自然法’只是从一个特别理论的角度来看的‘万民法’或‘国际法’。”〔英〕梅因：《古代法》，沈景一译，商务印书馆 1959 年版，第 30 ~ 31 页。

④ 在现代国际法上，自卫权是作为《联合国宪章》中“禁止使用武力原则”的例外规定，集体安全机制是《国际联盟盟约》所规定的关于国家军事同盟及其统一行动的机制。

听计从的真知灼见。后来宋钘欲说罢秦、楚之兵，而言“我将言其不利”（《孟子·告子下》），深谙墨家“非攻”及“寝兵”之术。墨家将权利论的分析方法应用于国际关系问题，这在先秦诸子中是独一无二的。凭借墨学特有的功利思想，既从自然正义的角度论证，又从国家利害的角度分析，权利论背后的“自然法”观念及功利思想水乳交融。其实，这种思维模式与精神特质贯穿于墨家的法律思想中，除了前述墨家对主观方面与客观方面的并重之外，在此还体现为道德原则与权利秩序须臾不可离的论辩方式与法律思想，这与儒家贵“义”而耻言利，或法家只讲功用都大相径庭。

概言之，墨子的“兼爱非攻”在战国时代独树一帜。他就国家战争性质划分了正义与非正义的基本类型，就邦国之间的主权关系提供一种合理平等的解释，还以专研军事防御、抵制军事进攻①的“圣战”事业体现扶助弱国的宗旨。今日视之，透过墨家的宏伟事业，“兼爱非攻”已经蕴含着类似现代国际法原则机制的内容，如国际主义精神、主权平等理念、和平解决国际争端、天然自卫权、集体安全保障、“和平共处五项原则”、睦邻友好战略合作等，都有待深入挖掘提炼价值。康德曾说：“哲学家有关公共和平可能性的条件的那些准则，应该被准备进行战争的国家引为忠告。”② 马克斯·波恩说：“我们的良知要觉悟，战争是堕落到杀害无辜百姓的大屠杀，对这种战争我们的道德无法接受。另外我们的理智要认清，科技战争与人类的生存是不能并存的。”③ 早在先秦，墨家就已经高瞻远瞩地评论国际关系问题，深刻抨击战争攻伐的现象，颠覆“以战去战”的谬论，以良知弘扬道德，以理智运用科技，其高见远识广受赞誉。英国历史学家汤因比与日本学者池田大作在“展望二十一世纪”的对话中，高度评价了墨子的思想。池田大作说：“从国际角度看，到处都在泛滥着自我和狭隘的偏见，以及由此而产生的互不了解。在这种情况下，我完全赞成博士（汤因比）所说的墨子的主张，即普遍的爱。这种精神最切合时宜。墨子关于舍去利己，树立爱他的兼爱学说，是反对侵略战争的理论先导。就是说，正如谴责侵害他人牟取私利的强盗行为一样，也应该谴责大国侵害小国，大量屠杀以及破坏经济的行为。这种理论是极为近代化的。只是墨子主张的兼爱，过去只是指中国，而现在应作为世界性的理论去理

① 《墨子》的《备城门》以下十一篇被称为“城守各篇”，全是关于守城极为详尽的组织方案、军事号令、技术策略。以墨家之军事造诣，本来也完全有条件像工匠公输盘那样进军军工制造云梯，进而研究攻城之设备、攻伐之策略、镇压之法令，终成“城攻各篇”。然而，未见《墨子》及其他文献有这方面记载，其恪守非攻伐而尚守御之教义可见一斑。

② 〔德〕康德：《历史理性批判文集》，何兆武译，商务印书馆 1990 年版，第 128 页。

③ 〔德〕波恩：《物理中的哲思》，陈永禹译，联经出版事业公司 1983 年版，第 112 页。

解。”[1]“兼爱非攻”，站在“国际伦理观”的立场，强调国家主权，超越当时普遍奉行的国家自私自利观念，成为对攻占理论的强有力批判。赵建文系统阐述了墨子“兼爱非攻”思想中具有的国际法精神，提倡“应当把墨子关于‘兼爱非攻’的国际法思想，作为对现代国际社会具有重要价值的‘世界性的理论’来对待”。[2]

挖掘并阐释墨家“兼爱”思想中所蕴含的权利观念，其意义在于：一方面，墨家“兼爱”要求和谐和平的正义观之制度化过程的实现，而墨家的平等权意识与权利秩序论正是一个重要的桥梁；另一方面，尽管“兼爱”蕴含着平等人权思想，现代关于墨学义理阐发仍可能轻重失衡而未幽其奥。以“兼爱”为本，应是新墨学研究开出新境界、新格局的前提。墨家“兼相爱，交相利”的平等权意识及个人基本权利、国家主权理论的萌芽，启示治墨学者应识微见几，开辟出墨学“兼爱”观念制度化的终南之径。

---

① 〔英〕阿·汤因比、〔日〕池田大作：《展望二十一世纪——汤因比与池田大作对话录》荀春生、朱继征、陈国梁译，国际文化出版公司 1985 年版，第 425 ~ 426 页。

② 参见赵建文：《墨子关于“兼爱非攻”的国际法思想及其现代价值》，《法学研究》1996 年第 2 期。

第六章　墨家的法制理念与罪刑思想

既已从正义、平等、权利的法哲学范畴诠释墨家以“兼爱”为本的思想，该章继而探析从爱之哲学到制度原则的墨家法思想路径，择其要论以诠释墨学的制度理念：以“尚同”论争为线索论述墨家理想之国家政治社会体制结构，以“节用”诸论阐弘墨家尚质贵俭之气质与权利调和、分配正义诸观点，以赏刑论牵引出“罪不在禁，惟害无罪”的罪刑法定思想与“不杀不辜，不失有罪”的慎刑严刑主张。

第一节　尚同天志：神权思想与专制理路[①]

“尚同”是墨学“十论”之一，主要展现墨家有关君主、大臣、民众关系问题的政治论点。“尚同”说在政治架构组织方面诉诸绝对权威的专制君主，以之充当新统一秩序与天下公义的象征，从而在墨子眼中最能照顾底层劳动者的生存权益。然而，如“一同天下之义”所揭橥，“尚同”与一元、集权、专制等关涉君权政治的语词脉脉相通，且与其他诸子相若，墨子之政治理论终归于政治大一统的蓝图。只是，就初衷而言，墨子立“天志”“明鬼”之论，有神道设教之旨，其尚同于天颇有传统神权思想特征。梁启超认为：“荀子从物的方面观察以为非组织社会无以剂物之不赡；而墨子从心的方面观察，以为非组织社会无以齐义之不同。”[②] 故而在理论起点上，墨子与荀子对统一社会“明分使群”之基本解释也有所差异。就现实目标而言，墨子背周道而用夏政，实则预示新王专制集权政治之思想，与孔子倡导周公之礼、维护周室正统颇为不同。此盖为“尚同”“天志”学说之宏旨。

---

① 该节初稿《墨子“尚同”内涵新探》发表于《东西思想》（韩国）2010 年第 8 期。

② 参见梁启超：《先秦政治思想史》，天津古籍出版社 2004 年版，第 152 页。

一、尚同说的基本内涵

通观《墨子·尚同》，尚同说要义至少有三：

其一，“尚同”即“上同”，维系政治理念的一元性。“天子发政于天下之百姓”，里长、乡长等各级官员“顺天子政，而一同其里之义”，“一同其乡之义”。进而，“上同而不下比”是申明权威向度的组织保证。世俗社会中一切都尚同于天子，这在很大程度上挤压政治自由的空间，是墨子尚同说呈现专制趋向的重要理念。如冯友兰说：“墨子便是以侠士的精神，扩而充之。墨子又讲‘尚同’，即上行下效的铁律。”① 不过，“上有过则规谏之，下有善则傍荐之”可视为“上同而不下比”的调摄之道，以避免流于机械主义的国家政府论。

其二，“尚同于天”是尚同说的最终归宿，富有神权色彩。“天下之百姓皆上同于天子，而不上同于天，则菑犹未去也”（《墨子·尚同上》），尚同说与“天”紧密相连。作为墨家定义的超越权威，“天”的观念开辟“尚同”通往“天志”的路数，从而有“尚同于天”之主张，将尚同于天子上升到尚同于天。同时“立天志以为法仪”，作为评价天子行为的尺度。《墨子·天志下》：“天子有善，天能赏之；天子有过，天能罚之。”② 从而，尚同所构建之政治社会同时深富神道设教之意味，为政教合一形态下的政府构设方式。

其三，“下情上达”“上下通情”是“尚同”的运转样态。《墨子·尚同上》曰：“古者圣王唯而审以尚同，以为正长，是故上下情请为通。上有隐事遗利，下得而利之；下有蓄怨积害，上得而除之。”“下情上达”和“尚同于上”合而成“上下通情”。这折射出底层民众、小生产者阶层向王公大人表达自身利益、参政议政的诉求。当然，“尚同”与“民主”仍有本质区别，前者只是为政治集权与君王专制设计的可实现“一同天下之义”的善政良策。“下情上达”不止是一种议政理念，还要求各级政府生成高效的信息传输机制，实现“天子之视听也神”。③

---

① 冯友兰：《三松堂学术文集》，北京大学出版社 1984 年版，第 371 页。

② 墨子还以史为鉴，以三代圣王暴君的正反事例为佐证。《墨子·法仪》：“昔之圣王禹汤文武，兼爱天下之百姓，率以尊天事鬼，其利人多，故天福之，使立为天子，天下诸侯皆宾事之。暴王桀纣幽厉，兼恶天下之百姓，率以诟天侮鬼。其贼人多，故天祸之，使遂失其国家，身死为僇于天下。”

③ 关于墨家“下情上达”之说，理解歧异显著。刘泽华认为是“特务系统”，徐希燕则理解为“智囊库系统”。参见徐希燕：《墨学研究：墨子学说的现代诠释》，商务印书馆 2001 年版，第 132 页。

二、"尚同说是否类似民约论"之争

"尚同说是否类似民约论"之争是墨学研究史上的一场重要论战，深富近代墨学复兴路途中的治学旨趣。梁启超认为墨家"尚同"与西方民约论相类似，于其专研墨学之著作与论及墨学之处均一贯主张：

> （1）"天子……由万民选择而立"，不但天子由民选择，天子以下各级统治者也一概由人民选举："其所谓诸侯公卿乡长里长家君者，果由上所命耶？抑由下举耶？原文不甚分明，以全体理论推之，殆一出于选举也。"①
>
> （2）墨子所说，与欧洲初期之"民约论"酷相类……其说是否正当，自属别问题，而中国二千年前之墨子，正与彼辈同一见解。②
>
> （3）墨子……说："明乎天下之乱生于无故长，故选择贤圣立为天子，使从事乎一同。"甚么人"明"？自然是人民"明"。甚么人"选择"？自然是人民"选择"。甚么人"立"，甚么人"使"？自然是人民"立"，人民"使"。这种见解，和那说"天生民而立之君"的一派神权起原说，和那说"国之本在家"的一派家族起原说都不相同。他说国家由人民同意所造成的，和"民约论"同一立脚点。③
>
> （4）言国家之起原，由于人民相约置君，君乃命臣。与西方近世民约说颇相类。④

梁任公深通墨家学说，可谓研究墨学之巨擘，曾多次以民约论比附"尚同"，以致"深入人心，至今牢不可拔"（郭沫若语），后来亦有附会此说者如王桐龄、冯友兰、侯外庐等。

王桐龄的《儒墨之异同》一书致力于儒墨比较，认为在国家起源问题上，儒家主张国家起源于家族，墨家主张国家由民意产生，类似西方民约论，甚至与欧美共和国政制暗合：

> 近世欧陆诸贤，若 Hobbes、Locke、Rousseau 等，皆以为国家制度未成立以前，人人恣其野蛮之自由而无限制。既乃不胜其弊，始

---

① 梁启梁：《子墨子学说》，载《饮冰室合集》专集三十七，中华书局 1989 年版，第 40 页。
② 梁启超：《先秦政治思想史》，天津古籍出版社 2004 年版，第 152 页。
③ 梁启超：《墨子学案》，载《饮冰室合集》专集三十九，中华书局 1989 年版，第 28 页。
④ 梁启超：《墨经校释》，载《饮冰室合集》专集三十八，中华书局 1989 年版，第 17 页。

> 相聚以谋辑睦之道，而民约立焉。墨子之论国家起原，与民约论派学说相近。所谓"一人一义，十人十义"者，即意欲自由之趋于极端者也。其谓"明乎天下之所以乱者生于无正长，故选择贤可者立以为天子"者，谁明之？民明之。谁选择之？民选择之。谁立之？民立之也。此种理想与现今欧美各国所行之共和国体暗合。①

既然"十人十义"，又何以"民约"，为此冯友兰似乎试图用"后来的人"的叙述措辞缓解这一矛盾，避开这一问题：

> "天下之乱，若禽兽然。"后来的人"明乎天下之所以乱者，生于无正长，是故选择天下之贤可者，立以为天子"。他认为这就是国家的起源。②

侯外庐则补充道，应当将民选民约与墨子的思想试验，即询问一般人对兼君别君、兼士别士的选择结合起来，从而形成了这么一段富有启发的论述：

> 在"别"的社会，他想象出了选择"兼君"的故事，在不同的政治中，于是也想象出选择"同君"或同"天子"了。这里的"选择"，又是一个假定，忽然来了一群万民甄别试验统治者。……《尚同上》还说："选择天下之贤可者，立为天子。"因此，所谓"同"是"同意"之"同"，意指天鬼和人民都同意。如果略去天鬼的一句空话，剩下的就是天子由民选举。由此看来，墨子的"选择"政长论是进步的，我们不能因天志之说就否定其价值。③

郭沫若首先对梁启超之说提出批判。早在1923年，郭沫若就写过一篇名为《读梁任公〈墨子新社会之组织法〉》的文章（初发表于《创造周报》，后编入《文艺论集》，也成为后来《青铜时代·墨子的思想》《十批判书·孔墨的批判》所持墨学批判观点之主体），对这一观点深加质疑，阐之颇详。之后，方授楚、萧公权、刘泽华、李泽厚等的著作也承其余绪，提出与梁启超针锋相对的观点。

---

① 王桐龄：《儒墨之异同》，载《民国丛书》第四编第五册，上海书店1992年版，第60页。
② 冯友兰：《中国哲学史新编》（上卷），人民出版社1998年版，第234页。
③ 侯外庐、赵纪彬、杜国庠：《中国思想通史》（第一卷），人民出版社1957年版，第214页。

郭沫若在《读梁任公〈墨子新社会之组织法〉》一文中与梁启超针锋相对："到底是什么人'明'，什么人'选择'呢？可惜文章没有主格。在民约论者看来，自然'明'者是人民，'选择'者也是人民，故尔墨子也就成为了二千年前的中国卢梭。"① 进而，郭沫若把墨子尚同说定性为君权神授，认为"尚同与尊天相应，尚贤与明鬼相应"。②

方授楚也提出质疑，细致比较诸篇语义，不过最终认为墨翟主天选，后学主民选：

> 然则选择天子者谁耶？此于选择上无主词，颇为暧昧，《尚贤下》（注：应为《尚同下》）则曰："是故天之欲一同天下之义也，是故选择贤者立为天子。"则选择者为天，乃王权神（天）授说也。故天子须对天负责。……且天子亦须对民负责，……天子既须对民负责，则选择之者亦人民欤？《尚同上》曰："是故选择天下之贤可者，立以为天子。"此或墨家后学，修正墨子之说，改天选而为民选也。③

萧公权更从历史文化背景与墨家话语成分的角度加以辨析，提出质疑：

> 墨子既无民选之明文，而其思想系统以及历史背景均无发生民选观念之可能，……吾国古代传说有传贤禅位之事，然民选君长则绝未之闻。……故曰民选之说为历史背景所不许也。吾人若放弃臆说专就墨子思想之大体推论，则天子之创立殆出于天志，而非由民择。
>
> 墨子如果有此新说，岂不加以发挥，而只数语了之？④

刘泽华则以其传统政治思想的批判立场，揭示墨子思想体系不应有民选观点：

> 墨子崇尚鬼神，认为天神主宰一切，并一再宣扬天子也要受天的指挥。所以从墨子的思想体系看，天子不是由民选举的，而是由

---

① 郭沫若：《青铜时代·墨子的思想》，载《郭沫若全集》（历史编第一卷），人民出版社 1982 年版，第 467 页。

② 郭沫若：《十批判书·孔墨的批判》，载《郭沫若全集》（历史编第二卷），人民出版社 1982 年版，第 112 页。

③ 方授楚：《墨学源流》，中华书局、上海书店 1989 年影印版，第 84 ~ 85 页。

④ 萧公权：《中国政治思想史》，新星出版社 2005 年版，第 93 页。

天选举的。①

李泽厚侧重于以小生产劳动者的特征为立足点，分析墨家学说的性质：

尽管以现实功利为基础，墨子的社会政治原则并不建立在近代个人之间的平等契约论的原理之上，而是建立在每个人都必须服从人格神主宰的基础之上。②

最后且看英国汉学家葛瑞汉的理解：

这使人们想起了西方原始社会的契约；但无论如何没有用自由来换取政府公益的协议，且没有强调人民全体选举执政者。③

从文本语义、话语比重、历史背景、思想体系、学说特征、契约论原理等诸多方面进行比较之后，民国以来持怀疑或反对意见的学者越来越多，均旨在阐明“尚同”说的神权、君权特质，从而揭示其与西方民约论的本质差异。

三、尚同说非民约论

（一）“尚同”论之语义分析

《墨子·尚同》有上中下三篇：

古者民始生未有刑政之时，盖其语“人异义”。是以一人则一义，二人则二义，十人则十义，……天下之乱，若禽兽然。夫明乎天下之所以乱者，生于无政长。是故选天下之贤可者，立以为天子。（《墨子·尚同上》）

明乎民之无正长以一同天下之义，而天下乱也，是故选择天下贤良圣知辨慧之人，立以为天子，使从事乎一同天下之义。（《墨

① 刘泽华、葛荃编：《中国古代政治思想史》，南开大学出版社 2001 年版，第 145 页。
② 李泽厚：《新版中国古代思想史论》，天津社会科学院出版社 2003 年版，第 55 页。
③ 〔英〕葛瑞汉：《论道者：中国古代哲学论辩》，张海晏译，中国社会科学出版社 2003 年版，第 58 页。

子·尚同中》）

是故天下之欲同一天下之义也，是故选择贤者立为天子。天子以其知力为未足独治天下，是以选择其次立为三公。三公又为其知力为未足独左右天子也，是以分国建诸侯。诸侯又以其知力为未足独治其四境之内也，是以选择其次立为卿之宰。卿之宰又以其知力为未足独左右其君也，是以选择其次立而为乡长家君。（《墨子·尚同下》）

"天选"与"民选"两说之争点在于对《尚同》中"选"之主语的厘定与理解。由于三篇版本大同小异，且《尚同上》与《尚同中》两句均无主语，主语应该是"天"还是"民"（或"天下"）就成为争论的前提。

既然上、中两篇均未明主语，那么对主语的判断往往有立场预设，这难免导致一种主观臆断：对"尚同"思想的不同领悟，造成对主语的判断有所分歧。笔者拟从几个方面对语义逻辑作进一步厘清：

（1）"欲"的主语："天下"与"天"

《尚同下》言"是故天下之欲同天下之义"，如此看来，主语应该是"天下"。然而，孙诒让认为第一个"下"字是衍文，应改为"是故天之欲同天下之义"，并以先儒毕沅"《文选》注引作'古者同天之义'"的观点为佐证。由于孙氏《墨子间诂》一向被公认为《墨子》的权威注本，因此"天选君主"便成了对墨家政治思想的基本认识。考察后来的其他注解，曹耀湘的《墨子笺》、张纯一的《墨子集解》均沿袭孙诒让的见解，删去"下"字。[①] 陈顾远则认为天选说不通，墨子此处是讲民选问题，从而此处不存在衍文。[②] 还有一种新诂，即"是故天下"之后有"之人"两字脱文，应该是"是故天下之人欲同一天下之义"，或曰"天下"本可理解为"天下人"。[③] 于是，根据这三种意见，"天""天下""天下之人"均有可能作为主语，如若无其他确证，则遵从原文，不随意视"下"字为衍文，当属相对严谨的判断。不过，"天下之欲同天下之义"虽未必直接突出"天选"，但是否就可证成"民选"，仍有待商榷。

（2）"选"的主语："天子""三公""诸侯""卿之宰"

梁启超所说"以全体理论推之，殆一出于选举也"，预设前提是墨子

① 王焕镳认为"墨子以天治天子，为其学说之要义"，故亦赞同前人注解。参见王焕镳：《墨子集诂》，上海古籍出版社 2005 年版，第 276 页。

② 参见陈顾远：《墨子政治哲学》，泰东图书局 1923 年版，第 42 ~ 43 页。

③ 陈雪良：《墨子答客问》，上海人民出版社 1997 年版，第 198 页。

言“新社会组织法”之时对从天子到家长的“选”是同一主体。言下之意，这一“同一主体”为“人民”更为合逻辑，因而才有日后《墨子学案》“自然是人民”的说法。

可见，从天子到家长的“选”是同一主体，这是梁氏之说的前提。不过，注意《尚同下》之行文，“天子”“三公”“诸侯”“卿之宰”分别是每一句的主语，相应地，“三公”“诸侯”“卿之宰”“乡长、家君”由谁选，便一目了然。正如郭沫若所批判，梁氏完全不顾分句主语的层层递进，将“选”的主语整齐划一为“民”，显失其义。进而，仔细考察各句主语，应得出主语由上级往下级递降的规律，“各下一级的政长都是由其上一级‘选择’决定的”[①]。那么，正如同“三公”由“天子”选择，“天子”由“天”选择！至于这个“天”是否有回归于“民”或“天下之人”的路数，则属更进一步的问题。

可见，梁氏欲以西方民约论比附墨子“尚同”，在语义分析上显然暴露不周之处。“公卿诸侯乡长里长家君”等各级统治成员“殆一出于选举者也”的说法违背原文的逻辑。自天子以下直至“乡长、家君”都是自上而下地由上一级统治者层层选择，而绝无选举之意。沿此规律，至少在基本文义上，天子应由作为其上级的“天”来“选立”。

（3）《尚贤》《天志》诸篇的佐证

《墨子》一书有关“天子”起源的表述不止见于《尚同》，这早已为郭沫若所察觉并运用。以郭氏之归纳整理为基础，可将其他篇章有关选立政长的表述胪列于下：

> 古者上帝鬼神之建设国都，立正长也。（《墨子·尚同中》）
>
> 昔之圣王禹汤文武，兼爱天下之百姓，率以尊天事鬼，其利人多，故天福之，使立为天子，天下诸侯皆宾事之。（《墨子·法仪》）
>
> 然则富贵为贤以得其赏者，谁也？曰：若昔者三代圣王尧舜禹汤文武者是也。所以得其赏何也？曰：其为政乎天下也，兼而爱之，从而利之，又率天下之万民以尚尊天事鬼，爱利万民，是故天鬼赏之，立为天子，以为民父母。（《墨子·尚贤中》）
>
> 三代圣王禹汤文武……其事上尊天，中事鬼神，下爱人。故天意曰：此之我所爱，兼而爱之；我所利，兼而利之……故使贵为天子，富有天下，业万世子孙。（《墨子·天志上》）

---

① 杨俊光：《墨子新论》，江苏教育出版社1992年版，第71页。

> 吾所以知天之爱民之厚者有矣，曰……为王公侯伯，使之赏贤而罚暴。(《墨子·天志中》)

以上散见于《墨子》各篇的有关选立天子的表述，主语分别为“上帝鬼神”“天”“天鬼”“天意”“天”。由此郭沫若断言：“墨子是一位极端的神权论者，他的‘天志’是他的法仪规矩。”[①]

毋庸讳言，这是《墨子》书主天子政长由天（鬼）选立的重要证据，一再提到的“天意”“天选”，如若《尚同》主张天子政长应由民选，能否相容？方授楚认为，可能是前后期的不同主张，侯外庐坚持“择则取兼”之重要印证，或许“天选”“民选”兼容可能无非“天听自我民听”之逻辑。徐希燕则提出一种“民选＋王选”的选举制解说。[②] 惜乎综观其论述，并无民选成分，大抵为众臣推举、众望所归之类。而即便墨家钜子遵循禅让制而非世袭制，决定权也仍是钜子意志，所以该说重点并不在于“民选”。

（4）《墨经》中“臣萌通约”与“以若名者”释诂

梁启超以民约论比附尚同说，不仅在《子墨子学说》《先秦政治思想史》《墨子学案》中提及《尚同》义理，尚有一重要论据，即其《墨经校释》对《墨经》两句话的解释：

> 君：臣萌（同氓）[③] 通约也。(《墨子·经上》)
> 君：以若名者也。(《墨子·经说上》)

孙诒让断句为“君、臣、萌，通约也”，解释为“尊卑上下等差不一，通而约之，不过此三名”。然而，梁启超在《墨经校释》中说，“通约”为共同约定，“若”是“约”的意思，以佐证墨家主民约论之观点。主张王选“通约”即“共同约定”。故“君，臣萌通约也”意为“天子、国君是由臣民共同约定而立的”。[④]

---

① 郭沫若：《青铜时代·墨子的思想》，载《郭沫若全集》（历史编第一卷），人民出版社1982年版，第468页。

② 参见徐希燕：《墨学研究：墨子学说的现代诠释》，商务印书馆2001年版，第113～118页。

③ 至于“萌”的释义，姜宝昌认为：“萌同音假借为氓，氓又通民。”姜宝昌：《墨经训释》，齐鲁书社1993年版，第55页。《说文》云：“氓，民也。”又云：“民，众萌也。”故“萌”当为“民”无疑。

④ 参见徐希燕：《墨学研究：墨子学说的现代诠释》，商务印书馆2001年版，第114、115页。

郭沫若认为“通者统也，约者束也”，就是臣民统束；“君以若名”与其说“若疑当作约”，毋宁说“若疑当作君”，进而举出《说文》的“君读若威”、《墨子·明鬼下》的“敬君以取羊（祥）”两个旁证，并认为“君以威名者也”合乎墨子思想的实际。①

其实就“臣萌通约”一句，不仅“通约”的含义有分歧，“萌”的解释也有分歧。毕沅注：“此释《经上》‘君、臣，名通约也’。名，《经上》作‘萌’，误。”孙诒让则曰：“《经》云‘萌’，即氓字，不误。此言君之名，对臣民而立，故云‘以若名’。若，即指臣民也，毕说非。”② 而就“以若名者”一句，亦可见梁启超与郭沫若均对“若”另行解释，而不同于孙诒让所释“若”之本义。

除了以上两种大相径庭的解释之外，詹剑峰把关于“通约”的两种解释统一起来，并将“若”解释为“顺”：

> 《经上》说：“君，臣萌通约也。”（萌通氓）
> 《说》解释：“君：以若民者也。”（若，顺也）
> 约是约定，也是约束。一经约定，就有约束的力量。所以“君，臣民通约”者，就是臣氓相约立君以“一同天下之义”，而君则行“天下同一的大义”，发宪布令，以约束臣氓，臣氓必须遵守宪令，服从约束。《说》则阐明君之发宪布令以顺乎人民的愿望。《尚同中篇》也指出：“夫建国设都，乃作后王君公，……将以为万民兴利，除害，富贫，众寡（人口少，使之多），安危，治乱也。故古者圣王为政若此。”以证明“君，以顺民者也”。③

论者聚讼纷纭，而字的释义仍要参考《墨子》文本中的惯常用法，有必要详细考察这些争议关键词在《墨子》一书中的通常含义。

“通”字在《墨子》中出现的次数不少：

> 故古者圣王，唯而审以尚同，以为正长，是故上下情请为通。（《墨子·尚同中》）
> 汤奉桀众以克有，属诸侯于薄，荐章天命，通于四方，而天下

① 郭沫若：《青铜时代·墨子的思想》，载《郭沫若全集》（历史编第一卷），人民出版社1982年版，第468～469页。

② ［清］孙诒让：《墨子间诂》，中华书局2001年版，第339页。

③ 詹剑峰：《墨子的哲学与科学》，人民出版社1981年版，第70～71页。

诸侯莫敢不宾服，则此汤之所以诛桀也。

成帝之来，分主诸神，祀纣先王，通维四夷，而天下莫不宾。（《墨子·非攻下》）

行义可明乎民，谋虑可通乎君臣。（《墨子·非儒下》）

除“通维四夷”或有统治之意，“通”多为“通达”或“共同”之意。

“约”在《墨子》书中一般表示“节约”的意思，不见有“约定”或“约束”之义，在此不一一罗列。

“若”在《墨子·经上》有相似用例：“法，所若而然也。”毕沅、谭戒甫、高亨均释为“顺”；[①]“名”则要么为名义，要么如鲁大东以为“民”之讹，但都指明“君以顺民定名”之含义。若如此，则与詹剑峰对“君：以若民者也”的统合解释相通。

综上，对“通约”与“若”歧见颇多，虽亦不乏统合解释，但仍有模棱两可、似是而非之感。尤其是对“若”的解释，“不能保无夺佚，无法强解”（郭沫若语）。[②] 因此仅通过后学的《墨经》以求“达诂”，仍稍有欠缺。

（二）“尚同”论之逻辑辨正

《尚同》篇以墨子所描绘“古者民始生，未有正长之时”的初民社会形态为始：“是以一人则一义，……十人则十义，……是以人是其义，以非人之义，故交相非也。是以内者父子兄弟作怨恶，离散不能相和合。天下之百姓皆以水火毒药相亏害，……”一言蔽之即“天下之乱，若禽兽然”，与西方民约论者相比，尤其是霍布斯对原始状态之描述确若合符节。[③]

“十人十义”“交相非”之消极陈说为原始状态涂上灰暗的色彩，从而国家君王法律的产生就自然成为一种积极正面的文明诠释。观其逻辑，墨子在对人类社会原始状态的认识上，具体是在对社会道德伦理之“义”的判断上，只论其异不见其同，实际上“十人十义”这种理论假设的极端言说，可能掩藏异中有同的现实经验状况。因而，乍看起来，墨子所

---

① 参见谭戒甫：《墨辩发微》，中华书局 1987 年版，第 152 页。

② 郭沫若：《青铜时代·墨子的思想》，载《郭沫若全集》（历史编第一卷），人民出版社 1982 年版，第 469 页。

③ 霍布斯认为原始时代在没有国家之前，人们处在一种互相争斗的自然状态，犹如虎狼之间的争斗。参见〔英〕霍布斯：《利维坦》，黎思复、黎廷弼译，商务印书馆 1985 年版，第 92 ~ 97 页。

言“十人十义”凸显人们出于自身利益的情感冲突，而不利于直接呈现“一同天下之义”所需的理性化路径，以及在秩序原则及根本问题上达成共识的可能。

进而言之，若墨子秉持天子由“民选”的观点，则必然要承认在原始状态，天下人对“贤良、圣知、辨慧”的认识已有统一标准。那么在选择天子或政长之前，天下人已经在大是大非问题上实现天下同义，就没有墨学理论上选政长以“一同天下之义”的必要了。郭沫若便指出这一症结，“一万个人可以选出一万个政长”，是不可能“共明、共选、共立、共使”的。①因此，墨家在异同逻辑上似乎很难周全，既以极端消极的理论假设极言人类之差异“异中有同”，又要持“民选”这一颇费折衷调和的方案实现“一同天下之义”，如此一来，治墨者便不免指出“尚同”学说中存在这一显而易见的悖论。

或认为霍布斯式的民约论乃至一般民约论也存在这一“悖论”。原始状态下的人们在资源稀缺的情况下，出于保护自我的本能和生存的欲望陷入相互斗争的状态，又出于理性让渡自己的权利共同建立“利维坦”。虽西方哲学有关本能、欲望之言说不似墨家伦理上“义”的异同逻辑难题，而以政制层面上之“利维坦”淡化统一政治社会道德，但是所谓“共同遵守”的自然法②仍将掩盖其契约论中斗争状态的原始人原先违反自然法的事实。毕竟，如果墨子假设“十人十义”的目的是提出在主体上（“天”）具有超越性的“一同天下之义”，就非偏于从自体角度（“人”或“民”）来解决问题。

冯友兰试图用“后来的人”之叙述为墨子的“尚同论”圆说。③这是认为，民选之“民”并非原始状态之民，而只是在国家状态之后的一种选举制度。究其意，即其民约论旨在对“后来的人”的意愿有所影响，而非特为“之前的人”的转变做出解释。然而，民约论之“民”可否抽离该理论模式及原始状态的特定语境，视为经验性的已成国家政制格局下“后来的人”，“初民”与“后来的人”关系如何，颇有疑义。不过，依循这一前一后的变化逻辑，某种“由异而同”的阐释方式已呼之欲出。

在此，应体察依循墨家义利论之显著思路，“十人十义”的差异性表述可能只是一种情境化的利益冲突，以之描绘影射人类社会广泛的矛盾斗争与相互侵夺。“一同天下之义”的可能出路，乃因墨子认为，人们能

① 参见郭沫若：《读梁任公〈墨子新社会之组织法〉》，《创造周报》第7号，1923年。

② 霍布斯罗列了若干自然法并总结为“己所欲，施于人”，却与所描述之斗争原始状态人们“己所欲，不施于人”的行为有截然反差。

③ 参见冯友兰：《中国哲学史新编》（上卷），人民出版社1998年版，第234页。

在"十人十义"的现实纷争情态中共同发现可以达成基本共识的原则。即便曾经"若禽兽然"，但人类社会总有异于动物丛林世界斗争状态的品性，从而将追求一个和平尚同的理性世界。设想原始状态中，人们尽管以残酷的复仇体现那种矛盾斗争的关系，却仍可能最终达成化解纷争停止复仇的共识，那就是苦于无序与不安而寻求约定、规则的出路。究其逻辑原理，《墨子·经上》正有一语揭明奥义："同，异而俱之于一也。"《大取》又云："有其异也，为其同也，为其同也异。"正如陈孟麟所解："'同'是离不开'异'的，离开异，无所谓同。所以，'异'存在于'同'之中，'异'是'同'的规定性，反之亦然，同异对立是相对的、双向的和灵活的。"[①] 申言之，人类之所以能形成社会共同体，就在于有这样一个摆脱丛林法则、建立理性规则、由异而同从而"一同天下之义"的过程，拯救或维系社会共同体也不外乎一个求同存异、合同共处的机理。如此，则从"十人十义"之"异"的逻辑，到"一同天下之义"之"同"的逻辑，隐含墨子及其后学建言立说、感化世人的苦心孤诣。诚然，"由异到同"的逻辑可能理顺，甚至还能呈现墨家对人类社会与法制起源的理性认识。但是，民选君主之说仍难以从中清晰反映。相反，不管学说思想还是历史事实，君或贤人的横空出世，反而是促成这种"由异到同"的关键。[②]

综上，既然墨子做出原始状态下"十人十义"的理论预设，就显露凭恃超越性的"天"之绝对权威与"天下公义"的公共价值，从而实现"一同天下之义"之意旨，"民约"也仅在共识之社会规范的意义上得到微弱呈现，而非旨在破天荒地创造"民选君主"这一多有疑义的政制设计。

（三）"尚同"论之历史考察

"民选君主"不仅在理论逻辑上有疑义，在历史事实上也缺依据。若立足于墨家所倡"公义"诠释"尚同"所显露的公共选择与秩序价值，不

---

① 陈孟麟：《〈墨辩〉在哲学社会科学领域对墨子思想的突破》，载张知寒主编：《墨子研究论丛》（二），山东大学出版社 1993 年版，第 96 页。

② 据《金史》记载，早期完颜部族交恶哄斗而萌生回归和平之愿，在始祖完颜函普引导下立约、建法、奉君的过程，堪称后世正史中关于这一逻辑的典型体现。《金史》卷一《世纪》："始祖至完颜部，居久之，其部人尝杀它族之人，由是两族交恶，哄斗不能解。完颜部人谓始祖曰：'若能为部人解此怨，使两族不相杀，部有贤女，年六十而未嫁，当以相配，仍为同部。'始祖曰：'诺。'乃自往谕之曰：'杀一人而斗不解，损伤益多。曷若止诛首乱者一人，部内以物纳偿汝，可以无斗，而且获利焉。'怨家从之。乃为约曰：'凡有杀伤人者，征其家人口一、马十偶、牸牛十、黄金六两，与所杀伤之家，即两解，不得私斗。'曰：'谨如约。'女直之俗，杀人偿马牛三十，自此始。既备偿如约，部众信服之，谢以青牛一，并许归六十之妇。"

乏广厚的空间。至于“尚同”与具象化“民选”之间不啻天渊，根本原因还在于，类似民约民选的思想在先秦时代缺乏历史渊源和现实土壤。

一方面，就传统政治思想而言，不论是在墨子生活的时代以前，还是在墨子时代之后直至近代，中国传统政治思想上的“君权神授”始终是王权国家意识形态之大本大宗。追溯殷商时代，王朝的君主即为相对于上帝的人间君王，其权力来源于天即上帝的授予。① 殷周鼎革之际，周初统治者用“以德配天”饰言政治合法性，仍不逃君权源于天授之言说，如“天命靡常”“惟德是辅”(《诗·大雅·文王》《尚书·周书·蔡仲之命》)、“皇天上帝，改厥元子”(《尚书·周书·召诰》)。而在春秋战国时期，从“天生民而立之君”(《左传·襄公十四年》)之类言论，至儒家孟子叙述《尚书》“天视自我民视，天听自我民听”之语，不仅作为一种形式上口口相传的政治俗语，更在实质上成为传统政法文化中的牢固观念。刘家和指出：“中国古代的民本思想是少不了一个‘天’来起调剂作用的。”② 其间墨家亦如是，在“尚同于天子”所强调的君权与“兼爱天下”所弘扬的民权之间，天志起到某种调摄作用，试图让集权尚同避免沦为暴政，使爱民尚贤不至流于无君。至汉代独尊儒术的前夕，董仲舒的《天人三策》完全将“君权神授”之说注入儒家学说体系，或认为与墨家天志明鬼观有一定联系，更是基于一般观念与现实土壤之必然，亦从此成为政治意识形态化的新儒学之政论核心。

另一方面，历史上之中国从未有过民选君主之事实，而墨家本身所涉及的禅让制传说、钜子制运转也将推翻民选之说。一方面，即便假设以血缘为纽带的氏族公社时代有过“民选”首长的历史，然所谓的氏族首领、酋长或族长在性质上仍不同于有显著政治学意义的国家君主。另一方面，墨子取法大禹、遥宗圣王，曾对三代的禅让制推崇备至。《墨子·尚贤上》云：“故古者尧举舜于服泽之阳，授之政，天下平；禹举益于阴方之中，授之政，九州成；汤举伊尹于庖厨之中，授之政，其谋得。”不管历史事实是否如此，在墨子理念中，上古圣王非民选而是禅让。这种退位让贤的做法或许是墨子尚贤思想的源泉。反观民选君主的思想，以及王桐龄所谓近乎现代共和政治的情形，在墨子时代乃至更为久远的上古时代均无事实基础。何况，观诸规模远小于邦国、或许更具选举条件的墨家集团本身，墨子之后的墨家学派首领号称“钜子”，其传位之规则可能与“禅让制”

---

① 《尚书·西伯戡黎》：“天子，天既讫我殷命，格人元龟，罔敢知吉。非先王不相我后人，惟王淫戏用自绝。故天弃我，不有康食。不虞天性，不迪率典。今我民罔弗欲丧，曰：‘天曷不降威？大命不挚？’今王其如台。”“王曰：‘呜呼！我生不有命在天？’”

② 刘家和：《〈左传〉中的人本思想与民本思想》，《历史研究》1995 年第 6 期。

传说有关，有如“佛教的衣钵相传”[1]，而不见经由所有墨徒共同选举产生之记载。《吕氏春秋·离俗览·上德》载墨家“钜子”孟胜传位于田襄子之事：“田襄子，贤者也。……因使二人传钜子于田襄子。”可见，即使在躬行其义的墨家内部组织形式上，只见钜子指定继任者之规矩与事实，而搜寻不到民主理念与民选实践的蛛丝马迹。

四、神权色彩与专制主义

墨子尚同论是否为“民选”之制已如前述，而是否是专制主义，历来有两种看法。有不少论者认为“尚同”并非专制。

詹剑峰从“尚同”含义出发，认为尚同本于“上下通情”，尽管有独裁的意味，结论却是：

> 尚同不是君主专制，而是反对儒家以礼治国，并倡以法治国，天志是制裁王公大人的武器，是站在庶民阶级立场上说话。[2]

萧公权则在政治集权专制的程度上区分墨法两家：

> 墨子虽重视政治制裁，然并不似法家诸子之倾向于君主专制。简言之，墨家尚同实一变相之民享政治论。盖君长之所以能治民，由其能坚持公利之目标，以为尚同之准绳。若君长不克尽此基本之责任，则失其所以为君长而无以治。[3]

侯外庐更进一步视墨学为超越已然政治理念的学说存在，竭力为之辩解：

> 有人怀疑墨子的政治论是开创专制主义的先声，这是误解。他的“一同天下之义”的理想，和等级的封建专制主义不相适合，毋宁说指一同于墨子的宗教观。因为墨子并没有把一般的天子规定为可效法的，而只假定一个被人民所选择的天子才可以效法，这一个天子又是墨子的主张之执行者。[4]

---

① 参见龚维英：《墨家巨子授受情况钩沉》，《东岳论丛》1987 年第 3 期。

② 詹剑峰：《墨子的哲学与科学》，人民出版社 1981 年版，第 72 ~ 73 页、76 页。

③ 萧公权：《中国政治思想史》，新星出版社 2005 年版，第 92 页。

④ 侯外庐、赵纪彬、杜国庠：《中国思想通史》（第一卷），人民出版社 1957 年版，第 214 页。

“尚同”即专制集权的观点也屡见不鲜。梁启超一方面坚持墨子学说与民约论相类，另一方面却也承认墨子学说引向专制的倾向：“彼盖主张绝对的干涉政治，非惟不许人民行动言论之自由，乃并其意念之自由而干涉之，夫至人人皆以上之所是非为是非。”① 从而，梁启超不由感叹“此墨家最奇特之结论也”，墨子是“‘叫人民都跟著皇帝走’也。就此点论，与霍布士辈所说，真乃不谋而合。霍氏既发明民约原理，却以为既成国以后，人人便将固有之自由权抛弃，全听君主指挥。后此卢梭派之新民约论，所批评修正者即在此点。墨家却纯属霍氏一流论调，而意态之横厉又过之”。② 就墨家政治思想的整体精神而言，梁氏认为，“其政治论建设于绝对的平等理想之上，而自由则绝不承认，结果成为教会政治。吾名之曰‘新天治主义’（对三代前之旧天治主义而言）”。③

何炳棣既认为墨子学说与民约论无关，也认为将导向一人专制的政制：

> （墨子）深深了解金字塔式制度的崩溃和一元化政治机制的建立的必然趋势，于是提出自己的“尚同”与“尚贤”的理论系统。……天子一定是贤明的，因为他是最高神“天”参照人民的意愿而选派到人间的最高统治者。但这绝不是卢梭《社约论》式的政原论，因为人民既无知，也从未曾被征询过他们的意见，所以根本谈不到天和天子与人民间的“契约”关系。最后分析起来，这种政制是一人专制，意识上是墨子一人专制。历史演变的结果是秦始皇一人的专制。④

毋庸讳言，墨子的学说具有宗教的本色，其所言天不是形体的天，也不是理，更不是抽象的道，而是有位格的主宰之天，从而与上古神权观紧密相连。天子正是天与众生之间的纽带，尽管天的赏罚是天志的核心内容，却仍在神权话语中指向天子的赏罚，而成为神道设教的思想方案。这一方面似乎表明墨子之“天志”具有超越实在法度而类似自然法则的意味，然而另一方面，其主宰万物的天，越是集权于一体的人格神，则天子

---

① 参见梁启超：《先秦政治思想史》，天津古籍出版社 2004 年版，第 152 ~ 153 页。

② 梁氏既已阐明墨子之“尚同”由心的角度出发，则墨子与霍布斯之异不在于君主专制的程度问题。墨子言尚同于天，而霍布斯所言经由契约而有“利维坦”，其特征一方面是权利让渡，另一方面也是其独特于其他社会契约论者的“利维坦”式暴力决定。参见梁启超：《先秦政治思想史》，天津古籍出版社 2004 年版，第 153 页。

③ 梁启超：《先秦政治思想史》，天津古籍出版社 2004 年版，第 79 页。

④ 何炳棣：《读史阅世六十年》，广西师范大学出版社 2009 年版，第 479 页。

越是专制集权的君主。墨家熔“天志”与“尚同”于一炉，正显现政教权能之接榫与统合。

墨子的“尚同”论在后学中有两种发展体现路径：一是淬炼于《墨经》之“臣萌通约”界说，二是专制集权的墨家组织样态。前者为墨辩学者发展而成，可能带有“共同契约”的含义，当然也存在“别墨”异释的可能，凝汇着墨学对人类求“同”路径及其政制理念的思索，却又不免因过于追求强调政治一元、依从大一统态势而坐实于专制之“同”。后者则可以从墨家辗转诸国、游走江湖的钜子制度中得以印证，且“上之所是必亦是之，上之所非必亦非之”（《墨子·尚同中》）的墨家理念经由注入汇合于秦政的方式被转化利用。不像儒家与法家，墨家集团内部有严密组织，号称“钜子”的首领几如君王。纯以墨家尚同论为宗旨建立的政权创设制度，虽由于墨学的衰微而无法实现。然而，从墨家集团的组织形式至少可略窥一斑：毕竟常处军旅，讲究绝对服从，墨家学派内部组织森严，钜子位高权重，很可能正是“钜子所是必是之，钜子所非必非之”的准则，成为墨家集团的“尚同”之实。钱永生认为：“墨家学派的建立和巨大影响，来自于墨子的权威，或者可以说，墨家的组织法就是一种‘威权主义’。……由于墨家学派对于权威的过分依赖，墨家学派的分化成为难以逆转的解体和沉沦。”[①] 这不必为墨子殁后旋即发生，或许也是一个渐进的过程，毕竟庄子仍言：“以巨子为圣人，皆愿为之尸，冀得为其后世。”（《庄子·天下》）除墨子对徒众的绝对权，禽滑厘求教于墨子一拜再拜的卑微依附姿态，后来钜子孟胜为阳城君守国，弟子死者百八十三人（《吕氏春秋·离俗览·上德》），钜子腹䵍以墨者之法对抗秦国君权法意而操生杀大权（《吕氏春秋·孟春纪·去私》）等事例，也都生动反映墨家团体的身份依附与集权统治色彩。当然，墨家钜子抑或其理想天子仍有其异于现实君王的品格与角色，即如荀子所谓“虽藏获不肯与天子易埶业”。（《荀子·王霸》）

综上所述，不管“一同天下之义”“通约”等思想主张及字样语词与理性让渡、社会契约有几分近似，墨子“尚同”论与西方民约论仍有本质差异，实难会通。一方面，墨家详于“爱”“义”之阐弘，深富平等人权义涵，却疏于维系权益与平等关系的规则制度构建，西方民约论似更长于“自然法”之析分具象以探究社会正义与法制秩序的完成。墨子虽有道德

---

① 钱永生：《简论墨家的分化及其意义》，载邵长婕主编：《墨子研究论丛》（十一），齐鲁书社 2016 年版，第 372 页。

伦理、政治理想的“一同天下之义”宏图，但缺乏一般民约论关于政制模式与权能分配的区分辨析或详密叙述。另一方面，墨子尚同说终趋于专制集权国家理论，个中精髓已为法家所吸收并发挥至极。而诸多治墨者所言的民约论倡导者，尤其是洛克、卢梭的启蒙思潮于抗争旧秩序、点燃革命烽火，乃至塑造现代西方文明方面所展现的自由平等品格，实非君权时代墨子为民请命的平等关怀，亦非仅呈一元思维之“尚同”话语所能企及。故而对于梁启超这一广受遵循的治墨要论，不仅需要正本清源的文义辨证，或许还应从根本上反思这一政论比附的缘由及症结。退一步讲，即使沿袭梁启超之文义释诂，墨子尚同论与西方民约论仍貌合神离。

墨子既于超越意义上以人格神作为一种超出自身庸俗经验范围的精神信仰，又在政治上诉诸集权专制、政教合一的现实秩序与统治格局。同时，墨子的尚同不仅是政治层面之天子秩序大一统，还是伦理层面之义利思想大一统，即如“总方略，齐言行，壹统类”（《荀子·非十二子》），又合“车同轨，书同文，行同伦”（《礼记·中庸》）。这昭示着一种高度或然性，即在墨家尚同所描绘或期待的世界里，人们鲜有思想言论自由的显现，亦罕见一般个体性格张扬之现象及场景，而应达到“尚同于天”“同于其上”的强制准则，从而在政治上所企求的专制集权图景不难想见。对此，李石岑结合“墨”之特定内涵与墨家思想本质的评述不乏启示：“墨家的墨，即是绳墨的墨。……所谓墨，是因为他的绳墨精巧过人，遂有墨者之称，人遂以墨子呼之。……一般人的眼光或习惯，对于一件东西的长广高，都是随意估计，若工程师便不然，他马上便要拿出他的绳墨精密测量，……墨子便是这样的一个人。所以他的全般思想，都站在尚同说的观点上面，站在齐一主义的立场上面。……从尚同出发，走上封建道德统治，走上有神论，走上形式论理，是极其自然的。”[①] 概言之，墨家伦理观上呈一元化的“义”、社会观上具有乌托邦色彩的大同观念、宗教观上拥有绝对权威的人格神与政治观上的尚同思想，均与随之而来的君王政治之集权专制理念有吻合之处。[②]

① 李石岑：《中国哲学十讲》，广西师范大学出版社 2010 年版，第 64 ～ 66 页。该书还论述墨学以尚同说为根本思想，第 73 ～ 75 页。

② 秦彦士比较墨子与亚里士多德政治观后得出结论：“以亚里士多德为代表的西方政治学的前提和基础是其经济特征决定的契约论……亚里士多德才提出了他明确的法制主张，这与农耕自然经济基础上的君主集权论显示出巨大的差异。”参见秦彦士:《墨子考论》，巴蜀书社 2002 年版，第 293 页。

第二节　节用贵俭：经济制度与社会公平[1]

墨子学于儒门，而后独辟门户，自创墨学之缘由，据《淮南子·要略》云："以为其礼烦扰而不说，厚葬靡财而贫民，〔久〕服伤生而害事。"可见，"节用""节葬"理论作为墨子背离儒门之初衷，于墨学之形成堪称首义。此后，《庄子·天下》论墨，首言"节用""非乐"；《荀子·非十二子》批墨，斥之"上功用""大俭约""僈差等"。《吕氏春秋·审分览·不二》赞其"贵廉"；《韩非子·显学》讲其"节俭""节葬"；《淮南子·要略》谓其兴民利，故"节财""薄葬"；《史记·太史公自序》称其"强本节用，则人给家足之道也。此墨子之所长，虽百家弗能废也"。《汉书·艺文志》亦云"贵俭"。[2]

古人言墨，非"兼"即"俭"。如果说"兼爱"为墨学之本，则"贵俭"为墨学留给它派及史家之直观印象。贵俭节用似有道术大小之分，小者为经济治术，大者为立国之道。从《墨子·鲁问》来看，节用贵俭乃针对疲弱之国的专门药方、经济治术，"国家贫，则语之节用、节葬；国家憙音湛湎，则语之非乐、非命"；然以《墨子·辞过》视之，节用贵俭不止于救贫扶弱之道，乃关乎国家兴亡，蔚为立国之道，即所谓"俭节则昌，淫佚则亡"。

与儒家礼乐精神相左，墨学体系中贯穿一种批判繁文缛节、重归社会公平的旨趣。墨家"贵俭"的品格体现于"节用""节葬""非乐"诸论，往往被弘扬者简单理解为一种社会资源可持续发展的观点，亦常常被批判者目为一种反对文化艺术与精神文明的原始粗鄙观念。其实，"节用"诸论乃"兼爱"根本精神于社会制度之观照，具有一种关乎人类社会公平分配与良性发展的宏旨。墨子"节用"固有其特定的历史语境，是反对王公大人奢侈浪费的时代强音。主张将有限的财富、紧缺的资源转移到社会民生层面，具有平等化倾向而符合人民大众的利益，对社会稳定与经济发展富有积极意义。吴毓江曰："昔人论墨家者，多误解节用之义，仅举其去无用之消极一面，而遗其尚加用之积极一面。大圣宏规，晦霾千古，滋可慨已。"[3]

其更深刻之普世意义在于，节用贵俭是一种调处生产与消费矛盾、统合道德与经济的伦理规范，也是一种培养社会公众恪守躬行以使个体、社

---

① 该节初稿《墨家"节用"之法新诠》发表于《原道》2017 年第 1 期。
② 参见郑杰文：《社会治理构想中的"儒墨相用"及其启示》，《管子学刊》2008 年第 3 期。
③ 吴毓江：《墨子校注·附录四·墨学之真谛》，中华书局 1993 年版，第 1096 页。

会、国家共同达致和谐理想的德性。它厘清、启示在文明时代的政治社会中如何审思基本物品与衍生功能、物质需求与精神文化、基本权利与等级特权、公平分配与社会互助的关系，为文明社会的基本资源分配勾勒大致轮廓，蕴含一种永恒的政治德性与普世的制度理念。①

一、基本属性与实用原则

《节用》篇开宗明义，展现古者圣王节用之法：“是故古者圣王制为节用之法曰：‘凡天下群百工，轮、车、鞼、匏、陶、冶、梓、匠，使各从事其所能’，曰：‘凡足以奉给民用，则止。’诸加费不加于民利者，圣王弗为。”(《墨子·节用中》)

遵循圣王节用之法度，墨子要求王公大人“节于身，诲于民”(《墨子·辞过》)。从节约资源、满足民利出发，节用贵俭、以身示范、教诲民众，全面推行节用治国之道，形成良好的社会风气，富国利民。同时，墨子对下层民众也提出同样要求，倡导社会“节用、节葬”之风。节用非惟口号，而是详备其法。围绕节用主张，墨子举凡之事物规范与圣王之法，涵盖饮食、衣服、宫室、剑甲、舟车、倍人、丧葬等多个方面：

【饮食之法】足以充虚继气，强股肱，耳目聪明，则止。不极五味之调、芬香之和，不致远国珍怪异物。(《节用中》)

【衣服之法】冬服绀緅之衣，轻且暖；夏服絺绤之衣，轻且凊，则止。(《节用中》)

【宫室之法】室高足以辟润湿，边足以圉风寒，上足以待雪霜雨露，宫墙之高足以别男女之礼。(《辞过》)

【剑甲之法】古者圣人为猛禽狡兽暴人害民，于是教民以兵行，日带剑，为刺则入，击则断，旁击而不折，此剑之利也。甲为衣则轻且利，动则兵且从，此甲之利也。(《节用中》)

【舟车之法】车为服重致远，乘之则安，引之则利，安以不伤人，利以速至，此车之利也。古者圣王为大川广谷之不可济，于是

---

① 已有学者较为全面地梳理了民国以来墨家节用思想的研究，将之分为理论、现实、经济、政治、理想五大认知体系，分别对应科学发展、适度消费、节约经济、政治福祉、和平发展五方面的现代价值。进而指出，节用依托墨子政治经济学的普遍原则、特殊方式、主体力量、希望目标和可靠手段，应依循消费、生产、劳动力、分工、时间、人口、分配七个原则及其排序进行现代转化。参见赵保佑、袁永飞：《墨子节用思想价值的现代诠释》，载邵长婕主编：《墨子研究论丛》（十一），齐鲁书社 2016 年版，第 219 ~ 221 页、224 页。

利（制）为舟楫，足以将之则止。虽上者三公诸侯至，舟楫不易，津人不饰，此舟之利也。(《节用中》)

【倍人之法】丈夫年二十，毋敢不处家。女子年十五，毋敢不事人。(《节用上》)

【丧葬之法】衣三领，足以朽肉，棺三寸，足以朽骸，堀穴深不通于泉，流不发泄，则止。死者既葬，生者毋久丧用哀。(《节用中》)

从上述引文可以看出，墨子谈圣王之法，主贵俭节用，专言最基本的生活应用，大人好聚之“珠玉、鸟兽、犬马”则被置于基本物质需要的对立面。在这一意义上，“节用”即“归本”，拢合世间万象至于最基本层面，衍生的功能属性与附加的价值追求都被搁置否弃。析言之，起源在一定程度上意味着本质，依循追溯事物历史起源与发明功能的叙述逻辑，墨子揭明事物之利、探寻圣王之法的言辞始终蕴含一种探求事物本质的哲理，强调应遵循物品的基本属性与功能加以认识、运用，亦应遵循基本限度标准与实利原则调整关系，规范事务。对于这些用品或事务，“圣王之法”对人们日常用品与基本事务的陈说，都不超出满足基本需求、维系生存、符合人道的意义。虽然后期墨家认识到物品价格不在物品本身，而于市场价格理论有所意识，但是墨家洞识物品稀缺性之外还有其他因素，特别强调“欲不欲”，既可解释为买卖双方的交易需求，也指明市场主体欲望的关键意义。① 墨家“节用”始终以回归事物本质，抹除过度附加价值，劝导世人瞧破那些缠绕人欲的过度消费迷雾。②

在墨子看来，任何时代治理国家与淳化世风的路径，都应回归各种特定事物已然设定的相应行为规范，而不是相反地去附载制造更为复杂化的需求、功能与规范。“夫妇节而天地和，风雨节而五谷孰（熟），衣服节而肌肤和”(《墨子·辞过》)，“节”是天地自然与社会人事的普遍道理，回归本质本身就具有正当性。

而现实的普遍情况是，人们对生活基本物品的认识与使用往往存在虚

---

① 《墨子·经下》曰：“贾宜则雠（售），说在尽。”《经说》释曰：“贾尽也者，尽去其〔所〕以不雠（售）也。其所以不雠（售）去，则雠（售）。缶（正）贾也宜不宜，缶（正）欲不欲。若败邦鬻室，嫁子无子。”支伟成释曰：“价值之宜不宜，不存乎所售之物本身，而存乎售者之欲与不欲。此价值之原理也。”支伟成：《墨子综释》，泰东图书局 1925 年版，第 21 页。另外，后期墨家还解释了价格与货币的关系原理，即《经下》曰：“买无贵，说在仮其贾。”

② 最典型者盖如今日全世界之钻石消费。

假需求膨胀的情形。在当时文明演进的情态中，许多人尤其是王公贵族在繁复礼制习染中激起的各种欲求，对奢侈品的追逐远远超过其原有的基本属性与应有功能。人类文明中这种普遍的过度消费或消费异化现象，源于对事物认识的严重扭曲。有鉴于此，墨子倡导节俭消费的宣言，注重实用祛除华美的准则，无不蕴含着回归事物基本属性的思路。因此，墨子在界定衣、食、住、行、用等最基本用品之余，提出"凡其为此物也，无不加用而为者"(《墨子·节用上》)，即要求人们对事物的生产、认识、使用，都应当依循该"物"内在的基本属性与功能。司马谈称道墨子"强本节用"，又指出"俭而难遵""不可遍循"之症结，实则毋宁承认人类历史的堕落与现实普遍的人欲弱点。①

依照事物本质属性与基本功能加以认识与运用，就自然形成人们对事物的使用方法与消费规范。以事物基本属性与功能检验既有的消费现象，就会发现诸多行为与习惯完全缺乏正当性。回归事物的基本属性与功能重塑消费的行为规范，才符合消费的道德伦理。这是墨子对"经济人"与"道德人"之全面人格的追求，"为经济与伦理的结合揭开了共生点"。②诸如此类的行为规范，遍及文明生活方方面面，尽为回归事物之"实"，优化事物之"用"，即实用原则。因而，即便分别关乎人之生死的"倍人之法"与"丧葬之法"，在墨子看来亦仍应以制度手段实现生殖资源的最大化与后事成本的最小化。提升到治国治民的层面，便是开篇"诸加费不加于民利者，圣王弗为"(《墨子·节用中》)这一归旨公共利益的节用总纲。

于是，墨子节用贵俭之道对圣王之法与事物本质的回归，实乃一种以实用原则推行社会变革的诉求。有观于人们以黑为白、熟视无睹的习惯秉性，墨子指出既存事实可能存在的不合理性。例如在"节葬"问题上，对于厚葬久丧的普遍行为与社会风俗，"此所谓便其习而义其俗者也"，践行主体因路径依赖而遮蔽义利考量。而墨子对该问题有文化人类学之分析视角，他列举一些明显非人道的丧葬习俗，从而阐明，某些为地方或族群接受认可践行的习俗规范并不见得符合人们利益，更不必然正当而为"仁义

---

① 与之类似，对道家小国寡民，太史公评曰："夫神农以前，吾不知已。至若《诗》《书》所述虞、夏以来，耳目欲极声色之好，口欲穷刍豢之味，身安逸乐，而心夸矜埶（势）能之荣使。俗之渐民久矣，虽户说以眇论，终不能化。"参见《史记·货殖列传》。三国诸葛孔明《诫子书》曰："夫君子之行，静以修身，俭以养德，非淡泊无以明志，非宁静无以致远。"其言脍炙人口，其行亦若合符节，"俭以养德"盖近于墨家回归德性的"节用"之道，而非"以礼节之"的儒家节俭思想。

② 参见丁原明：《论墨家的经济伦理思想》，载王裕安主编：《墨子研究论丛》（五），齐鲁书社2011年版，第186页、190页。

之道”(《墨子·节葬下》)。回归事物本质、重新权衡利益，始终应当成为社会治理与变革所秉持之实用原则的内在思路，并进而外化为具体法令及违制惩罚。①

或以为墨子“蔽于用而不知文”，“不及人文”，“次于人文”，一切复古，对文明进化与观念变迁置若罔闻。墨子若真“不及人文”，则“宫室之法”无有“别男女之礼”的功能。或以为墨子“质胜文则野”，一味尚质，对事物功能衍化不予承认。“节用”亦非“不知文”的鄙陋之见，而是依据社会现实讲求功利实效，从而以“质”为先。②“兴利除害”是道德行为和道德评价的根本尺度，③墨子并非完全否弃任何物品的非原始属性，只是强调要认清基本属性并优先实现满足，故曰：“食必常饱，然后求美；衣必常暖，然后求丽；居必常安，然后求乐。为可长，行可久，先质而后文，此圣人之务。”(《说苑·反质》)可见，“先质后文”可以体现为先饱后美、先暖后丽、先安后乐等，符合人们对事物的认识。如，衣服固然有其“荣耳目”“为观好”之属性功能，但“适身体、和肌肤”确为最基本功能。若“寒者不得衣”在社会中仍随处可见，有何理由反驳墨子对衣服基本属性与功能的重申与要求？

二、物质精神与需求层次

人类社会、国家治理所需的事物会随历史文明的演进与日俱增，事物的本质亦可发生相比起源之际的显著变化。墨子非昧于人类的历史发展与文明成就，其所主节用贵俭之道亦非复古倒退，实乃其立足于现实社会的基本状况，主张分阶段、分层次地实现从物质到精神的文明追求。《节用》《节葬》《辞过》对事物功能的指陈与行为规范的约束也都应作如是解。当这一问题涉及物质与精神两方面在人们的日常满足乃至文明发展的意义时，墨子绝不含糊地以物质为先，该旨趣于“非乐”论最为显著。儒家有乐治之说，墨家则以乐害于政。

---

① 后世历代存在关于违反宫室、车马、衣服、器物、墓葬等方面的繁密法令，违令者要加以惩罚，如《唐律疏议》卷二六《杂律》之“舍宅车服器物违令”条规定：“诸营造舍宅、车服、器物及坟茔、石兽之属，于令有违者，杖一百。”不过，这些更多是出于儒家等级化礼制的要求。

② 颜炳罡称之为“文质合一的实用主义”与“先质后文的实效主义”的儒墨之别。参见颜炳罡：《儒墨哲学之比较——兼论中国文化未形成近代民主科学之故》，载张知寒主编：《墨子研究论丛》(一)，山东大学出版社 1991 年版，第 216 ~ 219 页。

③ 参见黄伟合：《墨子的义利观》，《中国社会科学》1985 年第 3 期。该文还统计了“利”字在最能代表墨子思想的 23 篇中共出现 246 次，整体利益 160 次(全为肯定)，个人私利 55 次(其中 44 次为否定，11 次是特定的利人利他)，其他锋利锐利之类的 31 次。

关于那些“乐合同”的曼妙乐治论说，墨子不以为意。对于“乐”[①]这种精神享受，墨子认为：“虽身知其安也，口知其甘也，目知其美也，耳知其乐也，然上考之不中圣王之事，下度之不中万民之利。”(《墨子·非乐上》)荀子驳曰：“夫乐者，乐也，人情之所必不免也，故人不能无乐。”(《荀子·乐论》)其实，墨子“非乐”所批判的不是艺术本身，而是要保持在一定限度，依照事物基本属性，“然则当用乐器譬之若圣王之为舟车也，即我弗敢非也”(《墨子·非乐上》)。否则，也难以解释墨子本人作为一位吹笙能手的事实(《吕氏春秋·慎大览·贵因》《尸子·佚文》)。墨子批判仅重视“乐”的娱乐功能而非教化功能，旨在拯救过度追求艺术享受而荒废政务的国家君王，正所谓“国家憙音湛湎，则语之非乐、非命”(《墨子·鲁问》)，此非危言耸听，后世王朝不乏印证音乐亡国论者。[②]

无独有偶，亚圣孟子也曾非鼓乐，原因不是“钟鼓之声，管籥之音”本身不好，而是在民生惨淡的时局中，君王鼓乐不合时宜且招致怨恨。百姓连基本物质生活、家人团聚的需求都无法实现，而君王恣意享受高级的“鼓乐田猎”生活，且这种生活更压榨百姓实现基本需求的可能。《孟子·梁惠王下》载孟子“为王言乐”：

> 臣请为王言乐。今王鼓乐于此，百姓闻王钟鼓之声，管籥之音，举疾首蹙頞而相告曰：“吾王之好鼓乐，夫何使我至于此极也！父子不相见，兄弟妻子离散。”今王田猎于此，百姓闻王车马之音，见羽旄之美，举疾首蹙頞而相告曰：“吾王之好田猎，夫何使我至于此极也？父子不相见，兄弟妻子离散。”此无他，不与民同乐也。

“不与民同乐”，也道出孟子之所以于此对“王乐”有所訾议，进而要求统治者节俭的关键。早在之前，墨子“非乐”论自然不乏这层含义，或有其盈天下之言对孟子的影响。但墨子实际上走得更远，认为在整个社会生活中作为精神享受的“乐”不合节用兴利之道：“使丈夫为之，废丈夫耕稼树艺之时；使妇人为之，废妇人纺绩织紝之事。……与君子听之，废君子听治；与贱人听之，废贱人之从事。”(《墨子·非乐上》)因而，论者常批判墨子“非儒”“非乐”，认为其根本上否定了“乐”与“乐治”，从

---

① 墨子所非之“乐”，广义指“享受之过分者”，狭义指礼乐之“乐”。参见周通旦：《墨子非乐辩》，《东方杂志》第40卷第23号，1944年。

② 参见刘文忠：《墨子“非乐论”新评》，载任守景主编：《墨子研究论丛》(八)，齐鲁书社2009年版，第802～804页。

墨子全盘非乐的主张看来也不无道理。

墨子之“非乐”虽非仅针对王公大人，荀子亦未完全误解墨子非乐之意。然墨子尽显其底层呼声与良苦用心，且看荀子讨论物质、精神需求之时，可谓完全站在君王个人立场。《荀子·富国》曰：

> 为人主上者，不美不饰之不足以一民也，不富不厚之不足以管下也，不威不强之不足以禁暴胜悍也，故必将撞大钟、击鸣鼓、吹笙竽、弹琴瑟以塞其耳，必将錭琢、刻镂、黼黻、文章以塞其目，必将刍豢稻粱、五味芬芳以塞其口。

斯论可谓“美饰”论，与墨子节用、非乐完全相反。或许在荀子看来，民众如何追求物质与精神无关宏旨，然对“为人主上者”的个人而言，事实上早已超越满足物质追求的层次，既身居高位“一民”“管下”，自应追求精神享受与极致尊荣，特别是在礼乐威仪上极尽能事，以此透射宣显个中权力征服与等级统治之象征。而墨子有观于国家万象社会百态，为君上天下辨当务之急，明节用之道，务民生之实以去奢泰之华，是以至公之心高屋建瓴，对照荀子的君王威仪论，高下立判。

不过，自荀子“墨子蔽于用而不知文”（《荀子·解蔽》）之论以来，几乎所有论者都会有些许保留，毕竟乍看起来，“非乐”不利于审美需求、艺术发展与文明进步。可是，这里面蕴含一个伦理议题，若“乐”与饥寒者之生命相比，二者不可兼得，如何取舍？墨子以平民视角、功利主义、平等精神，自然会选择暂时牺牲前者而保全后者，正如《墨子·大取》所谓“遇盗人，而断指以免身，利也”这一“两害相权取其轻”的功利原理。只要“非乐”可稍微改变“饥者不得食，寒者不得衣”，为何不毅然非之呢？一个饥寒交迫的社会以剥除精神享受、牺牲艺术审美为代价，缓解底层温饱问题，再怎么“非乐”，再如何“蔽于用而不知文”都天经地义。惜乎大人始终难以将心比心，后人亦未能设身处地，则乐言艺术之华美与成就，而不见生命之可贵与平等。大多对“非乐”的批判或訾议，都从治者势位、温饱情态出发，而无敢直面平民权益、饥寒时局也！

所以，墨子有见于民生疾苦、底层需求，而荀子则有如君王认为痛不关己、不必忧之，且以“节用”“非乐”非民生关键，为君王贵族穷奢极欲正名张目，竟云：“墨子之言，昭昭然为天下忧不足。夫不足，非天下之公患也，特墨子之私忧过计也。”（《荀子·富国》）至云节用“使天下贫”，其所谓墨家节用过分忧虑造成贫穷，役夫之道不利君势，皆为不由需求层次，不循具体情境之说。由此，显现于“乐”议题的物质精神之争，便可牵引出“节用”调处政治特权与基本权利的义涵。

三、批判奢侈与权利调和

墨家节用贵俭的理论全面斥责世人奢侈浪费的行径，力谏统治者回归节俭，避免搜刮民财、贫富分化，传达行为规范整体性、一体化的观念，实亦蕴含等级特权与基本权利的调和原则。

墨子的“尚同”理路无不投射为君民之间的相依关系，曰：“凡五谷者，民之所仰也，君之所以为养也。故民无仰则君无养，民无食则不可事。故食不可不务也，地不可不力也，用不可不节也。”（《墨子·七患》）百姓仰赖粮食生存，国君也以粮食养活自己和民众，而直接从事农业生产的是百姓，百姓失去仰赖，国君就没有给养。所以，墨子提出，必须抓紧粮食生产，尽力耕作田地，节约物资消费。在君民关系问题上，儒家的重民诸论概括地主张民心向背对统治合法性的决定意义，法家的制民话语则聚焦于政府、政策、法制与民众的对立与消长关系，而墨家则以社会基本物质的生产、消费伦理规范为主轴，支撑养君、利民、固国的统一系统，勾勒一幅君民协调的理想画卷。

尚俭节用是不同历史时期、各个社会阶层的共同要求。《尚书·大禹谟》有“克勤于邦，克俭于家”之古训，《左传·庄公二十四年》言“俭，德之共也；侈，恶之大也”。道家主张“去甚，去奢，去泰”（《老子》第二十九章）。儒家亦不乏去奢行俭之德，“节用而爱人”（《论语·学而》）、“节用以礼，裕民以政”（《荀子·富国》）之说，但多从礼制等级格局出发陈说，即俭不违礼，即便“与其奢也，宁俭”，礼文统制的行为仍不无繁扰奢侈之弊。故而，墨子尚俭节用，背周道而用夏政，不乏非儒黜礼成分，而更长于从国家、全局、天下之大利立论，既谴责铺张浪费的“奢侈之君”，也申斥逞弄机巧的“淫僻之民”（《墨子·辞过》）；既称颂古代圣王“其用财节，其自养俭”（《墨子·辞过》），也质责普通民众“恶恭俭而好简易，贪饮食而惰从事”（《墨子·非命中》）。[①] 但症结在于，奢侈行为有“上行下效”之规律，君王奢侈导致“左右象之”，臣民效仿，故应首当其冲。反之，若统治者躬行节用，便能教诲范导民众，最终国家富足，“节于身，诲于民，是以天下之民可得而治，财用可得而足”（《墨子·辞

① 参见郑杭生、胡翼鹏：《天道兼爱，尚同节用：社会运行的一体化理论——春秋战国时期墨者的社会思想研究》，《社会科学》2008 年第 1 期。

过》)。所以，如何践行“节用”之道是一个国家的全局性政治问题。

《墨子·节用》偏于正面建构立说，提炼圣王之法；《墨子·辞过》[①]的描述更为饱满，以圣王之法批判“当今之主”，逐一刻画其奢靡行径与深重罪责：

【宫室】以为宫室台榭曲直之望、青黄刻镂之饰；

【衣服】以为锦绣文采靡曼之衣，铸金以为钩，珠玉以为珮，女工作文采，男工作刻镂，以为身服；

【饮食】以为美食刍豢，蒸炙鱼鳖，大国累百器，小国累十器，前方丈，目不能遍视，手不能遍操，口不能遍味，冬则冻冰，夏则饰饐；

【舟车】饰车以文采，饰舟以刻镂。女子废其纺织而修文采，故民寒；男子离其耕稼而修刻镂，故民饥；

【蓄私】大国拘女累千，小国累百，是以天下之男多寡无妻，女多拘无夫，男女失时，故民少。

其时社会奢靡之风，可谓包罗万象，尽态极妍，尤其“当今之主”奢侈浪费造成民寒、民饥、民穷、民少的行径令人发指。追求奢靡与一味享受的行为不仅不符合基于事物基本属性的使用正当性，有违于消费伦理规范，更重要的是，为了这些所谓的“高级享乐”过度消费，付出的社会成本更是难以计数。统治者“厚作敛于百姓，暴夺民衣食之财”(《墨子·辞过》)，侵害民众的生存权。[②]以墨学专论之“节葬”为例，可见其全面计算“厚葬久丧”之弊病：

（1）糜财：金玉珠玑比乎身，纶组节约，车马藏乎圹，又必多为屋幕、鼎鼓、几梃、壶滥，戈剑、羽旄、齿革，寝而埋之；

（2）杀殉：天子杀殉，众者数百，寡者数十。将军大夫杀殉，众者数十，寡者数人；

---

① “辞过”篇名，毕沅云：“辞受之字从受，经典假借用此。过，谓‘宫室’‘衣服’‘饮食’‘舟车’‘蓄私’五者之过也。”[清]孙诒让：《墨子间诂》，中华书局2001年版，第30页。

② 梁启超解释道：“墨子以为，凡奢侈的人，便是侵害别人的生存权。……近代马克思一派说，资本家的享用，都是从掠夺而来。这种立论根据，和二千年前的墨子正同。”梁启超：《墨子学案》，载《饮冰室合集》专集三十九，中华书局1989年版，第14页。

（3）伤生：哭泣不秩，声翁，缞绖，垂涕，处倚庐，寝苫枕凷（块）。又相率强不食而为饥，薄衣而为寒，使面目陷隰（陬），颜色黧黑，耳目不聪明，手足不劲强，不可用也；

（4）害事：使王公大人行此，则必不能蚤朝。五官六府，辟草木，实仓廪。使农夫行此，则必不能蚤出夜入，耕稼树艺。使百工行此，则必不能修舟车，为器皿矣。使妇人行此，则必不能夙兴夜寐，纺绩织紝；

（5）败交：败男女之交多矣。

所以，虽然“丧葬之礼在中国古代已是一种有政治意义的行为和制度”，但没有考虑制度设计与实践变迁带来的巨大成本问题，因而墨子要计其利而明其义，[①] 最终得出“国家必贫，人民必寡，刑政必乱”之结论，力倡薄葬短丧。

物欲加深的剥削行为造成极端的社会贫富分化，“富贵者奢侈，孤寡者冻馁”。最终，奢侈的犯罪催生贫穷的犯罪：奢侈行为造成上下资源转移、社会贫富分化，权贵阶层挥金如土，底层百姓温饱难求，故而贫民只能铤而走险，“是以其民饥寒并至，故为奸衺（邪）。奸衺（邪）多则刑罚深，刑罚深则国乱”（《墨子·辞过》），恶果之深重若此，又何能合于兼爱尚同之道？

既然依循墨子“尚同”之义，君臣民是一个相互撑持的国家整体，那么首先要有整体“国备”之道。“国无三年之食者，国非其国也”（《墨子·七患》），可见“节用”之于国家战略储备与灾害防治的具体应用。进而，如果因外部因素造成储备的减损，则国家应当从整体上承担，并协调政府与民众之间的关系。由此，透过墨子国备之道与救灾之法，其民生节用理念实已升至国家治乱之高度。

岁馑，则仕者大夫以下皆损禄五分之一。旱，则损五分之二。凶，则损五分之三。馈，则损五分之四。饥，则尽无禄，禀食而已矣。故凶饥存乎国，人君彻鼎食五分之五（疑为“三”），大夫彻县，士不入学，君朝之衣不革制，诸侯之客，四邻之使，雍食而不盛，彻骖騑，涂不芸，马不食粟，婢妾不衣帛，此告不足之至也。（《墨

① 参见商原李刚：《墨家“节葬”的理性精神》，载王裕安、李广星主编：《墨子研究论丛》（七），北京图书馆出版社 2006 年版，第 526 ~ 527 页。

子·七患》）

遇到歉收灾荒之年，最直接受损的是生产者，进而影响政府财政收入，官员的俸禄及生活享受可能只是间接受到影响。但墨子依照国家整体思维，主张以法律制度进行公平调配，即政府税收、官员俸禄、生活待遇都必须随馑、旱、凶、馈、饥的程度及时调整。国家遇到凶饥，国君撤掉鼎食的五分之三，大夫不听音乐，读书人不上学而去种地，国君朝服不新制，招待诸侯客人、邻国使者的饮食都不丰盛，驷马撤掉左右两匹，道路不加修理，马不吃粮食，婢妾不穿丝绸，这些都警示国家已十分困乏。墨子不仅向全社会宣示资源不足之危机，还从有吃有穿的王公大人开始，令所有民众遵守节俭之法，只为应对缓解"饥"这一最为紧迫、关乎生命的生存权问题。

申言之，国君诸侯原本应有之生活规格，实质是一种基于礼制待遇的等级特权，而凶饥之年直接威胁的则是百姓的基本生存权利。在以农为本的自然经济社会环境中，法律必须妥善应对天灾，合理调配权益。通过搁置等级特权，保障基本权利，是墨子在"尚同"之君民协调体制中的一种调和或再分配，确实堪称一种政治德性的彰显。人们常于儒家"仁政"中挖掘传统注重民生的思想资源，墨子批判上层奢侈、实行权利调和与利益调配、关切底层基本权利的"经济之法"实有过之而无不及，其规范内容与思路旨趣仍值得现代法借鉴。

四、节用兴利与公平分配

墨子批判奢侈浪费的各种情形，不仅是一种生活规范与社会风俗的倡导，还是对生产与消费关系的调处，从而归旨于富国治国。常言道"开源节流"，若认为"节用"仅解决"节流"，未关切"开源"，则未能完全理解墨子"节用"之孤诣。赵靖指出："在墨家的经济思想体系中，生产论实际上成了节用论的从属部分。在墨学十大纲领中，经济方面的纲领只有一个：'国家贫，则语之节用、节葬。'墨翟几乎把一切经济问题都纳入节用的范畴下，把节用看做是解决一国经济问题的不二法门。"① 杨俊光说："墨子把经济状况的好坏、物质财富的丰匮提高到了内政、外交、军事等等的成功即'王天下'的基础地位。"② 于是，《墨子·七患》祖述三代

---

① 赵靖：《中国经济思想史述要》（上），北京大学出版社1998年版，第74页。

② 杨俊光：《墨子新论》，江苏教育出版社1992年版，第118页。该书以生产、消费、分配和经济制度分述墨子经济思想，亦颇为周全，可资参考。

圣王，明“国备”之道，曰“其力时急，而自养俭”，“其生财密，其用之节”，无不兼言开源之生产与节流之消费。

在这一关系问题上，“节用”命题流露出抑制过度消费，“反之时”提高效率，促进基本生产的思路。[①]“节葬”于相应篇目已详细分析厚葬久丧之害，而《墨子·大取》又力倡节葬兴利，曰：“圣人之法，死亡亲，为天下也。厚亲，分也，以死亡之，体渴兴利。”这是说圣人丧法，父母死了，心已无知，就节葬短丧，为天下兴利。厚爱父母，是人子应尽的本分；但父母死后，之所以节葬短丧，是想竭尽自身力量为天下兴利。“非乐”更清晰表明，“乐”在现实中“废国家之从事”，在物质匮乏的时代阻碍劳动生产，这是不得不对其深加批判贬抑的重要原因。故而“非乐”既有消费方面的计算，也有生产方面的考量，既不乏生活悬殊的道义批判，也尽显经济发展的效率原则。概言之，“节用”涵摄“兴利”的范畴，其为天下“无以异乎孝子之为亲度”(《墨子·节葬下》)，富之，众之，治之，以利国利民为旨归。

以“节用”为纲，墨子还演绎出一套关于人类劳动、社会生产与公平分配的学说。

首先，墨子揭示人与其他动物的差别在于劳动。《墨子·非乐上》曰：“今人固与禽兽、麋鹿、蜚鸟、贞虫异者也。……今人与此异者，赖其力者生，不赖其力者不生。”有别于孔子贱农圃之事，墨子积极强调“赖其力者生”。墨子提到，动物只是消极依靠环境生存，“因其水草，以为饮食”，人可以在自然资源的基础上，通过生产劳动进一步获取生活资源。只有自食其力，才是为人之本。

其次，墨子承认人类劳动催生社会分工的合理性。人类因为劳动而成其本质，然而为提高生产效率，发挥技术专长，就产生社会分工，有农夫与妇人之性别分工(《墨子·非命下》《墨子·非乐上》)、劳动性质分工、农工与士人之行业分工等(《墨子·耕柱》)。墨子主张“各从事其所能”(《墨子·节用中》)、“必量亓（其）力所能至而从事焉”(《墨子·公孟》)，胪列指涉天下百工商贾之类型，既备观实然的社会分工情形，亦是对社会分工规律的肯认。观诸《墨子》，在《耕柱》篇中墨子从理论上阐明社会分工的合理性；在《鲁问》篇所载与隐者吴虑的对话，墨子也基于社会分

① 对这一问题，有论者以现代眼光诠释：“墨子倡导节俭消费模式，提倡的是适度消费、加强生产，以实用为消费原则，以发展生产来保证消费，以节用来保证消费的可持续。……墨子倡导的节俭消费模式应当成为我国生态文明建设的理论资源和理论先声。”杨卫军：《墨子的消费观及对生态文明建设的启示》，《学习与实践》2012 年第 2 期。

工论解释自己的不务生产的求义生涯。不过墨子还是非常重视农业生产，指出当时“一人耕而九人处”，“食者众而耕者寡”（《墨子·贵义》）的弊病，从而蕴含缩减游闲人口，增加农业劳动者数量，甚至促进劳动就业政策的普遍意义。

再次，墨子认为社会分工后，各阶层仍应遵循自强兴利的法则。不管人类社会分工产生诸如王公大人、卿大夫、农夫等各种阶层，还是劳心者或劳力者，在自强不息、勤勉劳动这一点上逻辑一致。《墨子·非命下》曰：

> 今也王公大人之所以蚤朝晏退，听狱治政，终朝均分而不敢怠倦者，何也？曰：彼以为强必治，不强必乱；强必宁，不强必危，故不敢怠倦。今也卿大夫之所以竭股肱之力，殚其思虑之知，内治官府，外敛关市、山林、泽梁之利，以实官府，而不敢怠倦者，何也？曰：彼以为强必贵，不强必贱；强必荣，不强必辱，故不敢怠倦。今也农夫之所以蚤出暮入，强乎耕稼树艺，多聚叔粟，而不敢怠倦者，何也？曰：彼以为强必富，不强必贫；强必饱，不强必饥，故不敢怠倦。

由此可见，在自强不息、勤勉劳动这一点上，统治者也绝不例外，因为统治者面对的是治政牧民，基本物质需求是否满足不是个体问题，而是国家政府的全局问题。墨子言“以时生财”“财不足则反之时”（《墨子·七患》），故要求大人“蚤朝晏退”，农夫“蚤出暮入”。墨子贵俭节用之道往往诉诸时间成本的计算，大有时间即财富之义，如强调生育繁衍的及时性（“女子年十五，毋敢不事人”），如批判“厚葬久丧”之礼、“旷时废事”之乐，均以时间浪费为证成。这些主张均与充分利用劳动生产时间从而增加社会财富相契合，亦足见节用兴利恰为一体两面。

最后，墨子主张按劳分配与社会互助。劳动创造的财富是人类赖以生存的物质基础，政府通过全面征税的方式充实府库，“收敛关市、山林、泽梁之利，以实官府，是以官府实而财不散”（《墨子·尚贤中》），不可厚敛，应用于民。劳动的根本动力在于获得收入分配，如果没有机会激励与合理分配，而是形成宿命式的等级格局，社会经济将蒙受损失，“农夫怠乎耕稼树艺，妇人怠乎纺织绩紝，则我以为天下衣食之财将必不足矣”（《墨子·非命下》）。与之相应，墨子反对不劳而获，只有从事生产才能获得收益，“赖其力者生，不赖其力者不生”，因而社会中的弱势群体自然也应当反躬自省、非命自强。可见，墨子的按劳分配有兼顾公平与效率之旨。

值得注意的是，墨子虽申言个人生产劳动作为社会分配的基础，但在对统治者与强势者的责任要求方面，常流露出保护弱势者的思想倾向。如“有余力以相劳，有余财以相分”（《墨子·尚同上》）“有力者疾以助人，有财者勉以分人，有道者劝以教人”（《墨子·尚贤下》）“多财则以分贫”（《墨子·鲁问》）的社会互助思想，正可以消除社会分工、阶层分化不可避免造成的异化与不公。① 可见，强调“强”“力”“利”的墨子哲学，还是流露出墨子对弱势者基本权益的关切，颇似“最有利于最不利者、弱势群体或境况较差的人”的著名正义理论。

相比古人，晚近诸多治墨学者已乐于挖掘节用的现代价值，墨家“节用”的伦理理念可以成为我们在培育节约型文化和生活方式时加以充分利用的珍贵思想资源。② 应当承认，时空疏隔使墨子诟病之社会与现代文明景象大殊，“圣王”节用之法恐非永久恪守之法，非乐、节葬之倡未必尽合时宜。然而，表面的时代迥异仍掩藏不了实质的通约之处。陈伟曾以通俗之言“清谈”墨子节葬之道，结语曰：“凡属与人道相悖的丧葬，都该废止。现今已没有古时候的丧葬仪式了，但实质上相仿的东西，是否还在束缚着我们呢？”③ 至如“非乐”所指，那些光怪陆离、旷时废事的娱乐享受仍在昭示着人性堕落与社会不公。从而，确应重拾这一蔚为立国之道、法制源泉的“节用”理论。

诚然，墨子所倡尚俭节用几无自由空间，可又正是那奉个人自由与私权若圭臬之社会，奢侈浪费之罪纯然为自由权利所容许，节用之法全然无缘挽德性于堕落。概言之，墨子推求事物基本功能，秉持政治经济效益，切实提倡以人为本、尚质贵俭之理念，主张劳动致富、开源节流、福利共享、社会互助之机制，已然构建一套调处生产消费关系、奢侈特权民生权益关系的正义原则与制度原理，不仅在战国乱世堪称救世良方，于人类文明亦富有普世价值。

---

① 陈顾远说：“‘强之暴寡’就是专制横行底意思，‘诈之谋愚’就是自由竞争底结果，‘贵之傲贱’就是贵族政治底写真，‘大国攻小国’就是狭义底国家主义……‘有力相营’仿佛是互助主义，‘有道相教’好像是文化运动，‘有财相分’有一点共产意思。”陈顾远：《墨子政治哲学》，泰东图书局1923年版，第65页。

② 参见周全德、齐建英：《墨家伦理思想的现代价值》，《中华文化论坛》2008年第2期。

③ 陈伟：《墨子清谈》，长江文艺出版社2003年版，第138页。

第三节　贵义明鬼：罪刑法定与严刑慎刑

墨子及墨家学派关于罪刑的观点，是“兼爱”这一核心观点、“天志”这一高级法则之下的枝节问题，也是于“义政”“明鬼”诸命题下的特殊陈述。因而，墨家虽不乏犯罪与刑罚问题之卓见，然未成体系，而散见于诸篇。以“兼相爱，交相利”为法思想核心原则的墨家，在犯罪与刑罚的论说方面主要展现以“兼爱”为基本宗旨、“明鬼”为阐释策略的方式，其最重要的“罪刑法定”与“严刑慎刑”主张均体现“贵义”的突出品格。

“兼爱”即“天志”，“顺天之意何若？曰：兼爱天下之人”（《墨子·天志下》）。顺“天志”即贵义，曰“顺天之意者，义之法也”（《墨子·天志中》）。以“兼爱”“天志”为法则，就可以阐明人们的行为规范以“义”为准则：

> 天欲义而恶不义。（《墨子·天志上》）
> 义者，善政也。（《墨子·天志中》）

“贵义”的规范诉求不免与现实政治社会的纷纭情态格格不入，为了维系这一体系化的完美秩序理念，墨子重拾神权思想传统，祭出“明鬼”主张。[①] 根据《墨子·明鬼下》的叙述结构，“明鬼”符合其“三表法”逻辑：“本”于上古圣王之事，以三代神权治道军誓进行解释；“原”于百姓耳目之实，以五则鬼神之事予以印证；“用”中天下之利，若鬼神有则“交鬼〔神〕之福”，若鬼神无则“合驩聚众，取亲乎乡里”。迫切的正义理想与突出的经验品格决定了即便于“明鬼”这一话题，墨子亦竭力论证鬼神的真实存在，不仅胪列五则鬼神之事的见闻与流传，还分述夏商周治道与军誓之神权因素。而且，墨子所言鬼神之明、鬼神之力、鬼神之罚，无不超越凌驾于世俗权威与圣智道德。《墨子·明鬼下》云：“鬼神之罚，不可为富贵众强、勇力强武、坚甲利兵，鬼神之罚必胜之。”《墨子·耕柱》云：“鬼神之明智于圣人，犹聪耳明目之与聋瞽也。”或显露专于实践经验的墨子在知识论方面的矛盾，却也暗含其论说之特别用意。

---

① 由“义”而祭出鬼神，而鬼神又受到某些怀疑，如《墨子·公孟》所载跌鼻的怀疑：“先生以鬼神为明，能为祸福，为善者赏之，为不善者罚之。今先生圣人也，何故有疾？意者先生之言有不善乎？鬼神不明知乎？”从而墨家将诉诸并坚持类似莱布尼茨所谓“神义论”（theodicy）的鬼神之明，以撑持理想正义秩序。

毋庸置疑，“明鬼”饱含墨子阐述治国之道与政刑之术的苦心。王桐龄云：“墨子所以极力主张有鬼者，非原本于绝对的迷信，不过借以为改良社会之方便法门。”[①] 钟泰亦明言墨子“明鬼”是一种论述策略：“故以人之性言之，则墨子之道未可必行也。墨子非不知之也，故推之于天志，申之以鬼神之赏罚。”[②] 侯外庐等揭示墨子“明鬼”蕴含政治社会层面的诉求：“然在古代，争取鬼神，谁知道又是一种斗争呢！”[③] 进而，结合墨家对天下混乱无序的分析，则曰“起于不相爱”，因而以“不相爱”为违法犯罪之根源。然而，纯以“兼爱”呼吁仍不足以劝诫世人。在神权法鼎盛的时代，法律的权威与实效原本就在于鬼神；在鬼神观念的动摇与新君法术的兴盛之间，东周社会存在法制权威与实效的严重断裂。墨子意识到世间鬼神信仰的式微及其威慑作用的弱化，又不满足于那些世俗法令有限的赏罚，便主张重塑鬼神权威以重建有效的约束机制，先以“明鬼”威慑，方能以“兼爱”引导而达致有序的新社会。

综观《墨子·明鬼下》，或实然存在，或观念存在，明鬼之宗旨、鬼神之意义大抵包括复仇报应、赏贤罚暴、监督祭祀、案件决疑、合欢聚众五方面。可从中挖掘墨家关于违法犯罪、法律刑罚的丰富思想。

一、关于违法犯罪的思想

墨家关于违法犯罪的理论主要包括两个方面：一方面，关于犯罪起源的相关分析。墨子深入到人心层面讨论违法犯罪的最根本原因，认为社会中一切违法犯罪的现象都根源于人们不相爱。社会条件匮乏与阶级压迫所造成民众贫穷、鬼神信仰缺失，进而导致法制也失去权威，这是墨子论述违法犯罪原因的独到见解；另一方面，关于违法犯罪的判断标准。所谓“合其志功而观焉”(《墨子·鲁问》)，在对行为的评价判断中，墨家透露出“志功合一”的主客观相结合标准：人的行为是否构成犯罪，必须结合行为人做出行为时的动机和行为产生的结果进行综合分析。

（一）违法犯罪的根源

混乱与转型社会中的思想家绕不开对违法犯罪问题的深入思考。关于违法犯罪的起源，周秦诸子确实都颇有阐发，且见解各异。春秋时期著

---

① 王桐龄：《儒墨之异同》，载《民国丛书》第四编第五册，上海书店 1992 年版，第 26 页。
② 钟泰：《中国哲学史》，东方出版社 2008 年版，第 33 页。
③ 侯外庐、赵纪彬、杜国庠：《中国思想通史》（第一卷），人民出版社 1957 年版，第 218 ~ 220 页。

名的改革家管仲指出，欲实现国家富强，就必须要发展国家经济。随着经济发展，民众的生活得到了改善，才会遵守国家所制定的礼仪与法度，即“仓廪实则知礼节，衣食足则知荣辱”（《管子·牧民》），“民不足，令乃辱；民苦殃，令不行”（《管子·版法》）。将物质条件视为“礼节”“荣辱”的基础，“实际反映了管仲对犯罪根源的认识”。[①] 战国李克（悝）进一步阐释社会贫富分化是违法犯罪的根本原因。《说苑·反质》载：“魏文侯问李克（悝）曰：‘刑罚之源安生？’李克曰：‘生于奸邪淫佚之行。凡奸邪之心，饥寒而起。’”国家之所以出现动乱不安的局面，是因为民众的基本生存需求得不到满足保障，即“国贫民侈则贫穷者为奸邪，而富足者为淫佚，则驱民而为邪也”。[②]

儒家宗师孔子虽主要从内心道德方面谈论德礼对行为规制的重要性，但也重视经济原因所导致的犯罪问题。在经济发展与道德教化的关系上，孔子主张先富后教，将经济发展视为统治者的首要任务。[③] 孟子也将民众基本物质生活与违法犯罪行为挂钩，认为只有衣食问题得到妥善解决，产权得到确认保障，民众才会遵纪守法，否则就“放辟邪侈，无不为已”（《孟子·滕文公上》）。因而，孟子仁政要求统治者“薄其税敛”（《孟子·尽心上》）。

相较其他诸子关于违法犯罪根源的观点，墨子的切入角度别出心裁，《墨家·兼爱上》载：

> 子自爱不爱父，故亏父而自利；弟自爱不爱兄，故亏兄而自利；臣自爱不爱君，故亏君而自利，此所谓乱也。虽父之不慈子，兄之不慈弟，君之不慈臣，此亦天下之所谓乱也。父自爱也不爱子，故亏子而自利；兄自爱也不爱弟，故亏弟而自利；君自爱也不爱臣，故亏臣而自利。是何也？皆起不相爱。

从爱的视角观察世界，墨家认为天下一切乱阶皆根源于“不相爱”，“所谓不慈不孝不忠不惠不悌不友，皆自此……（不相爱）出”。[④] 那么，违法犯罪行为自然也是“不相爱”使然。胡适指出，墨家认为天下一切罪

① 马作武：《中国法律思想史纲》，中山大学出版社 2007 年版，第 27 页。
② 参见马腾：《由儒入法：李悝法思想旨趣及变法实践》，《晋阳学刊》2015 年第 3 期。
③ 《论语·子路》载：“子适卫，冉有仆。子曰：‘庶矣哉！’冉有曰：‘既庶矣，又何加焉？’曰：‘富之。’曰：‘既富矣，又何加焉？’曰：‘教之。’”
④ 蔡尚思主编：《十家论墨》，上海人民出版社 2008 年版，第 73 页。

恶的根本原因就是不兼爱，即“不兼爱是天下一切罪恶的根本”[①]。“窃异室以利其室”“贼人以利其身”“攻异国以利其国”，墨子举盗窃、杀人、战争三种重要的典型犯罪行为加以说明。

可见，墨家认为违法犯罪的根源在于“不相爱”。然而，墨子关于违法犯罪原因的观点不止于此。首先，如果人们能够有所畏惧，则会收敛利欲之心，故墨子认为，人们缺乏信仰，进而失去规范意识，也是违法犯罪的原因。《墨子·明鬼下》开宗明义，直陈三代之后“民之为淫暴寇乱盗贼”，其原因便在于鬼神信仰的缺失：“……是以天下乱。此其故何以然也？则皆以疑惑鬼神之有与无之别，不明乎鬼神之能赏贤而罚暴也。今若使天下之人偕若信鬼神之能赏贤而罚暴也，则夫天下岂乱哉！”透过所述鬼神之事，墨子希望告诫君主与民众，杀害不辜、违法犯罪必将遭到报应惩罚。合“兼爱”“明鬼”观之，墨子认为，如果人们要么有兼爱之心，要么信仰鬼神，则不管出于恪守正义还是出于害怕制裁，都有可能由不同层面重拾规范意识，不会行违法犯罪之事，避免亏人自利之弊。

其次，天灾人祸与社会客观条件的恶化也会导致违法犯罪。或以为墨家关于犯罪起源的认识颇为迂腐，其实不然。墨家虽注重从人性根源及伦理视角来分析违法犯罪问题，但这并不意味着漠视违法犯罪的多方面因素。按照墨家的经验主义品格与功利主义观点，他们恰还能从客观社会条件的角度解释违法犯罪问题。其时统治者“厚敛民财”，国君横征暴敛，强夺民众赖以温饱的资源，进行建造豪华宫殿等奢侈消费，导致国家与民众的双重贫困，更无法应付天灾饥荒与兼并战争。民众衣食不足，就不会再服从国家的治理，甚至走向犯罪，即“其财不足以待凶饥，振孤寡，故国贫而民难治也”(《墨子·辞过》)。墨家指出民有三患——“饥者不得食，寒者不得衣，劳者不得息”(《墨子·非乐上》)，此三患如果得不到妥善的解决，那么民众只能铤而走险，“民饥寒并至，故为奸衺（邪）。奸衺（邪）多则刑罚深，刑罚深则国乱”(《墨子·辞过》)。而且，民众的性情好坏与经济发展状况息息相关，“时年岁善，则民仁且良；时年岁凶，则民吝且恶”(《墨子·七患》)。可见，墨家认为民众贫穷、人性堕落也是违法犯罪的一个重要因素。为了更好地预防犯罪，就必须强力发展经济，从而实现国家的富强和民众的足用。

① 胡适：《中国哲学史大纲》，东方出版社 1996 年版，第 148 页。

最后，在统治者推行“兼相爱”对民众进行道德教化，引导民众互爱互助的基础上，墨家还意识到政府集权与惩罚力度不足也是违法犯罪的重要原因。因此，应强化专制集权之国家机器，实现“使天下之为寇乱盗贼者，周流天下无所重足”（《墨子·尚同下》），才是真正充分发挥法律威慑力，以期消除违法犯罪的切实之术。

综上，违法犯罪有其主观与客观的双重原因，人与人不相爱、不信仰鬼神而缺乏规范意识，国家战争、政治剥削与自然灾害等造成社会贫穷而人性堕落、政府威权与法律威慑力的不足，构成墨家对违法犯罪根源的多重解释。当然，墨子始终坚持从人性不相爱的深度理解这一问题，其他的国家层面现实原因都只是这一根源的外化。“别君”不爱众生，因而才会攻人之国、厚敛民财而导致社会疲敝、盗贼蜂起。一言以蔽之，墨家认为唯有根本之“兼相爱”，才能阻止犯罪行为的发生，解决当时社会混乱的问题，乃至化解人类社会之通弊。

（二）违法犯罪的判断：义利的主客观结合

《尚书·舜典》已形成“眚灾肆赦，怙终贼刑”的刑罚适用原则，即由于过失而导致的犯罪或危害行为，可以减免刑事责任；故意的犯罪行为，则要从重处罚。西周统治者将犯罪明确区分为过失与故意、惯犯与偶犯，在刑罚适用上故意、惯犯从重，过失、偶犯从轻。① 尽管法律实践早有结合主客观的规则安排，然而作为广及人们各种行为举止判断的学说理论，轴心时代之思想可谓“各凿一窍”，儒家更注重主观方面，② 法家更注

① 《尚书·康诰》载：“呜呼！封，敬明乃罚。人有小罪，非眚，乃惟终，自作不典，式尔，有厥罪小，乃不可不杀。乃有大罪，非终，乃惟眚灾，适尔，既道极厥辜，时乃不可杀。”

② 汉儒董仲舒之经义决狱旨在避免“为善者不必免，而犯恶者未必刑”（《汉书·董仲舒传》），扭转“诛名而不察实”的司法，注重情与理之“实”，而非外在行为、客观结果、法律条文之“名”，使断狱真正符合儒家道德伦理教化之旨归。参见马腾：《经义决狱与中国古代司法传统》，《亚洲研究》（韩国）2011年第13辑。《盐铁论·刑德》曰：“法者，缘人情而制。……故《春秋》之治狱，论心定罪，志善而违于法者免，志恶而合于法者诛。”故其治狱，时有出于律之外者。这一司法原则根源于董仲舒秉持的儒家重质轻文思想，是法律儒家化的必然产物。董仲舒曰：“《春秋》之序道也，先质而后文，右志而左物。”（《春秋繁露·玉杯》）在司法活动中，“质”“志”即为案件的“情”“心”要素，如冯友兰所说，常常指主观精神、动机一类范畴，具体而言是儒家语境下的“仁”“义”“忠”“孝”等观念；“文”“物”则是外在客观的律文制度与法律行为。参见冯友兰：《中国哲学史新编》（中卷），人民出版社1998年版，第88页。

重客观方面。[①] 墨家介乎其间，既有类似儒家道德品格的主观审视，又有近乎法家功利主义的客观评估。

义利观在墨子思想中的伦理意义，显现为墨子思想中对善的理解和评价，对道德价值的认识。与儒家学说在道德价值观的范围内把义与利对立起来不同，墨子意识到士人亦有行义之利，而那些重倡义利之辨的观念往往遮蔽这一点，故感慨道："士之计利，不若商人之察也。"（《墨子·贵义》）[②] 墨子一贯主张义利合一，反对空泛的道德说教，坚持义利并重的伦理观。只有利天下、利他人的行为才是仁人行为的标准和目的，即“仁人之所以为事者，必兴天下之利，除去天下之害”（《墨子·兼爱中》）。墨家的“利”是“天下之利”，是“义”的主要内容、最终目的和衡量标准。“爱人利人”（《墨子·天志中》）及“爱利天下”（《墨子·尚同下》）是墨家“兼相爱”与“交相利”相统一之义利观的具体表现。

墨家强调要正确认识义利关系，对当时社会中的人们不能够正确区分义利大小的扭曲观念进行抨击。即“今有一人，入人园圃，窃其桃李，众闻则非之，上为政者得则罚之。此何也？以亏人自利也。至攘人犬豕鸡豚，……至入人栏厩，取人马牛者，……至杀不辜人也，扡其衣裘，取戈剑者，……天下之君子皆知而非之，谓之不义。今至大为攻国，则弗知非，从而誉之，谓之义。此可谓知义与不义之别乎？”（《墨子·非攻上》）由此可见，当时社会出现的盗窃他人桃李、牛马及杀不辜等行为，都是受到民众反对及国家惩罚的“亏人自利”的不义行为；而大到攻国等行为的时候，民众和国家不仅不反对，还大加赞赏而称之为“义”。这两种截然相反的态度，反映世人对“义”的认识存在矛盾。这种在小事小利上价值端明，却在大事大利上是非颠倒的观念，正是墨家一贯批判的“以黑为白”的认识扭曲。墨家强调应依据所侵害之“利”

---

① 在法家的逻辑中，行为合法者为“善”，不合法者为“恶”。守法既为人人无可推卸之责任，则恶者犯罪之行为，而善者公民之本分。萧公权说：“商君所以有如此极端之主张者，由其深信人性无为善之可能，而政治之直接效用为维持秩序而非推进道德。”萧公权：《中国政治思想史》，新星出版社 2005 年版，第 159 页。商鞅重新界定了“善”与“不善”的含义。以商鞅及其追随者的法制视角来看，良善与否是社会治理中对行为的评价问题，诉诸作为社会主体规范的法令，而与其他范畴无关。商鞅曰：“善治者刑不善而不赏善，故不刑而民善。”（《商君书·画策》）可见，商鞅将儒家内心遵循道德意义上的“善”，转换为行为遵守法律意义上的“善”，从而自始至终将治理程度的描述及对社会行为的评价框限于“刑治”语境中。参见马腾：《儒法合流与中国传统法思想阐释》，法律出版社 2016 年版，第 130 ~ 131 页。

② 有论者评曰：“这都带有尊重下层民众的生活经验的意味，构成了墨家知识论中最有意义的内容。”施炎平：《〈墨子〉一日一语》，浙江人民出版社 2000 年版，第 106 页。

的大小，将不义的行为进行划分，即“苟亏人愈多，其不仁兹甚，罪益厚”。将“利”作为衡量行为是否符合“义”这一价值判断的标准，是对传统“礼”作为价值判断标准的反叛，即不满足于泛道德主义的行为评判标准，主张应结合客观存在的权益与损害行为进行实质性评估，从而推使功利本身成为一种不同于实在道德观念的批判道德，这也是一般功利主义思想的基本理论造诣与贡献。

虽然墨家义利观注重结合主观动机与客观结果，有别于儒家纯粹主观动机标准，但墨学仍不乏浓厚的道德品格，使其于哲理思辨与现象分析时并不罔顾主观方面。《墨子·鲁问》载：

> 鲁君谓子墨子曰：“我有二子，一人者好学，一人者好分人财，孰以为太子而可？”子墨子曰：“未可知也，或所为赏与（誉）为是也。魡（钓）者之恭，非为鱼赐也；饵鼠以虫，非爱之也。吾愿主君之合其志功而观焉。”

鲁君有两个儿子，一个爱好学习，一个乐于施舍，看来均有优异品格，不知道应选择谁继承王位，于是向墨子请教。墨子首先对行为表象存有怀疑，提示良善行为背后可能有不当动机。他未予直接回答，仅建议鲁君不能单独从行为的表象或结果判断，而应结合主观动机。毕竟从当时看来，鲁君或许囿于客观之“功”不知其“志”。“合其志功而观”，乃墨子判断行为的重要法则。于此，墨子绝非囿于后果功效，而是同时注重意志动机的考量。《墨子·耕柱》载：

> 巫马子谓子墨子曰：“子兼爱天下，未云利也；我不爱天下，未云贼（害）也。功皆未至，子独何自是而非我哉？”子墨子曰：“今有燎者于此，一人奉水将灌之，一人掺火将益之，功皆未至，子何贵于二人？”巫马子曰：“我是彼奉水者之意，而非夫掺火者之意。”子墨子曰：“吾亦是吾意，而非子之意也。”

巫马子曾向墨子提出质疑，认为自己践行的“不爱天下，独爱自己”与墨子主张的“兼爱天下”，无非个人主观信念的差别取舍，而行为结果似乎没有实质区别。其实，从长期效果来看，墨子当然认为“不爱天下，独爱自己”与“兼相爱”存在混乱与大治的迥然差异，但墨子在该论辩中主要强调“兼相爱”动机之纯与本质之善。他举例说明，即便不同的行为动机产生相同的行为结果，仍存在是非或善恶之分。人的道德信念正是可以通过行为动机判断，从而区分是非或善恶，巫马子概莫能外。

由此可见，在对一项行为进行评价的过程中，不能直观或片面地得出答案，而应将行为的客观效果与其主观动机相结合，探究行为的动机考量其效果，通过行为的效果分析其动机。尤其是出现动机与效果不一致时，评价判断更为困难而需要反思。由此，就体现出墨子既有别于西方功利主义，又不同于儒家义利之辨的特征：志功合一。郭齐勇辨析颇详："西方古典的或现代的功利主义伦理学，强调行为的效果，而不注意动机。墨子其实是动机、效果都予以重视的。如果只按行为的结果来判定行动的正当性，并不能恰当地反映人们之间的道德关系的实质。行为的道德评价如果被个人利益的权衡所代替，就会拒绝道德义务，不遵守社群共同的生活规则；而墨子道德思想主张以'公利'和'义'来对行为作出指导和评价，这也是墨家与西方功利主义伦理学的又一区别。但当我们拿墨子的伦理学与孔孟伦理学相比较时，我们就会发现墨学的特点是重视行为的'效用'和道德动机与道德效果的统一，就这一点来说，也不妨说它是功利主义的。"①

通过上述的分析，不难察见墨家思想中蕴含对行为客观效果的注重与对主观意志的审视，从而综合评估人与行为的正负价值。在这一点上，儒家倡导义利之辨，以道德高于法律，较为关注主观动机一面；法家注重法令之效，则以守法本身为“善”，完全偏向客观效果一面。墨家始终秉持对行为进行判断必须“志功合观”，这于法律实施尤其刑法适用中，呈现主客观相结合的重要意义。

二、关于法令刑罚的思想

墨子的法令刑罚论说不似法家蔚为大观，而散见于《墨子》各篇。墨家法思想中有关法令刑罚的理论主要包括三方面。

一是法令刑罚目的与功能：（1）赏善罚暴；（2）扶弱抑强；（3）维系尚同；（4）报应预防。

二是法令刑罚适用原则：（1）“罪不在禁，惟害无罪”；（2）“不杀不辜，不失有罪”；（3）“不党父兄，不偏富贵”。

三是具体的法令刑罚规范：（1）“杀人者死，伤人者刑”；（2）“杀盗

---

① 郭齐勇：《墨家道德哲学探讨》，载张知寒主编：《墨子研究论丛》（四），齐鲁书社1998年版，第83～84页。

非杀人”。

（一）法令刑罚的目的与功能

1. 赏善罚暴

墨子指出，“古之圣王发宪出令，设以为赏罚以劝贤”（《墨子・非命上》）。在墨子的描述中，圣王所制定的宪令就已经包括“赏”和“罚”两方面。尤其刑法作用非凡，为国家之纪纲，“古者圣王为五刑，请以治其民。譬若丝缕之有纪，罔罟之有纲”（《墨子・尚同上》）。

作为治国工具，墨子认为圣王所制定的刑法本身无善恶之分，关键在于合理适用，这关乎国家治乱。例如“五刑”，圣王用之则天下之治，有苗用之则天下大乱。即“譬之若有苗之以五刑然。昔者圣王制为五刑，以治天下，逮至有苗之制五刑，以乱天下。则此岂刑不善哉？用刑则不善也”（《墨子・尚同下》）。其一，“赏”“罚”适用必须慎重，不能滥用，才能够恰如其分地发挥赏罚作用，真正做到“善人赏而暴人罚”（《墨子・尚同下》），达到“劝之以赏誉，威之以刑罚”（《墨子・兼爱下》）的效果，才能实现“国必治”（《墨子・尚同下》）。其二，赏罚的法令应与社会道德观以及道德毁誉标准相一致，即“上同而不下比者，此上之所赏而下之所誉也”，“下比不能上同者，此上之所罚而百姓所毁也”（《墨子・尚同上》）。其三，赏罚还应借助鬼神“赏贤罚暴”的力量。这是“赏善罚暴”之义的延伸，是后来昭彰的“信赏必罚”话语在墨学中的特有表达。《墨子・明鬼下》充分表明了“明鬼”与“赏善罚暴”之间的关系：

> 尝若鬼神之能赏贤如罚暴也，盖本施之国家，施之万民，实所以治国家、利万民之道也。若以为不然，是以吏治官府之不絜廉，男女之为无别者，鬼神见之；民之为淫暴寇乱盗贼，以兵刃毒药水火退无罪人乎道路，夺人车马衣裘以自利者，有鬼神见之。是以吏治官府不敢不絜廉，见善不敢不赏，见暴不敢不罪。民之为淫暴寇乱盗贼，以兵刃毒药水火退无罪人乎道路，夺车马衣裘以自利者，由此止。是以莫放幽间，拟乎鬼神之明显，明有一人畏上诛罚，是以天下治。故鬼神之明，不可为幽间广泽、山林深谷，鬼神之明必知之。鬼神之罚，不可为富贵众强、勇力强武、坚甲利兵，鬼神之罚必胜之。

与墨家相关的出土文献《鬼神之明》也提到：“今夫鬼神有所明有所

不明，则以其赏善罚暴也。”[1] 墨家始终强调鬼神能够赏善罚暴，期望能够在人世间树立起天鬼的权威，一方面，是为了保护民众的利益，以防其受到王公大人的侵害；另一方面，是对全社会的警戒和约束，以使其因畏惧鬼神之明而去恶为善。综观《明鬼下》述五则鬼神之事，大多可以从如何实现或回复法律正义的角度予以解读。如果我们不拘执于古代儒生士夫之大传统话语，而将目光适度投向民间关于罪刑的小传统观念，那么这种昭彰于墨学的“明鬼”，既超越实在法之外，寄托于鬼神赏善罚恶的报应刑思想，也有其言盈天下而深入人心的思想规律与文化印迹。

2．扶弱抑强

在墨家的贵义观念中，与“赏善罚暴”同样突出的是“扶弱抑强”的功能指向。关于侵害他人权益的违法犯罪行为，其本质在于违法性，即便在宽泛的意义上应与违反基本道德有关，也并非必然体现强势者对弱势者的欺凌。熟谙道义话语、权利类型的墨家必然通晓，“兼相爱，交相利”之总体要求，确实并不以行为主体的特定属性与主体间的特定关系为转移。然而，“扶弱抑强”却贯穿于贵义逻辑中，构成墨家对刑罚功能的又一陈述。强势者对弱势者的欺凌是“不义”的典型表现，而“义正”一般而言就是要针对恃强凌弱的现象。毕竟墨家素以提炼经验现实为重，又以亲身实践义举为务，因而痛陈侵凌、扶弱抑强成为《墨子》诸篇中一再出现的叙述套路，也成为论述政治正义与法制功能的出发点。

在墨子学说中，“义正”即“义政”，其反面就是“力政”，即所谓“顺天意者，义政也；反天意者，力政也”（《墨子·天志上》）。“义正者何若？曰：大不攻小也，强不侮弱也，众不贼寡也，诈不欺愚也，贵不傲贱

---

① 曹锦炎释云，（甲）强调鬼神明察入微，爱憎分明，能够“赏善罚暴”。同时又举例说，如伍子胥等圣人遭受迫害致死，而像荣夷公等乱人却能长寿以终，这似乎是“善者或不赏，暴者或不罚”。墨子指出，这并非是鬼神真的不明，鬼神不明必有其故。是因为“其力能至焉而弗为乎”，或是“其力故不能至焉乎”？他不知道。此两者的分歧，就是他所说的“鬼神有所明有所不明”。（乙）本篇提出“鬼神有所明有所不明”的命题，与今本只强调“鬼神之明”有所不同。从辩证角度上讲，层次更加深入。（丙）“明”，视力之明晰，意指明察，《孟子·梁惠王上》：“明足以察秋毫之末。”《墨子·明鬼下》：“故鬼神之明，不可为幽间广泽、山林深谷，鬼神之明必知之。”参见马承源主编：《上海博物馆藏战国楚竹书》（五），上海古籍出版社 2005 年版，第 307 ~ 308 页、310 ~ 311 页。虽然整理者视为墨家文献，然后来聚讼纷纭，文献颇多，不逐一胪列，无非相同说（浅野裕一）、相反说（丁四新）、有同有异说（曾振宇）。本书认同曾振宇的研究观点，二者虽有异同，但应着重关注墨子明鬼与《鬼神之明》同样有“赏善罚暴”的报应命题，具有强烈的现实社会政治诉求。参见曾振宇：《楚简〈鬼神之明〉与墨家的关系》，载任守景主编：《墨子研究论丛》（九），齐鲁书社 2010 年版，第 566 ~ 568 页。

也，富不骄贫也，壮不夺老也。”（《墨子·天志下》）在这番较为全面的铺陈中，强势者对弱势者的欺凌，体现为倚仗国力、武力、势力、智力、权力、财力、体力等各方面的优势，实施进攻、侮辱、杀伤、欺诈等违法犯罪行为，姑且统称为“力政”下的“恃强凌弱”行为。既然“义正”或“义政”就是杜绝“恃强凌弱”，也同样旨在减少违法犯罪行为，那么墨家对维系、保障“义”之刑罚的功能指陈，则在“赏善罚暴”的普遍正义观之余，就必然凸显出“扶弱抑强”的特殊正义观倾向。考诸先秦诸子法思想，只有墨家，如此昭彰著明将“扶弱抑强”奉为法令刑罚的基本功能，展现其独树一帜的关注弱者之思想倾向。

3．维系尚同

墨子极言赏罚的功效。作为治理的基本手段，赏罚常于治国大法的语境宣显。所谓“赏必当贤，罚必当暴”，只有赏贤罚暴才能实现国家的良好统治，这种良好的统治秩序即“尚同”。维系尚同是墨子有关刑罚之秩序功能观的又一层表达。

墨子主张建立“尚同”这个统一的政治体制，才能实现平乱求治。在确立社会的道德行为标准为“兼相爱，交相利”之后，为保障其实施，就唯有依赖政治制度所拥有的威权与强制力予以保障，即“天子之所是皆是之，天子之所非皆非之。……天子唯能壹同天下之义，是以天下治也”（《墨子·尚同上》）。然而，“尚同”所追求的“一同天下之义”，仅依靠民众的信仰或自觉远远不够，那么法令刑罚就充当重要的推行手段与保障工具。

墨子主张制定刑法，运用刑罚保障“尚同”，从而实现天下之治。“计上之赏誉，不足以劝善，计其毁罚，不足以沮暴。此何故以然？则义不同也。”（《墨子·尚同下》）如果赏誉毁罚暴露出上下之义不同的弊病，那就应使之回归“尚同”的运转原理。在墨家看来，国家的良善治理需要法律为其提供强有力的保障。即所谓“天下从事者不可以无法仪，无法仪而其事能成者，无有也。虽至士之为将相者皆有法”（《墨子·法仪》）。为了实现“尚同”的目标，墨子主张应当充分使用奖赏的引导力与刑罚的威慑力，即“赏誉以劝善，刑罚以沮暴”“得善人而赏之，得暴人而罚之。善人赏而暴人罚，则国必治矣”（《墨子·尚同下》）。由此可见，“赏”与“罚”是治理国家最重要的手段或措施，墨经话语更明确赋予赏罚以一种上下权利义务关系的解释，“赏，上报下之功也”“罚，上报下之罪也”（《墨子·经上》）。显而易见，在墨家“尚同”思想的传承与塑造中，赏刑功能已尽被框定于维系政治系统与君臣顺洽关系之“合同”义涵，其最终目的是保障“尚同”体制的形成与实施。

4．报应预防

如何认识并处置违法犯罪行为，法律刑罚之功能如何定位调校，是古往今来刑法史的一大课题。简言之，大抵可从“报应”与“预防”两方面思路展开。与之相应，一方面，墨家学说显然极力强调刑罚的报应功能。墨家之所以“明鬼”，通过鬼神赏善罚暴的特殊表达方式，便透露其强烈的报应观——只要作奸犯科侵凌他人，就定会得到无所不在的报应。而且，墨家所描绘的这种报应，往往是大庭广众之下的现报，可见其对罪恶行为予以报应观念及诉求的强烈程度。

报应刑观念系缘于人类古朴情感而源远流长，其基本要义为：其一，公平与正义的观念要求在社会中要实现善有善报，恶有恶报；其二，犯罪是一种应受到谴责的行为，刑罚是对行为的恶报；其三，刑罚不仅是犯罪的必然结果，而且是惩罚犯罪的重要手段；其四，刑罚的轻重完全取决于犯罪行为人罪行的严重程度；其五，对犯罪行为进行报复，从而实现社会的公平与正义，是刑罚的正当性根据。报应刑的观念源自古代的神意报复观念，“有扈氏威侮五行，怠弃三正，天用勦绝其命，今予惟恭行天之罚”（《尚书·甘誓》）。墨家对鬼神观念传统的继承颇为显著，以天志为统领，既有主宰功能之神明的惩罚，也有蒙冤而死之人鬼的报复。而且，它严格以作恶者为惩罚对象，现世现报，希求迅速实现及时的、看得见的正义。此外，法令刑罚上主张“不失有罪”，以“杀人者死，伤人者刑”为原则，也是我国古代报应刑观念的具体体现，且于理论上堪称一种强式报应说，即刑罚作为罪恶行为的完整回应，不容许任何特定刑罚适用的偏差。①

另一方面，墨家认为法令刑罚具有预防犯罪的功能。“预防”往往超越于初始的朴素情感，进而有意运用有别于“报应”情绪的理性“功利”考量，并可具体表达为教化矫正与威慑效果的刑罚功能陈说。与教化有关的预防，墨子的“赏善罚暴”有时夹杂着教化矫正的功能言说，如“设以为赏罚以劝贤”（《墨子·非命上》）、“畏其罚，相率而为贤”（《墨子·尚贤中》）的命题便不止于赏罚的报应本身，还包括实现“劝贤”。申言之，墨家之所以认为赏罚可以“劝贤”，从而不仅使其刑罚观未止于报应，还有预防甚至矫正劝善之效果，是因为墨家赏罚并非只出自现实君王之法令权威，也有类似于儒家的道德教化诉求，更追求自创之超越性兼爱交利思

① 关于“强式报应说”，参见陈兴良、周光权：《超越报应主义与功利主义：忠诚理论——对刑法正当根据的追问》，《北大法律评论》1998 年第 1 期。

想的指引。

法律在对犯罪人进行惩罚的过程中，也对社会中的其他民众产生威慑效果而起到预防作用。刑罚的预防作用主要表现在两个方面：其一是个别预防，其二是一般预防。个别预防，通常又被称为特殊预防，指法律通过对犯罪者适用一定的刑罚，从而使得其在一定的期间内或永久丧失再次实施犯罪的能力。一般预防，指司法者通过对犯罪者适用一定的刑罚，对社会中的其他人，特别是那些潜在的有可能触犯刑罚的行为人产生阻止其犯罪的作用。古典时期一般预防的核心是威慑，即借助于刑罚的残忍性与仪式性，对社会中的民众产生一种强大的威慑及阻止其犯罪的效应。这种利用法律的威慑实现犯罪一般预防的做法，当时的实践运用已驾轻就熟。为了防止犯罪，必须要抑制行为人试图犯罪的冲动或意图；对那些已经犯罪的人处以严苛的刑罚，通过残酷刑罚的痛苦威慑社会中的其他民众。①

早在春秋时期，铸刑书而开公布成文法先河的郑子产便提出一个堪称“中国法思想基础”②的刑罚宽猛论，《左传·昭公二十年》载：

> 郑子产有疾，谓子大叔曰：“我死，子必为政。唯有德者能以宽服民，其次莫如猛。夫火烈，民望而畏之，故鲜死焉；水懦弱，民狎而玩之，则多死焉，故宽难。”疾数月而卒。

尽管孔子由此发挥出“宽猛相济”之义，然儒家大多关切“以宽服民”，提倡导德齐礼。其结合德礼倡言规范预防功能的观点不乏价值，但于刑法实施方面不甚重视，既过于强调主观而不重制裁之严格报应，更有无视刑罚之一般预防与特殊预防功能之嫌。以至汉儒持消弭法律预防功能之礼法优劣论说，即如贾谊《治安策》“夫礼者禁于将然之前，而法者禁于已然之后”之命题。③法家则沿子产“水火之喻”的思路，将“猛政”

---

① 对于墨家刑罚观的研究，王宏结合现代刑罚理论阐述颇详。参见王宏：《墨家法律思想研究》，河北大学出版社 2013 年版，第 87 ~ 88 页。

② 参见〔日〕石川英昭：《中国法思想的基础》，载张中秋编：《中国法律形象的一面——外国人眼中的中国法》，中国政法大学出版社 2012 年版，第 27 ~ 28 页。

③ 汉儒为批判秦朝法家意识形态，建构儒学的制度话语权，则在法律思想上呈现显扬德礼、消解法令的特征。自贾谊提出“夫礼者禁于将然之前，法者禁于已然之后”（《治安策》）的命题，《大戴礼记》与《史记》皆重述之。其实，这一命题非但不合法理，还将先秦法家早已阐明的法之预防功能消解殆尽，从而推进儒学占据法制话语，礼义构筑法典理念的儒学术化史。参见马腾：《儒法合流与中国传统法思想阐释》，法律出版社 2016 年版，第 194 ~ 199 页。

与“刑治”说成“爱民”之举，进而阐扬轻罪重刑之论，绝不信德礼之教化功能。观墨家关于刑罚之功能表达，既申报应之主旨，又不无预防之见，既识教化矫正之义，又明威慑民众之功，而无儒法两家之偏颇。

（二）法令刑罚适用原则

1.“罪不在禁，惟害无罪”

《墨子·经上》曰：“罪，犯禁也。”《经说上》曰：“罪不在禁，惟害无罪，殆姑（辜）。”孙诒让释曰：“姑与辜通，言罪不必犯禁，惟害无罪，则及罪也。”[①] 然墨学复兴之际，民国先辈谙晓西学、浸染新法，便发现了个中与罪刑法定原则的相通之处。梁启超释曰：“犯禁谓之罪，事苟不在禁令中，虽妨害人亦无罚。”[②] 伍非百释曰：“人之所行多方，法之所禁有限。若禁外得罪，则人有不胜其罪者矣，而禁且不行。是以‘律无正文，无论何种行为不为罪’。”[③]

迄今，墨学界对该句的理解与翻译仍存在显著分歧。高亨曰：“人之有罪，只限于犯禁；设其所为，不在法禁，虽有害于人，亦无罪。”[④] 谭家健、孙中原也译为：“某人的行为如果不包含在国家法律的禁令之内，则其行为虽然有害，也不算有罪。”[⑤] 王讃源则说：“行为不在法禁之内，却危害无罪的人，当然也是罪。”[⑥]

所以，“殆姑”的解释亦是关键。“殆姑”究竟是“构成犯罪”，还是“不是犯罪”，抑或“接近犯罪”，关乎《墨经》所表达的是罪刑法定思想抑或完全相反。孙诒让理解为“及罪”，即“构成犯罪”。如此看来，在墨家的犯罪刑罚理论中，“罪”概念是第一性的，优先、超越于关乎成文法制的“禁”概念。就墨家思想整体所持的批判现实观点而言，如“不相爱”“厚葬久丧”亦是罪错，就很容易理解“罪”先于“禁”。可是，单就《墨经》而言，似乎与《经上》“罪”的定义不太吻合。

梁启超认为“殆姑”意为“不是犯罪”，“殆”为“行路相挤也”，证实“非法所禁，不能加罚”的论点。徐希燕则认为“殆姑”意为“接近犯罪”：“墨家在此先找出了‘邻近的属概念’即‘禁’，然后找出了‘种差’即‘犯’，二者之叠加观构成了‘罪’之定义。在经说中，墨家又详

---

① ［清］孙诒让：《墨子间诂》，中华书局 2001 年版，第 339 页。
② 梁启超：《墨经校释》，载《饮冰室合集》专集三十八，中华书局 1989 年版，第 18 页。
③ 伍非百：《中国古名家言》，中国社会科学出版社 1983 年版，第 35 页。
④ 高亨：《墨经校诠》，清华大学出版社 2011 年版，第 58 页。
⑤ 谭家健、孙中原：《墨子今注今译》，商务印书馆 2009 年版，第 246 页。
⑥ 王讃源主编：《墨经正读》，上海科学技术文献出版社 2011 年版，第 30 页。

细阐述了‘禁’与‘罪’之概念的细微差别，即：不在禁令之列，虽然有危害，但是无罪，不过这种危害已接近犯罪了。可见，墨家的定义是何等的严密！”[①] 经此解释，则文义上取“接近犯罪”亦仍应归于“不是犯罪”，符合罪刑法定原则。此外，还有译本认为“姑”非“辜”，乃姑息之意，“谓虽造成危害却无罪，几近姑息”[②]。

中国法律思想史的研究基本持“罪刑法定原则”的理解，视之为墨家法律思想中的闪光点，称之为中国法律思想史中难能可贵的罪刑法定思想。如张国华说：“‘罪不在禁，惟害无罪’意即只要不犯禁令（刑法），即使有害，也不构成犯罪。”[③] 马作武说：“‘罪不在禁，惟害无罪。’这是主张犯罪必须是触犯禁条的行为，如果行为虽有社会危害性，但法无明文规定，也不能以犯罪论之。这个观点其实是提出了‘法无明文规定不为罪’的原则。”[④] 马小红说：“‘罪不在禁，惟害无罪。’有些不好的言行虽然给社会带来了危害，但如果法律没有规定，就不可视为犯罪。这种主张颇有‘罪刑法定’的味道，对于防止统治者滥入人罪有着积极的作用。”[⑤]

话说回来，如果《墨经》纯为实在地定义“罪”，则可能形成一种有别于具有浓烈道德意味之“兼爱”论的罪刑观念。《经上》已将“罪”定义为“犯禁”，这是将与不合伦理、违反道德等义涵密切关联的“罪”概念法制化、实定化的里程碑。后来法家承其余绪，慎到曰“士不得背法而有名”（《慎子·逸文》），《韩非子·六反》亦旨在制裁世间“赞誉”的六种“奸伪无益之民”，奖赏世间“诋毁”的六种“耕战有益之民”，树立法令赏罚的绝对权威：“赏者有诽焉不足以劝，罚者有誉焉不足以禁”“有重罚者必有恶名”，最后消除其他评价标准而归一，达到“赏誉同轨，非诛俱行”的目的（《韩非子·八经》）。

可见，这是“任法而治”背景下的一种重要思想，即力倡对行为的法律定性之于社会舆论、道德褒贬的相对独立，甚至是法家设想的冲突、反叛、凌驾之可能。在这个意义上，墨子主张即使行为人的某些行为在社会中对其他人造成某些侵害，如果国家的法令并未对这些行为进行约束或规范，那么上述行为就不是违反法律的恶性行为，国家也不能对其行为追究并实施处罚。

---

① 徐希燕：《墨家对于概念“名”的研究》，《学术论坛》2000年第6期。
② 水渭松：《墨子直解》，浙江文艺出版社2004年版，第120页。
③ 张国华：《中国法律思想史新编》，北京大学出版社2003年版，第98页。
④ 马作武：《中国法律思想史纲》，中山大学出版社2007年版，第76页。
⑤ 马小红主编：《中国法律思想史研究》，中国人民大学出版社2007年版，第35页。但又在第404页指出：“传统中国的刑法思想中不可能存在如此先进的刑法理念。”

当然，墨家的法律思想亦根源于中国传统法文化，而与西方罪刑法定原则提出之际的文化背景与时代思潮有所不同。[①]其时道德毁誉与罪愆法禁之思，或者更多意味着，随着东周法制实践中公布成文法、“任法而治”已蔚然成风，思想家从中发展出一种使禁令之“罪”从笼统的罪恶中独立出来，甚至由此重构新型国家之罪刑体系，并排抑那些“不在禁”之罪的思路，最终凝结为倚重成文法令治国治民、判断罪刑的法制思想。这一刑法思想与西方“罪刑法定”原则有一定的相似性，或许曾对当时统治者在制定法令、实施刑罚的“法治”进程中起到指引规范作用。“罪不在禁，惟害无罪”的法思想命题本身在中国法律史长河中有一定的超越进步意义。

2.“不杀不辜，不失有罪”

墨家主张“兼相爱，交相利”，呼吁“强不执弱，众不劫寡，富不侮贫，贵不敖贱”。在刑法治理的意义上，墨子认为同样的刑罚之所以造成不同的治理结果，原因在于用刑者是否能妥善运用。以圣王制刑与苗民用刑的正反例证，墨子认为“善用刑者以治民，不善用刑者以为五杀”。《墨子·大取》曰：“杀一人以存天下，非杀一人以利天下也；杀己以存天下，是杀己以利天下。”又曰：“爱之相若，择而杀其一人，其类在阬下之鼠。”人可以选择自我牺牲利天下，但不能以天下为借口杀害无辜之人，毕竟杀人违反兼爱原则，如果在两个本应属于兼爱对象的人中，不管出于什么理由选择杀害其中一人，如此不堪之人类就不免沦为同类相残的鼠族。可见，墨家虽然崇尚功利，言全体多于个体，但于道义上始终遵守不杀不辜原则，而形成其深刻的义理阐释。

因此，在墨家的刑罚适用原则中，应着重分析“不杀不辜，不失有罪”（《墨子·尚同中》）这一重要命题。“不杀不辜”主要提示“慎刑”，“不失有罪”则旨在强调“严刑”。墨家如何具体表达这种“不杀不辜，不失有罪”的严刑慎刑主张，当考诸《墨子·明鬼下》。关于墨子鬼神观与社会控制观，郑杰文说：“鬼神作为社会控制力量的作用有二，一是监督、赏罚官府统治阶级，使其不敢不清廉明正；二是监督、赏罚平民百姓，使

---

① 罪刑法定原则由意大利刑法学家贝卡利亚提出。在他看来，只有违反法律规定的行为，才应当受到相应的刑事处罚，任何“超越法律限度的刑罚就不再是一种正义的刑罚”。〔意〕贝卡利亚：《论犯罪与刑罚》，黄风译，中国大百科全书出版社1993年版，第11页。后来费尔巴哈将这一原则的具体含义进一步加以明确，提出“法无明文规定不为罪”和“法无明文规定不处罚”。罪刑法定原则要求刑罚在适用的过程中必须要做到：不能溯及既往、不能进行类推解释或类推适用等，是人类法律文化进步的重要标志。

其不敢暗中作恶。”[①] 墨子“明鬼”论固然不乏对世人的威慑恐吓以劝善沮暴，然其所述之事在论证鬼神实存之余，更多透露“不杀不辜，不失有罪”的刑罚适用原则，始终突出针对执法用刑者的这一专门要求。

“明鬼”作为墨学十论之一，可能与东夷文化的鬼神崇拜有关。[②]《墨子·明鬼下》所述“耳目之情”的鬼神之事有五，均称之为闻见实事，可窥见其所立足的文化氛围。其中，事一载周宣王杀杜伯以“不辜”，杜伯为鬼射杀周宣王；事三载燕简公杀庄子仪以“不辜”，庄子仪为鬼击杀燕简公。墨子借此二事闻见者之口，旨在“戒之慎之”，“凡杀不辜者，其得不祥，鬼神之诛，若此之憯遬也！”二事典型彰显了“不杀不辜”的刑罚理念，现实中执法用刑的君上屡屡杀害不辜之臣民，然而，勿忘人死为鬼，枉杀者终将遭到报复。已有不少论者洞识墨子“不杀不辜”主张的积极意义。“滥施刑罚误杀不辜，法律的公道虽不能由人事申之，冥冥鬼神仍旧能折冤狱代施报复。”[③]“这种‘善有善报，恶有恶报’的朴素的正义观尽管在当时并没有受到重视，但是以今人的眼光看，墨子无疑开了控制国家滥用刑罚权的先河。”[④] 治者枉杀构成一种“杀不辜”之罪，不辜者为鬼杀害治者，既是对“杀不辜”行为的否定，又是通过刑杀治者实现正义。这种叙述逻辑，始终寄寓着墨子“不杀不辜”的强烈主张以及复仇、报应刑观念。

上古慎刑思想与“不杀不辜”原则源远流长，如《尚书·大禹谟》云：“罪疑惟轻，功疑惟重。与其杀不辜，宁失不经。”西周有罪疑从赦的原则，即“五刑之疑有赦，五罚之疑有赦，其审克之”(《尚书·吕刑》)，而西周“三刺”原则，即“壹刺曰讯群臣，再刺曰讯群吏，三刺曰讯万民”(《周礼·秋官·司刺》)，反映了依照职权与程序适用刑罚的具体规定，慎刑思想对避免刑罚滥用、预防冤狱发生始终富有积极意义。春秋管仲则以“轻刑罚”为国之大礼(《管子·中匡》)，主张治国慎用“杀生贵贱贫富”六柄(《管子·小匡》)。墨家强调“不杀不辜”，汲取优良的传统思想资源与实践方略，与儒家恤刑思想同样代表刑法人文主义，至少在话语体系上有别于稍后兴盛的轻罪重刑思想。

---

① 郑杰文：《墨家鬼神观的渊源、学说及影响》，载张知寒主编：《墨子研究论丛》(二)，山东大学出版社 1993 年版，第 427 ～ 428 页。

② 参见李永先：《墨子学说的产生背景》，载张知寒主编：《墨子研究论丛》(二)，山东大学出版社 1993 年版，第 508 ～ 509 页。

③ 冒景璠：《墨家法律思想》，《新粤周刊》第 1 卷第 5 期，1937 年。

④ 王金慧：《墨子“兼相爱，交相利”法律观及其现代价值》，烟台大学硕士学位论文，2008 年。

如果说"不杀不辜"反映传统治道的慎刑原则，那么"不失有罪"则饱含墨家违法必究的主张，带有战国渐趋刑制化时代的烙印，盖为法家"信赏必罚"之先兆。《墨子·明鬼下》事五正反映了"不失有罪"的理念：

> 昔者，齐庄君（公）之臣有所谓王里国、中里徼者。此二子者，讼三年而狱不断。齐君由谦（兼）杀之，恐不辜，犹谦（兼）释之，恐失有罪。乃使之（二）人共一羊，盟齐之神社，二子许诺。于是泏洫（涌血），摇（刭）羊而漉（洒）其血，读王里国之辞既已终矣，读中里徼之辞未半也，羊起而触之，折其脚，祧神之而槁之，殪之盟所。当是时，齐人从者莫不见，远者莫不闻，著在齐之春秋。诸侯传而语之曰："请品先（诸盟矢）不以其请（情）者，鬼神之诛至若此其憯遬也！"以若书之说观之，鬼神之有岂可疑哉？

墨子讲述一个齐国疑难案件"盟诅"程序中发生羊触人事件而最终决疑，论者多目为古代"神明裁判"之力证，且不免联想到皋陶以獬豸"触不直者去"之司法传说。然细绎其文，该事更可凸显墨子"不失有罪"的严刑理念。值得注意的是，这里的程序是常规性的周礼"盟诅"[①]，而有别于传说皋陶式的神明裁判；羊充当的角色是盟诅程序中的"牲"，也非联想到的裁判"神兽"；且已"摇（刭）羊而漉（洒）其血"献祭于神，突发的死羊触人、祧神杀人事件乃盟诅中的意外，并非作为"神明裁判"的预期裁决结果。即便"盟诅"程序与"神判"理念在这一鬼神之事中可以统合，那么故事中在"讼三年而狱不断"的捉襟见肘之际，齐庄公最终求诸"神判"为的什么？无非是"不失有罪"！可以想见，现实中普遍的"盟诅"仪式存在欺瞒状况，"盟矢不以其情"，导致真实案情被包藏封存，最终可能不是一并制裁，如本案"兼杀之"，而更可能是不了了之，如本案"兼释之"。虽说齐庄公恐杀不辜、恐失有罪，但走完盟诅程序之后，也只能是"兼释之"的裁决结果。鬼神凭空出现，于此现身而扮演了阻却"失有罪"的角色，于墨子"不失有罪"理念堪称一个不可或缺的存在，其制裁之憯遬乃对墨子"不失有罪"观念的一种淋漓尽致的宣显。

---

① "盟诅"是周礼要求的一种宣誓仪式，可以适用于"讼狱"中。见《周礼·秋官·司盟》："司盟掌盟载之法。凡邦国有疑会同，则掌其盟约之载及其礼仪，北面诏明神。既盟，则贰之。盟万民之犯命者，诅其不信者亦如之。凡民之有约剂者，其贰在司盟。有狱讼者，则使之盟诅。凡盟诅，各以其地域之众庶共其牲而致焉。既盟，则为司盟共祈酒脯。"

不管是不辜者为鬼报复杀不辜者，还是作为神意“不失有罪”，“明鬼”都围绕罪刑关系结穴于“不杀不辜，不失有罪”这一宗旨。由此也说明，墨子“明鬼”非唯威慑恐吓民众使之免于犯罪，更是为了警示规谏君上政长使之公正断案，其背后也透露出执法用刑的“严刑慎刑”理念，及其对探明客观真实的追求。

犯罪与刑罚之间的对应关系，源自人类社会业已树立的复仇观念、报应观念。进而形成人们对于罪责刑的公正观，犯罪者所受到的刑事处罚要与其罪行和责任相适应。自从人类社会出现了犯罪与刑罚，二者之关系与比重便成为人们覃思之题，由此逐渐形成、演化出某种罪刑相适应的观念意识。贝卡利亚指出：“犯罪对公共利益的危害越大，促使人们犯罪的力量越强，制止人们犯罪的手段就应该越强有力。这就需要刑罚与犯罪相对称。”① 当代罪刑相适应的法律原则所涵盖的基本内容是：只有出现了犯罪行为，才会有刑事处罚；刑事处罚的轻重与犯罪行为所造成的损害大小成正比。

慎刑严刑思想的核心精神就是刑法所体现的人道与合宜，不但含有要求对刑罚进行制约的意识，而且包括一些有关法律程序正当性的主张。慎刑严刑得以贯彻的前提是法律必须明确，这样才能做到有法可依，才能依法定罪量刑。法律一经制定并公布，就必须得到有效遵守及执行。在刑罚适用的过程中，必须严格依据法律的规定，而不能按照个人的意志或喜好判刑，更不能依据行为人的贵族特权或与司法人员的亲属关系处罚。

在具体刑罚的适用过程中，墨家主张罚当其罪。最典型的墨家之法，即腹䵍所谓“杀人者死，伤人者刑”，也是罚当其罪的重要表现。所谓“慎刑”常与“轻刑”辅车相依，往往或许诉诸导德齐礼的说教，或许成为某种“以法统政”的装点，② 均可能流于无原则的赦宥赎免，这有损于法律刑罚的权威与实效。因此，更为合宜的慎刑观念或主张，不可简单等同于刑法适用的宽松或轻简，慎刑亦不乏严刑之义，应是认真对待法令实施与刑罚运用，保持其合理适中。在实施刑罚过程中，既不能太过残酷或严苛，又不能太过仁慈或松弛，应当做到罚当其罪。故曰，“不杀不辜”必当配以“不失有罪”，法律的权威性才能得到张扬，这又是墨家严刑观与儒家赦宥论的差异，及其与法家契合之层面。

---

① 〔意〕贝卡利亚:《论犯罪与刑罚》，黄风译，中国大百科全书出版社 1993 年版，第 65 页。

② 例如，管仲主张慎刑而采取“严刑轻过移诸甲兵”的刑事政策，规定：“制重罪赎以犀甲一戟，轻罪赎以鞼盾一戟，小罪谪以金分，宥閒罪。”（《国语·齐语》）慎刑轻刑并非本义，富国强兵才是目的。

概言之，墨家所主张“不杀不辜，不失有罪”的刑罚适用原则，与罪刑相适应原则有通约之义。儒家遵循明德慎罚而倡导宽免恩赦，于“不失有罪”方面有所疏失；法家强调信赏必罚而极言轻罪重刑，于“不杀不辜”方面难言应合。在传统中国论述刑罚适用原则的学说话语中，墨家能将慎刑与严刑的主张合而言之使之不相背离，足以彰显其法律思想的积极意义。

3.“不党父兄，不偏富贵”

墨家“不党父兄，不偏富贵”（《墨子·尚贤中》）的主张，重点在于强调其独树一帜的“尚贤”理念，从而挑战冲决“亲亲尊尊”的世卿世禄旧制。照墨家逻辑，既然在选贤方面秉持“不党父兄，不偏富贵”的原则，则在刑罚适用上也遵循平等原则，反对贵族特权，亦符合前文所诠释的墨家“兼爱”平等精义。墨家确实主张赏罚要公正无私，即“均分赏善罚暴，勿有亲戚弟兄之所阿”（《墨子·兼爱下》），堪称韩非“法不阿贵，绳不绕曲”（《韩非子·有度》）这一著名执法口号的先声。

墨家素来憎恶侵犯人身财产的犯罪，禁杀伤人是天下大义，对杀人行为必须遵行“杀人者死”的墨者之法，若是墨者杀人更应严惩不贷。墨者钜子腹䵍不以私废公，将儿子正法的行动，诠释了墨家对刑罚平等原则的恪守。《吕氏春秋·孟春纪·去私》记载：

> 墨者有钜子腹䵍，居秦，其子杀人。秦惠王曰：“先生之年长矣，非有它子也，寡人已令吏弗诛矣，先生之以此听寡人也。”腹䵍对曰：“墨者之法曰：‘杀人者死，伤人者刑。’此所以禁杀伤人也。夫禁杀伤人者，天下之大义也。王虽为之赐，而令吏弗诛，腹䵍不可不行墨者之法。”不许惠王而遂杀之。子，人之所私也。忍所私以行大义，钜子可谓公矣。

其中所展现墨家在刑罚问题上的平等精神，依循文本逻辑可从三个层面解读：

其一，与恩赦理念相反，腹䵍拒绝秦惠王特殊优待宽赦其子体现的立法平等。秦惠王以腹䵍为贵宾而有心宽宥，所言“先生之年长矣，非有它子也”亦有理有据，若按后世留养承嗣之制，对腹䵍之子不执行死刑更是完全合法。然而，腹䵍所为既是拒绝衡量情理宽宥罪人，又反映墨者之法相对于国家法的独立。墨者“杀人者死”的立法规则至简而无例外，有别于秦惠王缘于现实普遍存在之特权法则而提出的方案，体现立法规则的平等性。

其二，与公正司法契合，腹䵍大公无私处死儿子体现的司法平等。当代新墨学不乏以该事弘扬墨家法治思想者，却过于纠缠“大义灭亲”与“亲亲相隐”之辩，其法治之公正平等司法之义反而隐晦。关键在于，“墨者之法”为属人之内部法纪，钜子腹䵍即这一法纪范围中的最高统治者，掌握最终司法权，其子犯法也只能依法处断，不容许同罪异罚而必公正司法，如此而已。这是对“墨者之法”面前墨者人人平等原则的恪守。

其三，与报应主义有关，杀人者与被杀人者生命的权利平等。腹䵍之子杀人所侵犯的是生命权，“禁杀伤人”原是“杀人者死”之法的宗旨，它不论杀人者与被杀者的各种具体身份属性，只显现抽象化的人的生命对等，而因此必以剥夺生命的方式惩罚罪人，亦所谓“杀一人谓之不义，必有一死罪矣”(《墨子·非攻上》)。这是对源于同态复仇且尽显刑罚报应观念的墨家法则的诠释。

合言之，腹䵍“行墨者之法”，依其逻辑显露的权利平等、立法平等、司法平等思想，尤其法律刑罚对情理、身份、权力的抗衡抵制，不啻墨家“刑罚平等原则”之生动写照。并非“杀人者死”规则本身，而是真正的“刑罚平等原则”，合于现代法治之要求。

三、具体的法令刑罚规范

（一）“杀人者死，伤人者刑”

墨子殁后，墨离为三，墨者术业虽有分化，但钜子始终作为墨派传人，也作为墨者必须遵循的内部法纪——“墨者之法”的实际操控者和监督执行者。墨者们不但必须在城守圣战中听从钜子的指挥号令，而且其日常行为也受“墨者之法”这一内部法纪的严格约束，违法者将受到钜子制裁。上述秦惠文王在位时，墨学钜子腹䵍居秦，曾因严格遵循墨者之法“杀人者死，伤人者刑”，杀死了自己唯一的儿子，殆为“公”之典范。同时，这一规范也是墨家报应刑理念与刑罚平等原则的独特表现。

（二）“杀盗非杀人”

似如名家公孙龙言“白马非马”，“杀盗非杀人”是中国名学史上一个引人入胜、富有争议的有趣命题，语出《墨子·小取》：

> 盗人，人也；多盗，非多人也；无盗，非无人也。奚以明之？

恶多盗，非恶多人也；欲无盗，非欲无人也。世相与共是之。若若是，则虽盗人人也，爱盗非爱人也，不爱盗非不爱人也，杀盗人非杀人也。

早在《荀子》经典的《正名》篇中，“杀盗非杀人”就被斥为“以名乱名”的典型。近代墨学复兴以来，“杀盗非杀人”引起学人逻辑思辨之兴趣，有人说是“诡辩”色彩的假命题，① 有人说是具有逻辑学意义的真命题。后来，又有论者窥破其中逻辑与价值的混淆，“逻辑屈从价值，价值牺牲逻辑”导致墨学“逻辑”及其辩护者的症结或“精神分裂”。② 由此，也可以理清对这一命题于逻辑与价值上各应采取的解释方案。

其实，墨家意欲传达的意旨，在于“杀盗”行为背后独特的价值考量或正当基础，或者说“杀盗”这种刑罚执行行为与一般杀人行为的“差异性”③。最简洁明了的解释，如沈有鼎言：“墨家把‘杀人’解为‘犯杀人罪’。”④ 或如杨荣国所言：“就杀盗不是杀人一论题来说，墨者倒是从更深一层地发掘现实中来反映客观现实的。因为说杀人，不能表明那人何以被杀，犯罪呢？还是仇杀？说杀盗，便明显了。……只是为了使概念更臻于明确，把盗从人区别开来，说杀盗不是杀人。”⑤

至如从法学视阈深入辨析，聂长建等人已指出，“杀盗非杀人”这一在逻辑上不真实的命题在法学上是成立的，只有从法律价值判断的视角才能理解这一命题的意蕴。进而阐释道：“‘盗’和‘人’均为事实，而‘杀盗’和‘杀人’均为法律行为，而法律行为总是在法律价值的支配下产生的，不同的法律价值赋予同一法律行为以不同的意义。……‘杀

① 如方授楚说：“杀盗非杀人，诡辩而已。”方授楚：《墨学源流》，中华书局、上海书店 1989 年影印版，第 172 页。

② 程仲棠：《从“杀盗非杀人”看逻辑与价值的混淆》，《中国哲学史》2005 年第 1 期。

③ 关于“差异性”也是研究这一命题的要点。有学者指出关键在于理解此处“非”字的含义。曲海滨说：“人们往往把‘非’字理解为表述全异关系（或否定判断）的联结词。这是不符合《小取》原意的。我们说‘非’字在古汉语中是多义的，虽有不少是表达全异关系（或否定判断）的联结词，但也有表达‘有异’关系的（即不同于，或有区别）的意思。”曲海滨：《也论墨家“杀盗非杀人”的命题》，《殷都学刊》1984 年第 4 期。张青卫说：“这里还有一个很容易被人忽视的问题，就是对‘非’字词义的理解问题。……墨家既在‘并非’（全异关系）这意义上使用‘非’这一语词概念，又在‘有异’（相容关系）这一意义上使用‘非’这语词概念，从而造成既将‘盗’这一概念的外延包含于‘人’的概念外延之内，又将‘盗’概念的外延排除在‘人’的概念的外延之外。”参见张青卫：《墨家“杀盗非杀人”的命题新解》，《船山学刊》2011 年第 3 期。

④ 沈有鼎：《沈有鼎文集》，人民出版社 1992 年版，第 352 页。

⑤ 杨荣国：《中国古代思想史》，人民出版社 1973 年版，第 334 ~ 335 页。

盗非杀人'根本不是一个逻辑学问题，而是法律上的价值判断问题，它只是说：法律应对那些具有偷盗等为法律所禁止的行为的人给予处罚（'杀'只是一种处罚），而对那些没有为法律所禁止的行为的人不应给予处罚。"①

"杀盗非杀人"并非逻辑悖论，可以与第一条结合起来看，构成法律的一般规定与特殊规定的关系。《小取》曰："获，人也；爱获，爱人也。臧，人也；爱臧，爱人也。"身份卑微的奴婢都是人，都作为兼爱之对象。这里毕竟首先承认"盗"是"人"，则"盗"与"人"的关系与"杀盗"与"杀人"的关系是两个问题，前者解决"人"类型的问题，后者解决"行为"类型的问题。墨家认为，研究任何问题都必须"察类明故"，即要对事物进行分类，不同类的事物不能混淆。就后者有关"行为"类型而言，"杀盗非杀人"命题旨在辨析：对盗执行死刑的行为，确实有别于应受到谴责惩罚的故意杀人行为，毕竟一般语义讲"杀人"仅指后者。这大抵犹如今日刑法学原理所言"排除犯罪性行为"之"执行职务"②，若不能澄清未予排除，就会造成荒谬，把执行死刑的行为又归属于刑法所要惩罚的杀人犯罪。

或许认为，后一"行为"类型问题仍可涵摄"人"类型问题，但直面这一难题的解释也可能在价值理解上殊途同归。圣王、仁者一般反对杀人，但是并不反对消灭那些严重破坏天下大利的人。墨家既主"不杀不辜，不失有罪"，则"杀盗非杀人"无违于这一刑罚理念。质言之，墨子虽然反对任意剥夺他人的生命，但是并不反对"杀盗"。毕竟在墨子看来，"盗人"并非凭借自己的劳动获得生存的资本，而是以盗窃或抢劫等不正当手段获得他人的劳动成果。这样的盗窃或是强盗行为不仅不符合"兼相爱，交相利"的根本法则，而且是一种"别相恶、交相贼"的不义典型，必然应受惩罚。"杀盗"有别于"杀人"，相信墨者有其良善初衷，除去"兼爱"理想世界的祸害，终为天下谋福。然而，"盗人，人也"本无疑义，而"杀盗非杀人"这一命题浓烈的价值色彩，及其可能推衍牵引出的观念意识，仍不无应予警醒的"不把人当人"的逻辑。马作武说："若就法律的基本概念和一般常识而论，则这个命题是荒谬和危险的。因为'杀

---

① 聂长建、李国强、徐鸿：《墨子"杀盗非杀人"的法律价值分析》，《兰州学刊》2009 年第 10 期。聂长建等人还指出误读这一命题源于现代的学科壁垒："哲学家不懂法学，就把这两个问题当作哲学问题去批判；法学家不懂哲学，也不敢去哲学阵地把自己被侵占的疆土夺回来，是宿命还是悲哀？"

② 参见王仲兴：《刑法学》，中山大学出版社 1998 年版，第 128 页。

盗'是'杀人'的一种，不能凭借道德因素否定'杀盗'是'杀人'行为之一。"①

名辨思潮盛行之时，由于这一命题赫然出现于名论巨著《墨经》，又与其时彰著之"白马非马"论具有语法上的类似结构而并闻于世，其可能透露超出命题本身的一些观念影响与文化理解。

关于"杀盗非杀人"命题的争论，或指责刑杀量刑过重，或揭露抹灭盗之人权，或解释为"杀盗"防卫过当，或批判"杀盗"与反思死刑相左，有些思路可能超出文本与历史语境以致不得要领。例如，"恶多盗，非恶多人也"一语，已足以表明这段话的主语应为治者，而非一般人，并不涉及面对"盗"的防卫问题。以历史眼光看，回归当时惩治违法犯罪的法律文化语境同情理解，可见"杀盗非杀人"在一定意义上深受精英思想之认同，亦为社会观念之共识。

如《左传·昭公二十年》载：

> 郑子产有疾，谓子大叔曰："我死，子必为政。唯有德者能以宽服民，其次莫如猛。夫火烈，民望而畏之，故鲜死焉。水懦弱，民狎而玩之，则多死焉，故宽难。"疾数月而卒。大叔为政，不忍猛而宽。郑国多盗，取（聚）人于萑苻之泽。大叔悔之，曰："吾早从夫子，不及此。"兴徒兵以攻萑苻之盗，尽杀之，盗少止。

这一关乎执政宽猛的经典故事，因孔子的赞词及其锤炼为"宽猛相济"的思想而愈发卓著。圣人早已称"善"，"杀盗"在当时亦何妨？站在子大叔的立场，或可理解他对前辈子产以宽服民及惠人之誉的追慕，当面临宽猛抉择、"杀盗人"与否时自会游移不定，只是后来"郑国多盗"的窘迫事实才逼使他遽行严打，痛下杀手。诸如此类"杀盗"之事理，唯有顺乎天道、珍视生命如道家才颇有批判，《庄子·天运》曾引老聃曰："禹之治天下，使民心变，人有心而兵有顺，杀盗非杀人，自为种而天下耳，是以天下大骇，儒墨皆起。"又可见此非唯春秋宽猛权宜一时，盖可谓为国家政刑之通例。

在国家治理、社会正义的宏大语境中，"杀盗"与"杀人"的差异性背后是"杀"与"生"的辩证，如果结合儒家"以生道杀民"的命题，或可略为呈现该命题关于违法犯罪与权益秩序的法文化意蕴。大凡有宽仁之

① 马作武：《先秦法律思想史》，中华书局2015年版，第176页。

心，欲有爱人之名的治者，在是否“杀盗人”时必会虑及杀戮与宽仁、惠政、爱人诸义的冲突。然而，紧迫的现实治理诉求与立法任务又是所谓的“王者之政，莫急于盗贼”，“律始于《盗贼》”（《晋书·刑法志》），为了让治者决心惩治盗人，保障民众权益，墨家提出“杀盗非杀人”的逻辑命题，澄清因执行剥夺生命之刑罚的杀戮与一般杀戮的不同，从而舒缓“刑杀”与“兼爱”之间的紧张。正如《墨子·兼爱上》所述“盗爱其室，不爱其异室，故窃异室以利其室”，“盗”俨然是“亏人自利”行径的典型，杀之诚无违于“兼爱”之道。王冬珍说：“墨家尚兼爱，而‘盗爱其室，不爱异室，故窃异室，以利其室’，与兼爱之旨相背，故恶盗独甚，而以‘非人’视之，此亦正所谓爱人也。”[①] 墨子辨“攻”与“诛”（《墨子·非攻下》），孟子辨“弑君”与“诛一夫”（《孟子·梁惠王下》）也归于同一逻辑，均旨在澄清特定行为不背离基本原则。别墨“杀盗非杀人”之义，不逃于此。

概言之，墨家“杀盗非杀人”的命题有其逻辑与价值探讨空间，于法律思想观念上，其义涵既涉及执法排除，又关乎权利维系。将“盗”置于“人”的对立面，折射出对违反社会秩序、侵犯权益的人群（“盗”）与正常社会秩序、享有权益的人群之间的对立关系，体现国家法令刑罚治理框架中自有辨识的正义原则与罪刑定义。

第四节　《墨子·号令》所见之墨家法律规范

孙卓彩说：“墨子不仅是统一法律、法令的倡导者，也是统一法律、法令的制定者和践行者。他在帮助弱小国家抵御强敌入侵的时候，都制有严明、详尽而又有可行性的法令条文，并严格执法，令行禁止，赏罚分明，以振士气。”[②]《墨子》一书中，《备城门》等十一篇都是关于军事方面的论述，以及如何进行防守的军事技艺。学者大多认为属于墨家后学的著述，且与秦政有关。蒙文通指出，《备城门》以下各篇为秦墨所著，因为其中备见秦人所独有之制。[③] 通过李学勤先生的详尽考证，可知《墨子》城守各篇所记载与云梦睡虎地秦简的内容存在很多相似甚至相同之处，即“注释秦简过程中，又发现《墨子》书内城守各篇，文字也与简文近似，

---

① 王冬珍：《墨学新探》，世界书局 1989 年版，第 255 页。
② 孙卓彩：《“贵和”与“尚同”：孔、墨和谐思想比较》，载任守景主编：《墨子研究论丛》（八），齐鲁书社 2009 年版，第 331 ~ 332 页。
③ 蒙文通：《儒学五论》，广西师范大学出版社 2007 年版，第 71 页。

有许多共同之点，从而可以推定为战国后期秦国墨家的作品”。① 同时，“城守各篇”也与银雀山汉简《守法》《守令》颇有关联，② 均是“墨者之法”与法家的法制主义合流的产物。③

至少就墨家本身，“城守各篇”体现墨者丰富的军事法律实践，在《墨子》一书中占据相当比重，应是墨家思想体系的重要构成，更是归纳墨家法律思想不可忽略的篇章。尤其《号令》④ 篇直接展现墨家城守圣战实践中的法律原则、法律机制、罪名刑罚的内容，是了解墨家法制实践的重要资料，惜乎一般法律思想史著作从未就此介绍、论述墨家法律观。以下仅就对《墨子·号令》的爬梳，搜罗归纳出墨家制定的诸多具体法律规范，以窥见其军事法理念之一斑。

一、基本原则

战国时代以战争为主题，法律阐释在军事法领域相当集中，军国思想、兵刑结合清晰可见，吴起、商鞅等皆为兵法家者，军事规范与治国之法常呈现共通精神。墨家守城之法本质上是作为法之特殊领域的军事法，但大体上尚可展现墨家对法制建构的基本理念与诸多具体主张。其主要原则有两方面：一方面，守城之法非常突出军事权威与军权实效，号令之功用是“赏善罚暴”，即“命必足畏，赏必足利，令必行，令出辄人随，省其可行、不行”（《墨子·号令》），所有的法律规范都切实依循厚赏与重刑两手强化军权实效。另一方面，守城之法十分强调上下之分、等级职制。在这一军事法体系中，首先依循“尚同”思想明饬上下关

① 该书进一步指出，《备城门》以下各篇的年代，经过多年研究，已有比较一致的看法。过去曾有人以为是汉人伪书，其说不足凭信，已有学者详加驳正。清人苏时学《墨子刊误》首创秦人所作之说，蒙文通、岑仲勉、陈直等先生陆续有所论证，是可信的。近年发现了云梦睡虎地秦简，与《备城门》等篇比较，足以证明其为战国后期秦人的作品。不过，《备城门》等篇也并非都成于一人之手，年代容有早晚之分。苏时学就指出过，《迎敌祠》文中称“公”，应作于秦惠文王称王（前 325）以前，而《号令》文中称“王”，应成于秦称王以后。与《守法》有关系的《备城门》，居论守城之术诸篇之首，其开端记禽滑釐问墨子防御十二种攻城术的方法，是下面《备高临》《备梯》等篇的绪论，著作年代应较早。《号令》本身有独立性，语言最接近秦简，年代应较晚一些。李学勤：《简帛佚籍与学术史》，江西教育出版社 2001 年版，第 128 页、371 ~ 372 页。早前考述，参见李学勤：《秦简与〈墨子〉城守各篇》，载中华书局编辑部编：《云梦秦简研究》，中华书局 1981 年版，第 334 ~ 335 页。

② 参见罗福颐：《临沂汉简概述》，《文物》1974 年第 2 期。

③ 参见史党社：《〈墨子〉城守诸篇研究》，中华书局 2011 年版，第 234 ~ 242 页。

④ 苏时学认为，《号令》“皆秦时官，其号令亦秦时法，而篇首称王，更非战国以前人语，此盖出于商鞅辈所为”。岑仲勉：《墨子城守各篇简注·再序》，中华书局 1958 年版，第 8 页。其实，反而可能由此推测墨者城守号令与秦法家的关联。

系，强调下级对上级的服从。而且，通过刑罚对上级的权利进行特殊保护，如果以下犯上则以谋反论，“诸吏卒民有谋杀伤其将长者，与谋反同罪，有能捕告，赐黄金二十斤”。不过，上级也要承担更多的法律责任，“吏卒民多心不一者皆在其将长。诸行赏罚及有治者，必出于王公”（《墨子·号令》）。

二、主要法律机制

《墨子·号令》中主要的法律机制体现维系安全价值、不惜严刑治理的宗旨，于城墙内外抟力输力之道富有心得、善于权术，确可窥见法家治国之道与秦政的踪影。择其要者如下：

（一）家属控制法

“守城之法，敌去邑百里以上，城将如今（令）尽召五官及百长，以富人重室之亲，舍之官府，谨令信人守卫之，谨密为故。”取官长及富人、贵家之亲属，安置在官府，盖防此等人内变，所以用亲信人守卫之加以控制，也是一种保护措施。

（二）纠察告奸法

墨家号令之重刑重赏同样突出，重赏主要以奖励告奸。早在《墨子·尚同下》便已阐明这种主张：“若见爱利国者必以告，若见恶贼国者亦必以告。……上得且赏之，众闻则誉之。”有论者认为：“这种普遍的人民检察制度奖励告诉的理论，可以说明墨子民主思想的浓厚成分。检举权在臣民，执行权在天子，这样便能收检察制度之效果了。”[①] 然而，不管从民主价值的判断还是在检察效果的审视，这种告奸制度虽符合战时军法原理，却不得不承认其作为治政法术时不可避免的弊端。

在《墨子·号令》中，关于“捕告”的条款不胜枚举，兹举一例说明：“城上卒若吏各保其左右，若欲以城为外谋者，父母、妻子、同产皆断。左右知，不捕告，皆与同罪。城下里中家人皆相葆，若城上之数。有能捕告之者，封之以千家之邑；若非其左右及他伍捕告者，封之二千家之邑。”可见，捕告是官兵的基本义务，不履行该义务将遭受连坐惩罚。同时，履行该义务还能获得奖励，甚至不承担这项义务的实施者，有获得更优奖励的权利。

---

① 冒景瑄：《墨家法律思想》，《新粤周刊》第 1 卷第 5 期，1937 年。

关于守城巡查之法、通敌之罪、告奸之赏，墨家有精密设计：

> 里缶（正）与皆守宿里门，吏行其部，至里门，缶（正）与开门内吏，与行父老之守及穷巷幽闲无人之处。奸民之所谋为外心，罪车裂。缶（正）与父老及吏主部者不得，皆斩；得之，除，又赏之黄金，人二镒。大将使使（信）人行守，长夜五循行，短夜三循行。四面之吏亦皆自行其守，如大将之行，不从令者斩。

大将派亲信四处巡查，部吏亦各查其所管地面。巡城主体除大将亲信、部吏官兵，还包括里正与父老、居民。墨家守城巡查之法的特点在于有效结合官兵民力量，利用基层组织力量，以里正父老为疏通官民桥梁。他们守护各街巷进出口，接待陪同部吏巡查各居民父老所守岗位和小巷中偏僻无人之处。巡查之法旨在及时发觉并抓获图谋通敌者，处车裂之刑。若里正、父老与部吏失职一律处斩，如果他们能及时发现和抓获奸民，不仅能免罪，还可得到赏金。墨家纠察告奸之方案，可谓设计周密，依赖刑赏，不免让人联想到法家族诛连坐、奖励告奸之法，从中可爬梳钩沉更具体的运转样态。

（三）人事任用法

《号令》篇中的法律规范涉及多类主体，如大将、令、丞、尉、都司空、候、兵、谒者、执盾、中涓、信人、部吏、里正、父老、三老、守闾、妇人、会计、侦探，等等。在人员的选用标准方面规定：“守之所亲，举吏贞廉忠信、无害可任事者，其饮食酒肉勿禁，钱金、布帛、财物各自守之，慎勿相盗。”可见，贞廉忠信品格和具体任事能力最为重要，符合标准的人员即可享受丰厚的物质条件。墨家强调守城“先以候为始”，因而主张豢养一批间谍密探，以丰厚物资优待之，“赐衣食酒肉，信吏善待之”，又根据所探情报真确以及刺探业绩分别另行奖励。这些举措，也不免让人联想到墨家尚同图景中专司通情的“外为之人”。有意思的是，墨者之法还特别倚重有荣誉之功臣及其子弟，例如“四面四门之将，必选择之有功劳之臣及死事之后重者，从卒各百人”，还有不少针对富人重室（贵族）之亲族子弟守城职责的专门规定。

概言之，有关人事任用的墨家号令具有主体类型众多、任用标准德才兼备、物质条件极其优厚，尤重任用间谍刺探人员与荣誉功臣贵族子弟的特点。

（四）团结动员法

墨家主张动员老幼妇孺以及各行业有一技之长者，直接参加战斗或后勤巡逻联防工作。① 在守城紧急关头更应采取开明宽松的用人方针，要充分借助城中那些乐善好施、善于谋划之人的帮助，也要调动能工巧匠、侠客义士，即使往常品行不端、经常打架的人也要巧加利用。从外地过来不久的新住户，当然与本地居民一样对待不能歧视，这自然也是“兼爱”的要求。总之，凡参加守城战斗的人，不论出身、身份、职业、才能、品质，“守必察其所以然，应名而内之”。②

为了使团结动员的效果最优，要以严明赏罚的方式保障。一方面，通过赏赐、免税、徭役优待的方式嘉奖，建立赏罚严明、全民皆兵的军事法体系。另一方面，制定严酷的刑罚。“守入临城，必谨问父老、吏大夫，请（诸）有怨仇雠不相解者，召其人，明白为之解之。守必自异其人而藉之，孤之。有以私怨害城若吏事者，父母、妻子皆断。”主将守城，务必谨慎查询城中父老、官吏和大夫。对于内部矛盾应妥善化解，即互有仇怨并无法和解者，召见他们双方，讲明道理，晓以利害，消除前嫌，一致对外。同时，守城主将应将其登记备案，适当隔离，不让共事。如果因私仇私怨而妨碍守城公务的，父母、妻子和儿女统统制裁。这也体现了墨家守城法令的残酷性。墨家团结动员法制要旨，一方面是赏赐调解抟聚力量，另一方面则是刑罚铲除害群之马，实现公力最大化与私怨最小化。

（五）物资征收与资源流通法

首先，备战时期官方命令人们必须申报粮食储备，有偿缴纳物资。其次，官方以基准价格购入民间物资，并发放“券”；再次，战争结束可以凭券收到补偿、返还物资。最后，券有流通的功能，可以作为各种物资交换的媒介，带有战争时代临时“纸币”的性质。③

> 收粟米、布帛、钱金，出内畜产，皆为平直其贾，与主券人书之，事已，皆各以其贾倍偿之。又用其贾贵贱、多少赐爵，欲为吏者

---

① 《墨子·号令》动员男女老幼之法，与《商君书·兵守》类似。

② 参见李继耐：《论墨子的军事思想以及他对古代军事、科技的贡献》，载张知寒主编：《墨子研究论丛》（四），齐鲁书社 1998 年版，第 294 ~ 296 页。

③ 参见〔日〕岗本光一：《关于〈墨子·号令〉篇的“文书主义”》，载王裕安、李广星主编：《墨子研究论丛》（六），北京图书馆出版社 2004 年版，第 345 页。

许之，其不欲为吏而欲以受赐赏爵禄，若赎出亲戚、所知罪人者，以令许之。

诸可以攻城者尽内城中，令其人各有以记之。事以，各以其记取之。事为之券，书其枚数。

（六）族诛连坐法

与儒家口倡“罪人不孥”不同，墨家主张族诛连坐，同于法家商鞅连坐之法。[①]《号令》篇中呈现出军事法领域适用族诛连坐的各种情形。具体的规定有：其一，“当止不止及从吏卒纵之，皆斩。诸有罪自死罪以上，皆遝父母、妻子、同产”；其二，“有以私怨害城若吏事者，父母、妻子皆断”；其三，“其以城为外谋者，三族”；其四，“伍人踰城归敌，伍人不得，斩；与伯归敌，队吏斩；与吏归敌，队将斩。归敌者父母、妻子、同产皆车裂；先觉之，除。当术需敌，离地，斩。伍人不得，斩；得之，除”；其五，“诸卒民居城上者，各葆（保）其左右，左右有罪而不智（知）也，其次伍有罪。若能身捕罪人若告之吏，皆构之。若非伍而先知他伍之罪，皆倍其构赏”；其六，“奸民之所谋为外心，罪车裂。缶（正）与父老及吏主部者不得，皆斩；得之，除，又赏之黄金，人二镒”。可见，对于严重违反军事法令、威胁城防秩序的行为，尤其是通敌、投敌等行为，墨家已然设计广泛经由血缘、地缘、军伍、官职各方面的连带关系，适用族诛连坐的惩罚机制。

---

① 从广义上讲，“族刑”是因个人犯罪而让其家族成员承担的刑事连带责任；从狭义上讲，刑罚意义的“族”往往就是族诛的简称，“族刑”可以理解为“族诛”的同义词。一般认为，族刑连坐是商鞅变法的创造。虽然《尚书·大禹谟》中有“罚弗及嗣”的记载，但这并不意味着三代无族刑。《尚书》的《甘誓》和《汤誓》两篇都出现了“予则孥戮汝”的记载，分别是夏启和商汤在出征之前发布的誓词中对部属的警告，正所谓“自古圣帝明王，罪及妻子”（《三国志·魏书·毛玠传》）。还有学者考证族刑肇始于西周时期。秦国有“三族”的明确记载，秦文公二十年，“法初有三族之罪”（《史记·秦本纪》）。在秦国变法中，商鞅将重刑主义付诸实践而设“族诛法”“收孥法”“连坐法”。族刑既可针对重罪，也可针对轻罪；既可用以治吏，也可用以治民。例如：“守法守职之吏有不行王法者，罪死不赦，刑及三族。”(《商君书·赏刑》)“事末利及怠而贫者；举以为收孥。”（《史记·商君列传》）这与其严于治吏、轻罪重刑的思维有关。除了以血缘纽带为基础的刑事连带方式，商鞅还开启了地缘刑事连带的方式，即“连坐”之法——“令民为什伍，而相牧司连坐”可谓是重刑主义无孔不入的表现。韩非子对此表示赞赏：“公孙鞅之治秦也，设告相坐而责其实，连什伍而同其罪，赏厚而信，刑重而必。……故其国富而民强。”（《韩非子·定法》）参见马作武、马腾：《族刑的法文化诠释》，《广东社会科学》2009 年第 5 期。

三、重要罪名

作为军事法，《号令》设定的规则主要针对禁止性行为，体现了对各种军事守御行为的严格控制，其内容集中于“城禁”条中：

城禁：使（吏）、卒、民不欲寇微（徽）职和旌者，断。不从令者，断。非擅出令者，断。失令者，断。倚戟县下城，上下不与众等者，断。无应而妄讙呼者，断。总（纵）失者，断。誉客内毁者，断。离署而聚语者，断。闻城鼓声而伍，后上署者，断。人自大书版，著之其署隔，守必自谋（课）其先后，非其署而妄入之者，断。离署左右，共入他署，左右不捕，挟私书，行请谒及为行书者，释守事而治私家事，卒民相盗家室、婴儿，皆断无赦。人举而藉之。无符节而横行军中者，断。客在城下，因数易其署而无易其养。誉敌少以为众，乱以为治，敌攻拙以为巧者，断。

此外还专门规定了官员的一些罪名，主要体现对官吏的从严管制以及对百姓生活秩序的保障：

有司出其所治，则从淫之法，其罪射（联）。务色谩嵒（正），淫嚣不静，当路尼众，舍事后就，踰时不宁，其罪射（联）。讙嚣駴众，其罪杀。非上不谏，次（刺）主凶言，其罪杀。无敢有乐器、弊骐（奕棋）军中，有则其罪射（联）。非有司之令，无敢有车驰、人趋，有则其罪射（联）。无敢散牛马军中，有则其罪射（联）。饮食不时，其罪射（联）。无敢歌哭于军中，有则其罪射（联）。令各执罚尽杀，有司见有罪而不诛，同罚，若或逃之，亦杀。凡将率斗其众失法，杀。凡有司不使去（士）卒、吏民闻誓令，代之服罪。凡戮人于市，死上目行（三日徇）。

简要归纳，官、兵、民仿制敌人服饰与军门旗帜、不服从军令、擅发号令、延误军令、悬身下城、擅自上下城、不听号令胡叫乱喊、放走罪犯、遗失公物、长敌威风自灭士气、擅离职守聚众谈论、听鼓击过五次未赶往机关、擅闯其他机关以及其他机关不予抓捕、挟带私信替人请托、弃城防事干私事、盗取他人妻子婴儿、无凭证军中乱窜、故意美化敌人等行为，都要论罪处罚。

至于官员，凡是放纵淫欲、蛮骄无理、欺凌良民、阻碍行人、喧嚣吵闹、工作懒散、不守时限、惊扰众人、非议上级、妄言吉凶、奏乐下棋、无上级命令肆意驾车奔跑、放纵牛马，饮食不时、唱歌号哭、有罪不罚、放纵罪犯、管兵不力、不公布法令的行为，必须予以严厉制裁，或适用轻微肉刑，或直接执行死刑。以上繁密严格管制守城官、兵、民的禁止性规范，足以细致归纳出墨家守城之法设定的各类罪名与刑罚，不过在《号令》中具有特色的是以下几方面的罪名设置与禁止性规范：

1. 失火罪。其规定：“慎无敢失火，失火者斩其端，失火以为〔乱〕事者车裂。伍人不得，斩；得之，除。……诸女子有死罪及坐失火皆无有所失，逮其以火为乱事者如法。”墨者对失火罪论以重罪，而且在罪刑认定上注重客观结果，主观上即便过失也难以免罪去刑，特殊情况下没有损害后果也会加以制裁。

2. 强奸罪。其规定：“诸以众强凌弱少及强奸人妇女，以讙哗者，皆断。”可见，墨家对一切恃强凌弱行为深恶痛绝，于“兼爱”论中已反复表达。虽然与城守急务关系不大，但强奸妇女作为典型的恃强凌弱行为，墨家自然主张应予以严惩。

3. 盗窃罪。其规定：“诸盗守器械、财物及相盗者，直一钱以上，皆断。”对盗窃行为的认定标准，是“一钱以上”，故只要盗窃行为既遂就基本上会被定罪判刑，可见墨家重刑思想之一斑。后来，睡虎地秦简所见秦律惩治盗窃一向公认极其严苛，“一钱”是定罪量刑的一个重要标准，如“或盗采人桑叶，臧（赃）不盈一钱，可（何）论？赀繇（徭）三旬”，又如“五人盗，臧（赃）一钱以上，斩左止（趾），有（又）黥以为城旦”（《法律答问》）。后来《盐铁论》曰“商君刑弃灰于道而秦民治。故盗马者死，盗牛者加（枷）”，墨家军事号令惩治窃盗，重刑未尝不及，确实体现“命必足畏”（《墨子·号令》）、“罚严足畏”（《墨子·备城门》）的军法原则。

4. 巫为不善言罪。其规定：“望气者舍必近太守，巫舍必近公社，必敬神之。巫祝史与望气者必以善言告民，以请（情）上报守，守独知其请（情）而已。无（巫）与望气〔者〕妄为不善言惊恐民，断勿赦。”墨家“明鬼”，注重巫术之效用，于是规定巫、祝、史与望气者务必将吉利的话告诉全城百姓，把占得的实际情形单独报告给守城主将一人，不得泄露给其他守城将士，以免影响军心。如若巫师、卜师胡编不吉利之言，造成百姓惊恐不安，就应论罪而不赦。从中可以看到，墨家明鬼神之论确已广应用于法制实践，也可回观“明鬼”之真正意图，乃歆惧世人以稳定秩序。

四、赏赐与刑罚

一切于守城有利之行为均应得到赏赐，如果守城战争取得胜利，全民皆赏，极为丰厚：

> 男子有守者爵（爵），人二级，女子赐钱五千。
> 男女老小先（无）分守者人赐钱千，复之三岁。

墨家为这一套军事法制定的赏赐措施丰富，主要有劳赐[①]、奖金、官职、爵位、免税、食邑、衣食酒肉。此外，还有一些对类似情形的折算方法，采用一种最具特色的抵消刑罚特权的特殊赏赐："能捕得谋反、卖城、踰城〔归〕敌者一人，以令为除死罪二人，城旦四人。"这是规定，能捉拿一个谋反、出卖本城军政机密或越墙投敌的人，就颁发特权凭证，将来可以赦免两次死罪，抵消城旦刑四次。这种特殊赏赐措施不可谓不厚，符合墨家"赏必足利"的理念。

同理，即便并未取得这种特权凭证，赐赏爵禄本身也可转化用以赎刑，完全体现出赏赐与罪刑之间形影相依的折算转化关系，即其所规定："其不欲为吏而欲以受赐赏爵（爵）禄，若赎出亲戚、所知罪人者，以令许之。"

既然赏赐可以抵消罪刑，自然也就允许交纳赎金赎免刑罚："邑人知识、昆弟有罪，虽不在县中而欲为赎，若以粟米、钱金、布帛、他财物免出者，令许之。"由此可见，墨家之法允许罪犯的亲戚朋友通过缴纳财物赎金的形式，免除当事人一定的刑罚。在守城的特殊时期，这种赎刑非如后世意欲显现伦常等级之赎刑，反而与管仲时期"严刑轻过移诸甲兵"之"以法统政"策略与实用导向有异曲同工之妙。[②]其作为军国背景的法制设计，亦与睡虎地秦简《司空律》《军爵律》等所见以钱物、居作、劳役、戍边、奴隶牛马、爵位赎罪之规定有相通之处，同为以钱物、爵位赎罪的

---

① "劳赐"乃君王特殊赏赐："王数使人行劳赐守边城关塞、备蛮夷之劳苦者。""赐"可赐予劳绩、爵、钱物等，"劳赐"即以劳绩行赏赐，制度同秦简。参见史党社：《〈墨子〉城守诸篇研究》，中华书局 2011 年版，第 190 页。

② 《国语・齐语》载："制重罪赎以犀甲一戟，轻罪赎以鞼盾一戟，小罪谪以金分，宥閒罪。"《管子・中匡》则载："死罪不杀，刑罪不罚，使以甲兵赎。死罪以犀甲一戟，刑罚以胁盾一戟，过罚以金，军无所计而讼者，成以束矢。"

赏刑转换规则。①

“刑”与“赏”对称，然《号令》刑罚种类还更为繁杂，所涉刑罚及其具体执行方式有斩、戮、车裂、身枭城上、冲与缚、夺爵与免、联、抒厕。

（1）斩。斩是最常见的死刑，《号令》中“斩”有16处。与之相关的是“断”，出现达38处，之前注家或以为死刑，然而，参照睡虎地秦简则可能只是“论罪处罚”之义，尽管有些规则中的“断”可能确实适用死刑。②

（2）戮。《号令》中“戮”仅3处：“门者及有守禁者皆无令无事者得稽留止其旁，不从令者戮。”“擅离署，戮。”“凡戮人于市，死上目行（三日徇）。”戮之罪刑应较斩为重。因为，戮为活着刑辱示众，比斩遭受更多痛苦，如睡虎地秦简《法律答问》云：“‘誉适（敌）以恐众心者，翏（戮）。’‘翏（戮）’者可（何）如？生翏（戮），翏（戮）之已乃斩之之谓殹（也）。”

（3）车裂。车裂是针对程度较重的罪责，或同类罪责连带不同对象而较斩刑更重的刑罚。主要情形有三：一、本人犯罪实施车裂，连坐者实施斩刑。如“奸民之所谋为外心，罪车裂。缶（正）与父老及吏主部者不得，皆斩”。二、同类犯罪中过失犯罪实施斩刑，故意犯罪实施车裂。如“失火者斩其端，失火以为〔乱〕事者，车裂”。三、非血缘的军伍连坐适用斩刑，而基于血缘的家族连坐适用车裂。如“与吏归敌，队将斩。归敌者，父母、妻子、同产皆车裂”。

（4）身枭城上。身枭城上或与枭首刑相关，是执行死刑及相应的威慑措施。该刑罚仅出现1处，“禁无得举矢书若以书射寇，犯令者父母、妻子皆断，身枭城上”，可见其专门打击城内与外敌通信的行为，之所以

① 参见李学勤：《秦简与〈墨子〉城守各篇》，载中华书局编辑部编：《云梦秦简研究》，中华书局1981年版，第334～335页。孔庆明：《秦汉法律史》，陕西人民出版社1992年版，第97～99页。史党社：《〈墨子〉城守诸篇研究》，中华书局2011年版，第193页。

② 学界对《号令》篇之“断”字一直有不同见解，孙诒让注为斩，岑仲勉不采，认为“断”不一定是斩，应包含多种处罚方式。参见岑仲勉：《墨子城守各篇简注》，中华书局1958年版，第108页。李学勤结合秦简，释为“论罪”之义。李学勤：《秦简与〈墨子〉城守各篇》，载中华书局编辑部编：《云梦秦简研究》，中华书局1981年版，第329页。当然，不少“断”的情形确实也可能适用死刑，如“誉敌少以为众，乱以为治，敌攻拙以为巧者，断”。睡虎地秦简《法律答问》：“誉适（敌）以恐众心者，翏（戮）。”又如“不从令者，断”。银雀山汉简《兵令》亦云：“严刑罚□□赏，全功发（伐）之得，伸（陈）斧越（钺），饬章旗，有功必□，犯令必死。”由秦汉律近似条文可以大体推断该条之“断”适用死刑。

“身枭城上”，除羞辱罪犯并广加威慑外，应还有通过向外敌显示处决结果，阻却其矢书攻心之策的目的。

（5）冲与缚。冲缚是守将对身边侍从可实施的殴打或捆绑的较轻刑罚。“守有所不说（悦）谒者、执盾、中涓及妇人侍前者，守曰断之、冲之、若缚之。”

（6）夺爵与免。夺爵与免是针对指挥战争出现逃兵，依其数量不同而对长官适用的刑罚，逃兵满十人，夺爵二级，百人以上，免官为卒戍边。“令、丞、尉，亡，得入当，满十人以上，令、丞、尉夺斎（爵）各二级；百人以上，令、丞、尉免，以卒戍。”

（7）联刑。这是用箭矢射穿耳朵的刑罚。[①] 在《墨子·号令》所见之法律规范中，联刑或因不听号令，象以施刑于耳，主要用以惩治官员的各种扰乱秩序的犯罪行为，包括放纵淫乱、侵凌良民、喧嚣吵闹、阻碍行人、工作懒散、不守时限、奏乐下棋、驾车奔跑、放纵牛马、饮食不时、唱歌哭号等。

（8）抒厕。“请（诸）有罪过而可无断者，令杼（抒）厕利之”。由此可见，墨家主张在守城过程中，犯下小错的民众也得受到处罚。这种相当于治安处罚或劳役刑的较轻惩罚，即罚犯人清洗厕所，与后来城旦舂、鬼薪白粲类似，应是以特定类型劳役概称，不过其设计可能带有些许耻辱性质。

此外，如果能够有效避免逃亡之类犯罪结果的发生，或能够预先发觉告发，则可以免于刑罚，《号令》篇“除”之规定有5处。

---

① 与“联”相关的刑罚有“刵”。《尚书·吕刑》：“苗民弗用灵，制以刑，惟作五虐之刑曰法。杀戮无辜，爰始淫为劓、刵、椓、黥。”孔颖达疏：“刵，截人耳。”可见，“刵”指一种割去耳朵的刑罚。

第七章　墨家思想的历史影响[①]

墨学盛行于战国，与儒学针锋相对而成为世之显学，而后却日趋式微竟至“中绝”[②]。墨学式微在很大程度上造成了墨家思想的历史影响难以估量，遮蔽了墨家思想的独特价值。尽管近世墨学复兴以来，墨学影响仍不乏值得钩沉爬梳的广阔领域：如墨家对道教[③]与个别儒者的影响，如礼运大同之说[④]、禅让封禅语源[⑤]、贵俭治国之术、节葬安死之风[⑥]、鬼神观念痕迹、反战思想话语、守土捍难之义[⑦]、游侠任义之行[⑧]、农民起义纲领[⑨]，还

---

① 该章初稿《法家思想之墨学源头》发表于《中山大学法律评论》2010年第1期。

② 孙诒让云：“犷秦隐儒，墨学亦微。至西汉儒复兴，而墨竟绝。”［清］孙诒让：《墨子间诂》附录《墨子后语》卷上《墨学传授考》，中华书局2001年版，第707页。

③ 参见程宇宏：《墨学与魏晋南北朝道教》，载王裕安主编：《墨子研究论丛》（五），齐鲁书社2001年版，第59～75页。

④ 有观点认为《礼运》大同属墨家思想。参见金德建：《先秦诸子杂考》，中州书画社1982年版，第218页。

⑤ 顾颉刚：《禅让传说起于墨家考》，载吕思勉、童书业编：《古史辨》（第七册下编），开明书店1941年版，第30～109页。

⑥ 贾贵荣说：“墨子是系统论述节葬思想的第一人。《吕氏春秋》继承并丰富了墨子的主张。陆贾是儒家节葬思想的开创者，刘向则是其总结者。王充站在理论的角度，对墨子以来的节葬思想进行了批判与总结。王符则更多从东汉的社会实际的角度，批判厚葬之风，主张节葬。”贾贵荣：《墨子及秦汉节葬思想论纲》，载王裕安、李广星主编：《墨子研究论丛》（七），北京图书馆出版社2006年版，第519页。

⑦ 如梁启超谓：“若关羽张巡岳飞之流，千百年后妇人孺子仍仰之如天神者，皆捐躯于所职以卫国土御外难者也。此种观念，皆出于墨子之非攻而尊守。”梁启超：《墨子学案·第二自序》，载《饮冰室合集》专集三十九，中华书局1989年版，第4页。

⑧ 如清代陈澧已提出：“墨子之学，以死为能，战国时侠烈之风，盖出于此。”［清］陈澧：《东塾读书记》卷十二《诸子》，商务印书馆1930年版，第10页。王桐龄认为游侠“实则皆吸墨学家之流风余韵者也”。王桐龄：《儒墨之异同》，载《民国丛书》第四编第五册，上海书店1992年版，第211页。

⑨ 李泽厚认为，“郭沫若讲墨、法两家在秦国合流是有见地的”，“墨家的好些思想如功利、重力等，已经以不同方式渗入或融合在法家和儒家思想中”。还指出，“农民起义中的宗教信仰和博爱精神主要是当作统一意志、发动群众的行动纲领和组织力量”。参见李泽厚：《新版中国古代思想史论》，天津社会科学院出版社2008年版，第51页、59页。由此来看，墨学的某些独特性，例如赋予世俗权威以超验理则的“天志”，是反哺“汉儒”或流落民间的。历代农民战争（尤其是太平天国运动）中均有墨家思想的痕迹。

有作为“科圣”象征及其奠定的自然科学理论、富于工匠精神及其留传的机械军工技艺[①]等。

然而，从法律思想史角度来看，墨家最重要的历史影响在于“儒法之间”，即墨家主要以批判儒家、启示法家的方式体现轴心时代的显学意义，亦由此发挥其历史影响，前一方面较为明显，后一方面却鲜为人知。郭沫若说：“韩非思想，在道家有其渊源，在儒家有其瓜葛，自汉以来早为学者所公认，而与墨家通了婚姻的一点，却差不多从未被人注意。”[②]确实，法家与墨家的关系，偶见只言片语的表述，尚未有全面系统的研究。

法家是先秦时代最重“法治”，并就法的起源、本质、作用诸问题详尽阐释、系统论述的学派。其关于法律一般特征的学说，在中国传统法思想中占主体地位。就当时而言，法家适应了战国政治形势的需要，从墨学中汲取其思想的源泉，最终取代了墨家与儒家分庭抗礼的地位。在这一历史过程中，墨学墨法与商君之法曾并行于秦国，融入秦国军政，对法家思想体系的成熟有不可磨灭的影响，亦以另一种形式灌注在中国古代政治思想中。职是之故，墨家思想的历史影响应从其对法家的启示来获致与考量。

墨家对法家的启示，主要在于作为一套实用理论深刻反映了战国时期的社会转型，在新旧事物的兴替之际搭建一条通向“法术之学”的栈道。立于“儒法之间”，墨家实为春秋战国社会转型过程中的“新治道半成品”。[③]后来变法任法之秦国，或许不止遵从法家，墨学西向入秦及其流传也不无影响。不过，墨家法思想显著革新以救时之弊，代言广大民众而言盈天下，却不免因非攻寝兵而不受待见。后来受君王青睐的法术势理论在墨学中含苞待放，结出的思想硕果便属于三晋法家。

第一节　实利主义与强力哲学

墨子是诸子中最早系统、彻底言“利”的一位。墨学之根本——“兼

① 墨家军工技艺之影响，以黄世瑞的研究最为翔实。参见黄世瑞：《墨家城守技术及其对后世的影响》，载王裕安、李广星主编：《墨子研究论丛》（六），北京图书馆出版社2004年版，第191～218页。

② 郭沫若：《十批判书·韩非子的批判》，载《郭沫若全集》（历史编第二卷），人民出版社1982年版，第350页。

③ 有学者认为，墨子之法是以“天志”为核心的理想法、“义即利”的功利主义法、重视古代权威和“百姓耳目之实”的经验主义法、“尊天事鬼”的神权法。张清学、包家新：《论墨子法律思想的特点》，《攀枝花学院学报》2007年第2期。

相爱，交相利”蕴含着“爱利一体”观念。《墨子·兼爱下》曰：“爱人者必见爱也，而恶人者必见恶也。”儒学曾是爱之哲学的旗帜，但墨家的“兼爱”论重新诠释“爱”并使之从宗法社会破土而出。墨家以人类利己心为基点阐发人类兼爱的理想。梁启超设问曰：“然则墨子究以何种理论证明此种兼爱社会之决能实现耶？彼答案甚奇，乃以人类利己心为前提。”① 李泽厚评价道：“墨家的‘爱’是有条件而以现实的物质功利为根基的。……而这，却又为后来法家斥仁爱为虚伪，一切以现实利害计较为根本提供了基础。”② 不难想见，尽管思想家关于“爱”的哲学言说富有深刻哲理，然在政治建言的层面自然焕发出浓厚的实用意味，正如《管子·版法》曰：“兼爱无遗，是谓君心。”由此一端，便可见墨家“兼爱”之普遍性意义对法家治国学说的启示。前文已述墨家“兼爱”饱含权利观念，杜国庠认为，墨家所谓“不与其劳，获其实，已（以）非其所有［而］取之故”，谓之“不义”，是一种拥护所有权的思想；成为后来法家思想的滥觞。③ 法家的法令学说在多大程度上注重个人所有权姑且不论，但权益理念确为制度学说体系中不可或缺的一个维度。

不过，墨家对法家最核心的影响在于一种注重实利、倚重强力的治世之道。《墨子·非乐上》曰：“仁之事者（仁者之事），必务求兴天下之利，除天下之害，将以为法乎天下。利人乎，即为；不利人乎，即止。”这一功利主义思想以墨家的“三表法”为思维方式——“有本之者，有原之者，有用之者……上本之于古者圣王之事……下原察百姓耳目之实……废（发）以为刑政，观其中国家百姓人民之利”（《墨子·非命上》），尤其以“中民之利”为核心，墨家批判儒家的礼乐之治，并具体在“非乐”“节用”“节葬”诸说与强力论中完整呈现。

杨俊光指出：“对物质生产的重视，为前此所无，唯后之法家可与伦比。于此亦可见，法家的生产论实源于墨子。”④ 法家思想也全然是一种功利主义哲学，并带有行为主义的色彩。⑤ 韩非秉持墨家“好质而恶饰”的实用论，批判对于事物的贵贱偏见，以实用性为标准重新衡量器物的价值，发展出一套体系化的以“功用”为“的彀”（《韩非子·问辩》）的功

---

① 梁启超：《先秦政治思想史》，天津古籍出版社2004年版，第141页。

② 李泽厚：《新版中国古代思想史论》，天津社会科学院出版社2008年版，第51页。

③ 杜国庠：《先秦诸子思想概要》，载《杜国庠文集》，人民出版社1962年版，第17页。

④ 杨俊光：《墨子新论》，江苏教育出版社1992年版，第119页。

⑤ 史华兹认为，法家功利主义所具有的“行为主义”特点和提高国家实力而非最大多数人幸福的取向，与墨家功利主义有所差别。参见〔美〕本杰明·史华兹：《古代中国的思想世界》，程钢译，江苏人民出版社2004年版，第343页。

利主义理论。在《韩非子·外储说左上》所载“买椟还珠”及“三年为木鸢一日而败”两个典故中，韩非均流露出对墨家式功利主义的赞赏，从中亦可寻见墨学影响法家思想的蛛丝马迹。与墨子“先质而后文”类似，韩非亦好质恶饰：“夫君子取情而去貌，好质而恶饰”（《韩非子·解老》），主张物质优先于精神、温饱优先于礼乐得到满足：“故糟糠不饱者不务粱（粱）肉，短褐不完者不待文绣。夫治世之事，急者不得，则缓者非所务也。”（《韩非子·五蠹》）胡适曾说：“韩非的‘功用主义’和墨子的‘应用主义’大旨相同，但韩非比墨子还要激烈些。”①

孔子言“质胜文则野”（《论语·雍也》），是一句可以扩充到治理哲学品性的格言。批判颠覆传统仪文，带来的便是质朴、实在的变法进路。而功利实用的思维，一般会激发对力量、权势的欲求，尤其在干戈扰攘的战国之世。墨家虽“非攻”，但倚重“强力”。而且，一种否定命运安排的观念，容易走向一种注重人力的思路。《列子·力命》曾虚拟一段“力”与“命”的论辩，展现二者之根本冲突，故墨家非命而秉持强力。墨家认为，对个人而言，“强必富，不强必贫；强必饱，不强必饥”。对国家而言，“强必治，不强必乱；强必宁，不强必危”（《墨子·非命下》）。这是战国尚力自强之时代观念的反映。应当厘清，墨子相对于“命”的“力”是正面的自强精神，“力，刑（形）之所以奋也”（《墨子·经上》）。“力”就是生命体之形体与认识能力的结合，是生命体运动的源泉与表现，所以“赖其力者生，不赖其力者不生”（《墨子·非乐上》）。相对于“义”的“力”则是负面的军国政策，“兼之为道也，义正；别之为道也，力正”（《墨子·天志下》）。法家则主张制度“利出一孔”，一切本于富国强兵的霸业，完全摒弃技艺末作，以农战政策立足于“争于气力”之世。商君云：“国之所以重，主之所以尊者，力也。”（《商君书·慎法》）韩非子曰：“力多则人朝，力寡则朝于人，故明君务力。”（《韩非子·显学》）“尚力”源于征伐史，在战国之世愈发显著，墨子发扬于前，商韩踵武于后，但在战争态度上截然相反。墨家既尚力非命，又尚义非力，在“力”的概念上仍有鲜明的道德判断。法家则纯粹尚力，并以之排抑或涵摄仁义道德标准。

强兵有别，富国则同。有闻于墨家“俭节则昌”之箴言，后来法家主张“力而俭者富”（《韩非子·显学》），深谙“强本节用”的治国之道，更突出进取务实争霸之理念，将功利主义付诸农战政策实践，从而接过了墨

① 胡适：《中国哲学史大纲（卷上）》，载姜义华主编：《胡适学术文集·中国哲学史》（上），中华书局 1991 年版，第 258 页。

家“非儒”的大旗。论者指出：“墨子‘兴利除害’与‘富国利民’的学说，其中心论点在于非命强力，贵贱无常。然而这在墨子只是教义的宣传，而到了法家手里便发展而为实际运动的政策。”① 如果说墨家的强力论代表致力求富的愿望，仍渗透着小生产者的自由理想，那么法家则完全将强力论纳入国家耕战的专制轨道中，使一种彻底的功利思想浑然贯通、无孔不入。②

第二节　尚同图景与专制理论

墨子的政治思想是否归于专制主义，历来聚讼纷纭。梁启超坚持认为墨子“尚同”类似于欧西民约论，却承认墨子学说走向专制，感叹“此墨家最奇特之结论也”。③ 根植于古代中国，墨学虽秉持“一同天下之义”之理想，却与儒法两家殊途同归，走向专制集权论。吕思勉认为“墨家之尚同，正犹儒家之尊君”，④ 俞荣根指出：“墨子的‘尚同’就是君主主义的同义语，它为韩非所继承，并发展为极端的君主专制论。”⑤ 尊君主义、君主主义、集权主义、专制主义，或有程度差别，而尽与法家新君政治理念相通。

纯粹以“尚同”为宗旨立政定制，因墨学之衰微而无法实现。然而墨家集团的组织形式展示了一个缩影：墨家学派内部有严密的组织，首领被称为钜子，钜子所是必是之，钜子所非必非之，“以巨（钜）子为圣人，皆愿为之尸，冀得为其后世”（《庄子·天下》），均是墨家集团“尚同”图景的真实写照。

墨家“尚同”原为更好地推行“兼爱”，践行“有力者疾以助人，有财者勉以分人，有道者劝以教人”（《墨子·尚贤下》）的社会公平分配与成员互助主张。初期法术之士立足于富国强兵，而有见于“农与工肆之人”的政治主张，将之转化为“以法治国”新时代的社会分配理念。在

---

① 侯外庐、赵纪彬、杜国庠：《中国思想通史》（第一卷），人民出版社 1957 年版，第 613 ~ 615 页。

② 徐复观认为，“（墨子）所反映的平民的利害，可以构成广大社会正义的基础；但其解决问题的构想，也常以他们现实生活的情形作依据。这便是薄葬，非乐，弃周礼而用夏政，只考虑物质生活的一面，而不考虑精神上的要求的原因。”徐复观：《中国人性论史·先秦篇》，上海三联书店 2001 年版，第 279 页。对这种偏向性的批判或许更适于法家学说。

③ 梁启超：《先秦政治思想史》，天津古籍出版社 2004 年版，第 153 页。

④ 吕思勉：《先秦学术概论》，东方出版中心 1985 年版，第 121 页。

⑤ 俞荣根：《儒家法思想通论》，广西人民出版社 1992 年版，第 239 页。

“墨翟之言盈天下”的战国初期，正是引领变法风潮的魏国李克（悝）向魏文侯提出“贵而下贱”“富而分贫”“智而教愚”(《韩诗外传》)的理念，成为魏国变法分配之总纲。① 可见，墨家“农与工肆之人”的主张顺乎战国社会阶层流动与政治变革，也同样求诸战国雄主、法术之士大刀阔斧的法制变革，后者依赖专制集权，又强化专制集权，自不待言。

进而，墨家得以初步勾绘一同天下之义的蓝图，追求国家机器的权力显现与高效运转。对“上下通情”之追求，易于催生一种集权愿景，从而设计一套完备的关于君主权术与特务监察的方略。《墨子·尚同中》载：“凡闻见善者必以告其上，闻见不善者亦必以告其上。”墨子赞同任用一批“外为之人”，充当政治密探而无处不在，“助之视听”，既向天子反映民情，也严密监视百姓行为，“见淫辟不以告者，其罪亦犹淫辟者”(《墨子·尚同下》)，“数千万里之外有为不善者，其室人未遍知，乡里未遍闻，天子得而罚之”。使用这种充满恐怖色彩的监察告奸震慑民众，“是以举天下之人皆恐惧振动惕栗，不敢为淫暴，曰：天子之视听也‘神’”(《墨子·尚同中》)。于军事法领域，墨者也主张纠察告奸、豢养间谍，如前所述。这种将权术、监察与特务结合在一起的政治模式，经由墨子发明，并传诸法家。② 法家亦追求专制独裁。正是自强集权的追求使墨法两家共鸣于秦，墨子“尚同”的集权思想与方略经由后学入秦，成了紧随其后的秦孝公商鞅时期秦国“极权政治”的思想渊源。③ 韩非继承了慎到的“势”与申不害的“术”，将源自墨家拓广神化圣王视听的思路，镶嵌于专制理论上详加阐发：“明主者使天下不得不为己视，使天下不得不为己听。故身在深宫之中，而明照四海之内。”④(《韩非子·奸劫弑臣》)最终，初步缔造帝制中国的法家理论结穴于韩非。

---

① 参见马腾：《由儒入法：李悝法思想旨趣及变法实践》，《晋阳学刊》2015年第3期。

② 郭沫若说：“绝对君权的主张已经就是墨子‘尚同’的主张，所谓‘一同天下之义’；‘上之所是亦必是之，上之所非亦必非之’；‘上同而下不比’。而‘以一国目视’，‘以一国耳听’的多设耳目之办法，更是墨子所发明的。……怎样去多设耳目呢？便该发动人民告密。告密的有信赏，不告密的有重罪。人民便都‘恐惧振动惕栗’，人主也就‘神’起来了。这种说法在《墨子》书中骤看去颇象民主政治，而其实只是特种罗网。”“韩非个人在思想上的成就，最重要的似乎就在把老子的形而上观，接上了墨子的政治独裁的这一点。”郭沫若：《十批判书·韩非子的批判》，载《郭沫若全集》(历史编第二卷)，人民出版社1982年版，第346～349页。

③ 胡适于1954年在台湾大学的演讲上讲到了墨子“尚同”对商鞅及秦国的“极权”思想与实践的影响。参见胡适：《中国古代政治思想史的一个新看法》，载葛懋春、李兴芝编：《胡适哲学思想资料选》(上册)，华东师范大学出版社1981年版，第519～520页。

④ 参见郭沫若：《十批判书·韩非子的批判》，载《郭沫若全集》(历史编第二卷)，人民出版社1982年版，第349页。

法家对传统政治思想有深刻影响，其专制理论可以在墨家“尚同”说中寻得源头，而继为官学的汉代新儒学也随帝制意识形态而拓充。童书业说：“墨家虽然灭绝，但其思想的精神实质，对后人仍有相当的影响……‘尚同’等思想通过法家和董仲舒等人而影响后世。”[①] 因此，战国早期的墨家“尚同”论，甚至与后世儒法合流之帝制意识形态有融通之处。

第三节　尚贤观念与度术理念

在“亲亲尊尊”的周代世卿世禄体制中，墨子提倡“以德就列，以官服事，以劳殿赏，量功而分禄”（《墨子·尚贤上》），旨在彻底打破氏族血缘界限，改革世卿世禄的世袭制度，这是前无古人的。墨子所主张的吏治方面的平等思想，[②] 正彰显出战国时代社会阶层流动的景象。

墨子的“尚贤”分为“道”与“术”两个层面：在“尚贤之道”上，墨子提倡“官无常贵”“民无终贱”，秉持尚贤穷尽周延原则，“远鄙郊外之臣、门庭庶子、国中之众，四鄙之萌人”都可具有选拔资格，纳入举贤范围，君主应做到“有能则举之，无能则下之，举公义，辟私怨”（《墨子·尚贤上》）；在“众贤之术”方面，墨子主张“高予之爵，重予之禄，任之以事，断予之令”（《墨子·尚贤中》），“富之贵之敬之誉之”（《墨子·尚贤上》）。至于所尚之贤，为“厚乎德行，辩乎言谈，博乎道术者”（《墨子·尚贤上》），全面涉及人的道德举止、语言逻辑、知识体系，尤其还包括长于听狱治讼或如良医、良工、良宰、射手等具有一技之长、敬事勤王、富强国家的人才（《墨子·尚贤中》），尽可概称为“材力、技能、功伐”。[③] 墨子对士人的德、才、智、功等多方面提出颇为整全而切实的要求，并开战国唯才是举、因能授官之先河。

若与儒家相比，可见墨家尚贤之创新意义：一是在举贤原则上，儒家遵循西周亲亲尊尊之礼制，墨家则完全否认血缘与出身的因素，提倡“不党父兄、不偏富贵”与“不避贫贱、不避亲疏、不避远近”的公平原则；二是在举贤标准上，墨子同于儒家者即提倡“列德”，异于儒家者即重视“材力”，儒家轻视小道或器术，而墨家“道术”并称，重视各种技术专才；三是在举贤范围上，儒家主张世卿世禄之外举逸民、举贤才，墨家则

---

① 童书业：《先秦七子思想研究》，齐鲁书社 1982 年版，第 269 页。

② 杨俊光认为，墨子提出了“在贤能面前人人平等的思想”。杨俊光：《墨子新论》，江苏教育出版社 1992 年版，第 83 页。

③ 章太炎：《国故论衡·原道中》，上海古籍出版社 2006 年版，第 93 ~ 94 页。

趋于彻底否定世卿世禄，不再像儒家将希望主要寄托在宗法贵族身上，举贤范围包括所有民众；① 四是在举贤方法上，墨家"听其言，迹其行"与儒家"听其言，察其行"非常相似，不过儒家注重考察声名口碑，教学干禄则以"言寡尤，行寡悔"(《论语·为政》)与情景化之政治举止为重点(《论语·乡党》)，墨家尚质轻文，相对更看重技能功劳，青睐术业专长；五是在举贤待遇上，儒家未有专论，墨家则建议从财产、地位、权威、名声全方面提升贤才待遇；六是在用贤方略方面，儒家不乏一些关于个人才能气质匹配特定职位的品评，而墨子专门提倡"以劳殿赏，量功而分禄"，即根据各人的功劳和政绩确定俸禄或加以赏赐，并形成"能者官之，无能者下之"的考绩职制与升黜机制。

法家亦主张彻底摧毁宗法制度下沿袭已久的世卿世禄制，以适应战国时代新的政治需要。故力倡因能授官、唯才是举，首先是李克（悝）在魏国"夺淫民之禄，以来四方之士"(《说苑·政理》)，吴起在楚国"损其有余，而继其不足"(《说苑·指武》)，"捐不急之官，废公族疏远者，以抚养战斗之士。要在强兵，破驰说之言纵横者"(《史记·吴起列传》)，② 正合墨家冲决世卿世禄之"尚贤"愿景。商鞅更是全面付诸变法实践，实现"有功者显荣，无功者虽富无所芬华"(《史记·商君列传》)。申不害主张"见功而与赏，因能而授官"(《韩非子·外储说左上》)，韩非子提倡"所举者必有贤"(《韩非子·人主》)，以"厚其爵禄以尽贤能"为"帝王之政"(《韩非子·六反》)之要旨，均可视作战国初期墨家"尚贤"之后继追随者。

应当承认，法家持势任法术的政法理论体系有时排斥贤能心智，抑或消淡贤能权力，前者如申子所谓"圣君任法而不任智，任数而不任说"(《申子·逸文》)，③ 后者如慎到所谓"君立则贤者不尊""立君而尊贤，是贤与君争，其乱甚于无君"(《慎子·逸文》)，均与墨家倚重贤能才智，尊重贤能权威的尚贤政治有显著差异。尤其是商鞅对"辩慧"司法官员的警惕甚至惩罚，已迥异于墨家对官员"厚乎德行，辩乎言谈，博乎道术"的基本标准与要求。不过，在官员执政经验事功这一面，墨法有趋同的务实趋向，这使韩非直接吸纳墨学注重贤才经验的学说，形成一种不同于儒家倡导依凭德智晋身的举贤观，即"明主之吏，宰相必起于州部，猛将必发

① 刘泽华则认为，墨家"尚贤的对象不是一般的老百姓，而是当时的知识阶层——士"。刘泽华主编：《中国政治思想史》（先秦卷），浙江人民出版社1996年版，第452页。然而，墨者大抵多为百姓而学于墨门，自是墨子提倡应尚之贤。

② 参见马腾：《宗儒任法：儒法转捩中的吴起思想》，《苏州大学学报》（法学版）2015年第4期。

③ 参见马腾：《申不害刑名法术思想及对传统治道的影响》，《政法论坛》2015年第6期。

于卒伍”(《韩非子·显学》)。

《韩非子·问田》专载墨者田鸠[①]举贤之论：

> 徐渠问田鸠曰：“臣闻智士不袭下而遇君，圣人不见功而接上。今阳成义渠名将也，而措（试）于毛（屯）伯；公孙亶回圣相也，而关于州部，何哉？”田鸠曰：“此无他故异物，主有度，上有术之故也。且足下独不闻楚将宋觚而失其政，魏相冯离而亡其国？二君者，驱于声词，眩乎辩说，不试于毛（屯）伯，不关乎州部，故有失政亡国之患。由是观之，夫无毛（屯）伯之试，州部之关，岂明主之备哉！”

故事反映了战国以来邦国尚贤思想与举贤制度的骤变，墨法两家“尚贤”思想的源流关系也在《韩非子》文本中显而易见。孔孟的圣贤理想逐步蜕化，“仁德”选贤之风日下，“趋于声词”“眩乎辩说”的选贤之弊已为君王所意识，“不袭下而遇君”“不见功而接上”在新时代日趋式微，取而代之的将是君上选贤之“度”与驭臣之“术”。

尚贤使能、因能授官只是人才论的初步，如何安排考绩，规范治臣？田鸠言简意赅，答曰“主有度，上有术”。而到了后来申韩完备的术论，则成为法家学说的重要内容乃至本质特征。从墨到法，在政治谏言中“言术”“重术”，既是政治氛围所催生的结果，亦是对专制理论与因能授官思想之推进。[②]以墨学之“显”，及《韩非子》中的墨学痕迹与墨者典故，可以推断墨家之尚贤观、度术论与法家唯才是举、循名责实思想的因缘关系。以法家循名责实为指导逐步牵引出帝制中国的官僚科层制，及至后世科举选官与考绩制度，可谓一定程度上实现了先秦墨家首倡“官无常贵，民无终贱”之图景与“以劳殿赏，量功分禄”之理念。

第四节 天志明鬼与赏刑手段

墨子以“所染”标示其人性论，即通过“染于苍则苍，染于黄则黄”

① 关于墨者田鸠，《韩非子》《吕氏春秋》《淮南子》均有所记载。钱穆考证田鸠身份，提出“鸠者，俅之声近而通借也”，田鸠和《汉书》所称田俅子乃同一人。参见钱穆：《先秦诸子系年》，商务印书馆2005年版，第410～411页。

② 萧公权说：“‘术’治成于申子，亦与尊君有关，而尤与世卿制度废弃之后政治需要相应。”萧公权：《中国政治思想史》，新星出版社2005年版，第150页。

的著名命题与墨子泣丝之轶事，表达人性受后天影响的观点，其言曰："士亦有染。其友皆好仁义，淳谨畏令，则家日益，身日安，名日荣，处官得其理矣。……其友皆好矜奋，创作比周，则家日损，身日危，名日辱，处官失其理矣。"(《墨子·所染》）然而，墨子更多窥见人性之"恶"，或恶多善少，因而将原始状态描述为"天下之乱，若禽兽然"。以禽兽之性喻初民之性，墨子的人性论隐藏其中：在"一人一义，十人十义"的社会中，"人是其义，以非人之义，故交相非也"(《墨子·尚同上》)。在未有国家法制之前，人与人之间的关系被定性为一种紧张的斗争互害关系："内者父子兄弟作怨恶，离散不能相和合。天下之百姓皆以水火毒药相亏害。"(《墨子·尚同上》）除了在原始状态的描述中透露性恶观之外，墨子对人世间不甚信任，因而诉诸"天志"。这一基调源于墨子对人之性情的否定倾向，"六辟"之言——"去喜，去怒，去乐，去悲，去爱，去恶，而用仁义。手足口鼻耳从事于义，必为圣人"(《墨子·贵义》)——表明墨子认为人之性情是恶的。①

在对人性不信任的基础上，墨家强调"为不善之有罚，为善之有赏"(《墨子·公孟》)，使得"民皆劝其赏，畏其罚，相率而为贤"(《墨子·尚贤中》)，从而"举天下之人，皆欲得上之赏誉，而畏上之毁罚"(《墨子·尚同中》)。史华兹说："(墨家）重视'合法的'强力和'惩罚与奖赏'，还有未曾明说出来的墨家原始状态的'人性'论，也许有助于为法家的某些思想内容准备了生长土壤。"②确实，墨家强调赏刑，大公无私，所谓"诸行赏罚及有治者，必出于公"(《墨子·号令》)。这在腹䵍大义灭亲的例子中体现得淋漓尽致，也与商鞅去私为公的个性相互映衬。③墨者的事迹与精神强化了秦人的重法观念，也启示后来法家强调公平的赏罚观。韩非曰："故治乱之理，宜务分刑赏为急。治国者莫不有法，然而有存有亡。亡者，其制刑赏不分也。治国者，其刑赏莫不有分，有持异以为分，不可谓分。至于察君之分，独分也。"(《韩非子·制分》）腹䵍还强调

---

① 徐复观指出："（墨子）认为情是恶的；先秦情与性常不分，情恶亦性恶……墨子则因情之恶，无形中失掉了对人自身的信心。"徐复观：《中国人性论史·先秦篇》，上海三联书店2001年版，第284页。萧公权也认为，墨子书中"一再暗示人之性恶"。萧公权：《中国政治思想史》，新星出版社2005年版，第90页。王冬珍则解释："此必须用性理绝对控制情感与欲望，乃能长久兼相爱交相利，彻底实现奉献、牺牲之利他主义也。"王冬珍：《墨学新探》，世界书局1989年版，第171页。

② 〔美〕本杰明·史华兹：《古代中国的思想世界》，程钢译，江苏人民出版社2004年版，第173页、342页。

③ 墨家钜子腹䵍之法与商君之法关联性的阐述，参见王叔岷：《先秦道法思想讲稿》，中华书局2007年版，第220～221页。

赏刑的威严，认为严格行墨者之法实为“禁杀伤人”，其对刑罚“禁杀”功能的陈说，亦与商鞅、韩非“以刑去刑”的逻辑如出一辙。法家思想的专制理论承袭了墨家“尚同”，“任法赏刑”亦如同“明鬼”，既是实现“一同天下之义”的法制保障，[①]也无不立足于性恶论前提。

然而，性恶与“兼爱”之本似乎构成一种矛盾。其实，与其说墨子对人性的博爱持积极态度，不如说是对现实生活的痛心疾首而倡“兼爱”，以求拨乱反正。在《墨子·非攻》中，他批判背离兼爱、损人利己的“不相爱”表现：从“入人园圃，窃其桃李”，到“入人栏厩，取人马牛”，再到统治者“贪伐胜之名，及得之利”。而“兼爱”之用，即利人利己之计算恐未直面性恶议题，则唯有诉诸超越的维系权威。有学者洞见这一点：“故以人之性言之，则墨子之道未可必行也。墨子非不知之，故推之于天志，申之以鬼神之赏罚。”[②]这种兼爱与性恶的紧张关系及其“刑赏”出路，与后来法家解决“因人情”与“制民欲”的矛盾问题路径相仿；而兼爱对性恶的调摄，则必然承认人性向善之可能，须合观志功，且赏刑相称，故仍存留与法家相异之处。所以，法家虽受墨学启示良多，但也为墨学源泉注入新流，从而在任法赏刑方面更加彻底，形成一套重刑主义理论。

概言之，对人性恶的认识与揭示，对人与人之间“若禽兽然”的不安与排斥，都是墨家、法家不同于儒家之处。针对当时人们相互侵夺、私斗的社会乱象，墨法两家皆意识到维系权益的基础性意义，并试图制定强效规范定分止争。[③]且看反映秦法的《语书》所言法律功能：

> 古者，民各有乡俗，其所利及好恶不同，或不便于民，害于邦。是以圣王作为法度，以矫端民心，去其邪避（僻），除其恶俗。法律未足，民多诈巧，故后有閒令下者。凡法律令者，以教道（导）民，去其淫僻，除其恶俗，而使之之于为善殹（也）。[④]

---

① 孙诒让评曰：“《韩非子·难三》篇云：‘明君求善而赏之，求奸而诛之，其得之一也。故以善闻之者，以说善同于上者也；以奸闻之者，以恶奸同于上者也；此宜赏誉之所及也。不以奸闻，是异于上而下比周于奸者也，此宜毁罚之所及也。’与此说略同。”［清］孙诒让：《墨子间诂》，中华书局 2001 年版，第 76 页。

② 钟泰：《中国哲学史》，东方出版社 2008 年版，第 33 页。

③ 杜国庠认为，墨家拥护所有权的思想，适用于当时即将到来的社会，成为法家思想的滥觞。参见杜国庠：《先秦诸子思想概要》，载《杜国庠文集》，人民出版社 1962 年版，第 17 页。

④ 睡虎地秦墓竹简整理小组：《睡虎地秦墓竹简·语书释文注释》，文物出版社 1990 年版，第 13 页。

这与墨家所言最为类似，即自然状态“十人十义”之乱到国家状态“一同天下之义”之治，法律令于其中扮演重要作用。[①] 无论是墨家终怀“兼爱”理想，以天志法仪为保障，还是法家归宿于禁恶止奸、富国强兵，均以偏于性恶的人性认识与陋习恶俗批判为前提，旨在以法令赏刑作为国家强力工具加以有效规范。

第五节　法仪标准与法令学说

墨家尚同说的最后目的，“乃在举人类同铸一型”[②]。故“立天志以为法仪”，以“度量天下之王公大人卿大夫之仁与不仁”(《墨子·天志中》)。

> 子墨子曰：天下从事者不可以无法仪，无法仪而其事能成者，无有也。虽至士之为将相者皆有法，虽至百工从事者亦皆有法。百工为方以矩，为圆以规，直以绳，正以县。无巧工不巧工，皆以此五者为法。巧者能中之，不巧者虽不能中，放依以从事，犹逾已。故百工从事，皆有法所度。(《墨子·法仪》)

出身工匠的墨子是一个经验主义者，深刻体悟“百工从事，皆有所法度”，从而宣称“天志”取意于世间规矩，形成度量万事万物之“法仪”，所以说：“我有天志，譬若轮人之有规，匠人之有矩。轮匠执其规矩，以度天下之方圜。”(《墨子·天志上》)“含有普遍的重要性，法仪是一种抽象的公道正义，像天一样的广厚永久，是人群的通性……这是墨子法律思想的理论基础。”[③] 在天志与法仪之间，自然科学造诣深厚的墨子提炼出关于人间法则普遍性、客观性的思想，与黄老的“道–法”思维共同启示法家对法律特性的阐释方法。庄子之评论也甚有所察：“不侈于后世，不靡于万物，不晖于数度，以绳墨自矫，而备世之急；古之道术有在于是者。墨翟、禽滑厘闻其风而说之。为之大过，已之大循。”(《庄子·天下》)“绳墨”一词统墨家自矫之法与备世之法言之，足显墨子那种标准化之“法”体系于墨学安身立命之意义，亦是墨家法思想特殊品格的形象写照。所以，尽管墨家“尚贤”论对官员有道德智识方面的要求，然于“法仪”之层面却也说：

---

① 参见〔日〕池田知久：《睡虎地秦简〈语书〉与墨家思想》，载《池田知久简帛研究论集》，曹峰译，中华书局 2006 年版，第 185 ～ 227 页。
② 梁启超：《先秦政治思想史》，天津古籍出版社 2004 年版，第 162 页。
③ 冒景琦：《墨家法律思想》，《新粤周刊》第 1 卷第 5 期，1937 年。

“巧者能中之，不巧者虽不能中，放依以从事，犹逾已。”可见只要严格按照标准化的规矩法度，一般水平的工匠与执法者就能完成任务，其能力品质显得不那么重要，这便趋近战国法家治法高于治人之义。

“墨辩”在逻辑学上仍继承了“法仪”的思想，所谓“一法者之相与也尽〔类〕，若方之相合也，说在方”(《墨子·经下》)。《墨子·经说下》释曰：“一方尽类，俱有法而异。”此外，墨辩还以“察类知类”“辨故明故”“类取类予”等精湛的逻辑学话语，为法律思想与法律实践中的归纳推理奠定逻辑学与方法论基础。

围绕与“法仪”相关的思想，《墨子·经上》有“顺法”之说：“法，所若（顺）而然也。”墨辩还有“效法”之说，阐明“法”的标准意义：“效者，为之法也；所效者，所以为之法也。故中效，则是也；不中效，则非也，此效也。”(《墨子·小取》)胡适论法家的平等主义时，特别提及别墨之“法”，解释道：“同法的必定同类。无论是科学的通则，是国家的律令，都是如此，这是法律平等的基本观念。……法的作用要能‘齐天下之动’。”① 晚近学者的研究更进一步揭示墨法之间的这一层关系：“墨子和墨家的‘法’思想之于先秦思想界的意义在于：墨子对‘法’的理论反思及对治术化的拓展，带来了社会治理思想范畴中一系列的新变化。首先是以‘法’为核心概念，对社会治理理论进行规范化、简单化和标准化的理论重建。其次是对政治权力与社会治理‘技术’层面的注重。治术之学在战国中后期的成长，与墨子及其后学的推动不无关系。”②

战国政法言说中的“法”，更多为“佱”而非“灋”，这与墨子及其后学盈天下的自然科学知识、匠人城守实践、规矩绳墨行话息息相关。法家最尚以规矩绳墨阐明法的普遍性与客观性，这种“归宿于以与律度量衡同性质之‘法’整齐之而使归简易 ”的“物治主义”③ 思想，及其统一度量衡的政法实践，无不带有墨家“天志-尚同-法仪”的痕迹。王讃源说：“以‘天’为标准的讲法也许不被现代人所接受，但墨子强调的‘天’的象征意义，即普遍有效性、客观性、明确性和长久有效性，正是‘标准’（法仪）这一概念所代表的精确界说。”④ 利用为社会民众所普遍知晓、日

① 胡适：《中国哲学史大纲（卷上）》，载《胡适学术文集·中国哲学史》（上），中华书局 1991 年版，第 253 页。

② 李平：《论墨子与先秦“法”学兴起》，《法制与社会发展》2014 年第 2 期。该文考证极细，论述精当，为墨家法思想研究难得佳作。

③ 参见梁启超：《先秦政治思想史》，天津古籍出版社 2004 年版，第 163 页，170 页。

④ 王讃源：《墨子的方法论》，载张知寒主编：《墨子研究论丛》（二），山东大学出版社 1993 年版，第 28 页。

常使用的工具来比况法律规范，巧妙地将法律的叙述从政府意志引向社会公意，容易彰显触及社会基本的生产流通行业的术语与思维，并很好地将法律规范在调整利益、处理关系中的公平性寄寓其中。① 墨家“以名举实”“取实予名”“实不必名”的阐释，是对儒家以“名”为第一性统制“实”之正名主义的改良，② 显示了从儒家偏重“虚名”到名实相当的递嬗轨迹。③ 这对敢于挑战儒家正名主义，突破传统名器、名分、名教的战国变法与法家思想具有启示意义。法家主刑名法术，正是一套循着概念来讲政治、法律的认识方法。在其叙述模式中，制定法律是定名的基本含义，法令的制定、运作都是缘于人类需要，提炼可以通约的概念，并遵循个中的客观理性原则，这源于墨家经验主义。人们需要对长度、宽度、广度、深度等最基本的认识范畴进行一种人为的建构与限定，规矩绳墨度量衡便随人类知性产生，并在流通交往的过程日渐成为毋庸置疑的事物、普遍法则的化身。当把法令与这些稳如磐石的客观真理、绝对标准比况时，法令就仿佛闪现着神圣的光辉。于是，慎到、申子、韩非都频繁以蓍龟、书契、度量、绳墨、规矩、尺度、镜、权衡、椎锻、榜檠等器物类比法律，以器物之标准精确的基本属性比照法律之公正，甚至在更广义的法度中，客观物准与技术尺度全都被揽入法的范畴。④

由此观之，墨家“一同天下之义”的法起源论、“别墨”的物治主义，都对法家法律观的形成有着难以磨灭的深刻影响。而不同的是，与墨家的“三表法”相应，墨家的立法思想有历史传统、民心风俗、实践功效多

① 国外学者认为，许多用标准度量词语描述法律的隐喻，都反映了工匠和商人的语言，他们在整个帝国各时期都具有重要的真实权力。参见高道蕴、高鸿钧、贺卫方编：《美国学者论中国法律传统》，中国政法大学出版社 1994 年版，第 252 页。

② 《墨子·贵义》曰：“非以其名也，以其取也。”参见侯外庐、赵纪彬、杜国庠：《中国思想通史》（第一卷），人民出版社 1957 年版，第 226 ~ 232 页。马腾：《儒法合流与中国传统法思想阐释》，法律出版社 2016 年版，第 3 ~ 7 页。

③ 胡适指出，名与法其实只是同样的物事。两者都是全称，都有驾驭个体事物的效能。孔子的正名主义的弊病在于太注重“名”的方面，就忘了名是为“实”而设的，故成了一种偏重“虚名”的主张。后来的名学受了墨家的影响，趋重“以名举实”，如尸子的“以实覆名，……正名覆实”，如《韩非子》的“形名参同”，都是墨家以后改良的正名主义了。参见胡适：《中国哲学史大纲（卷上）》，载姜义华主编：《胡适学术文集·中国哲学史》（上），中华书局 1991 年版，第 253 页。

④ 慎到说：“蓍龟，所以立公识也；权衡，所以立公正也；书契，所以立公信也；度量，所以立公审也；法制礼籍，所以立公义也。”（《慎子·威德》）申子曰：“君必有明法正义，若悬权衡以称轻重，所以一群臣也。”（《申子·佚文》）韩非云：“椎锻者，所以平不夷也；榜檠者，所以矫不直也。圣人之为法也，所以平不夷、矫不直也。”（《韩非子·外储说右下》）《管子·七法》亦云：“尺寸也，绳墨也，规矩也，衡石也，斗斛也，角量也，谓之法。”

方面的综合考量，在形式上也依循现实法律渊源区分“宪”“刑”“誓”：“先王之书，所以出国家、布施百姓者，宪也。……所以听狱制罪者，刑也。……所以整设师旅、进退师徒者，誓也。”（《墨子·非命上》）“体察古今、择善度宜，可以说是最精确的立法原理。”[①] 相反，法家精湛的法令学说则一直沿其局促的霸道路线行进。

归纳起来，“儒法之间”视角的墨家思想意义是：

第一，墨家“爱利一体”“义利合一”、崇尚务力自强的功利思想迥异于儒家重义轻利，而影响了法家政治实用主义；

第二，墨家“尚同”论及其势术设计，初步勾绘了法家集大成的专制集权图景；

第三，墨家“尚贤”论迥异于儒家举贤论，引领推翻世卿世禄、抑贵举士之风潮，并牵引法家的吏治度术论；

第四，墨家“天志–明鬼”论依循人性审思切实强调赏刑二端，构筑法家明法重刑的叙述方式；

第五，墨家“法仪”论象征战国新法的兴起，以其工匠器具话语启示一种法家式的规范普遍性、客观性言说。

秦孝公以后，秦国以商君之法、韩李之学行霸道。惠王时期，墨家中心已转入秦国。荀子以前，儒者不入秦，秦国可谓“圣人隐伏墨术行”（《荀子·成相》），故“秦之墨者”或为“墨离为三”之一派。[②] 秦之“墨术”或已非纯粹墨学，而与商君之法交融渗透。方授楚、郭沫若等均已考证墨家之法对秦法的影响，[③] 也有不少学者指出，秦相吕不韦所编、代表“杂家”思想的《吕氏春秋》多载墨家故事及理念，体现墨学对秦国意识形态的影响。[④] 以至《睡虎地秦墓竹简》的面世，更呈现出墨法交融的思想，进一步印证“秦之墨者”与“城守各篇”与法家的关联及其对秦法的

① 冒景琯：《墨家法律思想》，《新粤周刊》第1卷第5期，1937年。

② 《吕氏春秋·孝行览·首时》载墨者田鸠辗转以见秦惠王，《吕氏春秋·孟春纪·去私》载墨家钜子腹䵍居秦刑子一事，而“秦之墨者”语见《吕氏春秋·先识览·去宥》：“东方之墨者谢子，将西见秦惠王。惠王问秦之墨者唐姑果。”蒙文通在《论墨学源流与儒墨汇合》一文中指出韩非所说“墨离为三”是指东方之墨、南方之墨和秦之墨。参见蒙文通：《儒学五论》，广西师范大学出版社2007年版，第69页。

③ 方授楚：《墨学源流》，中华书局、上海书店1989年影印版，第207 ~ 208页。郭沫若说：“墨者与秦王既相得，我们要说秦法之中又墨法参入，总不会认为是无稽之谈吧。”郭沫若：《青铜时代·墨子的思想》，载《郭沫若全集》（历史编第一卷），人民出版社1982年版，第483页。

④ 参见臧知非：《〈墨子〉、墨家与秦国政治》，《人文杂志》2002年第2期。

影响。[①]故墨学虽式微隐晦，在中国思想史中销声匿迹很长时间，然而墨学精义已融汇于法家思想与秦法体系中，其治道思想对中国君主专制中央集权体制之形成演绎不无影响。

① 江庆柏认为《为吏之道》与墨家学派有关，或者说写作过程中受到墨学的影响。参见江庆柏：《“睡简”〈为吏之道〉与墨学》，《陕西师范大学学报》（哲学社会科学版）1983年第4期。

结语　墨家“兼爱”的理想价值与制度意义

墨家“兼爱”之理想，“摩顶放踵利天下”之功业，即使亚圣孟子、宋儒程朱亦心有所谙。庄生曾曰：“墨子真天下之好也，将求之不得也，虽枯槁不舍也，才士也夫！”(《庄子·天下》) 盖使古儒高士重生于近世，置身于当今，如梁任公者，虽以墨学“兼爱”之旨不如儒家仁爱之“切理而餍心”，但终将不吝赞誉：“兼爱为人类最高理想，则吾侪固乐与承认也。”① 至若更勇于弃旧立新之学者，如胡适之者，对墨子之褒扬更可谓无以复加：“墨翟也许是在中国出现过的最伟大人物。”②

一

相比“兼爱”，儒家仁爱深富宗法伦理之色彩。根植于传统宗法差序社会，提炼于实在社会等级德礼，是儒学比墨学、“仁爱”比“兼爱”更具生命力的社会文化原因。墨学的式微，其急务城守导致墨徒减损、学派消耗，实为首要原因，③ 当然，也不乏墨法义举不见容霸道帝制之世，其学说义涵见攻于儒法两家之因素。萧公权说：“此殆由墨学中非攻尚贤诸说既与旧日之宗法社会相违，复与新起之农兵国策不合，遂至进退失据，尚不如儒术之合文通治，足以偶动时君之听。故陈义虽高，难于见用。”④ 先秦以降，儒显墨微，交织着“视墨同儒”（或“儒墨相用”）及“尊儒辟墨”两种话语谱系，延绵至明清之际。渐随思想之批判与启蒙，也逐渐催生些许反思传统而同情墨学，甚至径而为兼爱辩护的思绪及论说。至清末民初，在国家社会风云变幻、学人政客救亡图存之际，“今欲救之，厥惟

① 梁启超：《先秦政治思想史》，天津古籍出版社 2004 年版，第 141 ～ 142 页。

② 胡适：《先秦名学史》，载姜义华主编：《胡适学术文集·中国哲学史》（下），中华书局 1991 年版，第 815 页。

③ 诸多经典墨学研究论著均有对墨家式微消亡原因的探索，此前目力所至，几乎都忽略这一最实质因素，颇为不解。定稿之际，才发现基于城守诸篇的新研究持类似观点：“墨家最后归于泯灭，对于军事活动的参与，造成大量墨徒的牺牲，可能是一个直接的原因。”史党社：《〈墨子〉城守诸篇研究》，中华书局 2011 年版，第 46 页。

④ 萧公权：《中国政治思想史》，新星出版社 2005 年版，第 25 页。

墨学”的呼唤应运而生，犹黄钟大吕警醒学人。在这一场大变革及墨学复兴潮流的背后，传统宗法社会松弛这一因素至为关键，轴心时代墨家之理想所具有的超前性已昭然可见。梁任公曰：“若世界进而入于墨子之理想的社会，则墨子之说固盛水不漏也。”[①] 从思想的发展程度来说，从孔子的实际上的“偏爱”，到墨子的“兼爱”，毕竟是“爱”的观念之社会化和完善化。[②] 近代中国家族本位社会悄然转变、超稳定意识形态迎来新参照系之时，“早期的传教士曾经利用这一中国古代的先贤促使现代中国的教外人士重视基督教的‘博爱’，并论证说这位令人景仰的古代先哲讲述的东西和舶来的基督教义并无二致”。[③] 不管从淡化传统宗法伦理、家族中心主义而言，还是从尊奉革命纲领、建立通约新制而言，其时亟需富有博爱、平等、权利意蕴的自体理论资源与社会变迁杠杆，甚或不亚于求取异域真经之迫切。孙中山认为，古时最讲“爱”者莫过于墨子，甚至宣称墨子为“世界平等博爱主义第一大家”。[④]“兼爱”思想终究从新社会思潮中脱颖而出，并于近世大师与当代墨徒的反复宣讲中，展现出与迥异于传统礼法社会之新法话语的融通性。

故而，墨家所创“兼爱”思想，于“历史”而言，始终位列古代道统之异端名目而饱受排抑压制，就“当下”而思，则可奉为富有现代价值的高明远识而大加发扬阐弘。较之百年前墨学复兴之时，如今之现实世界更呈日新，传统宗法思想与道德原则虽非无支配运转之场合，但在现代法制体系中已近乎断裂、隐而不彰。韦政通指出：“无差等的平等之爱，是现代社团伦理的基础。唯有在这样的伦理基础上，才容易接受现代意义的法律观念，也才容易发展出权利义务的观念。”[⑤] 提倡新墨学，非纯流于敝帚自珍、格义比附之习见，即便观诸西哲评述墨家“兼爱”一义，或见其淡

---

① 梁启超：《子墨子学说》，载《饮冰室合集》专集第三十七，中华书局 1989 年版，第 1 页、37 页。

② 沈善洪、王凤贤：《中国伦理思想史》（上），人民出版社 2005 年版，第 131 页。

③ 〔美〕牟复礼：《中国思想之渊源》，王立刚译，北京大学出版社 2009 年版，第 91 ~ 92 页。民国时期张纯一、王治心、吴雷川等基督教本土知识分子，也致力于墨耶会通研究与爱、义、俭、勤的人心改造。参见褚丽娟：《“上帝”之爱与人心改造——民国基督徒知识分子的墨耶研究》，载邵长婕主编：《墨子研究论丛》（十），齐鲁书社 2013 年版，第 428 ~ 443 页。

④ 参见孙文：《三民主义·民族主义第六讲》，载《孙中山全集》（第九卷），中华书局 1986 年版，第 244 页。民报编辑部：《民报（第一号）》，科学出版社 1957 年影印本，第 3 页。

⑤ 韦政通：《先秦七大哲学家》，江苏教育出版社 2006 年版，第 124 页。

化宗法之普世，[①] 或见其利益哲学之早熟，[②] 或见其利他道德之崇高，[③] 甚或惊叹其理论之超越，[④] 皆不乏赞誉之辞。身处曾孕育如此宏富崇高的墨学国度，学人更应珍视传承。

挖掘中国传统法思想的资源，不应遮蔽于构成传统意识形态的儒法两家。墨家“兼爱”富有淑世情怀与实践品格的大利原则，不似先秦儒家追求实现个人道德圆融而臻于“内圣”境界，“外王”之道终究行动不足。[⑤] 墨家“兼爱”饱含义利合一与尊重民权的人文精神，亦有别于法家崇尚建构国家强力霸道而流于“制民”话语，“爱人”之心竟至抛诸脑后。“兼相爱，交相利”之纲领以及“爱利合一”之旨趣，始终注重广义的永恒政治秩序，其和平安全的世界正义论、关怀弱者的社会公平观、超越血缘身份的平等法则、个体与国家的权利秩序理念，在轴心时代早已有其睥睨诸子的缘由与资源。

二

“兼爱”所传达的墨家人格精神与德化意义，可视为其缘于人性所染而领悟、达致的一种崇义意识。墨子“兼爱”于心系天下、身体力行之际，俨为一种霁月光风的理想人格，更于墨家集团传承凝为一种共享通约的墨者道德准则。在墨家显学的战国年代，墨者自是以“赴火蹈刃，死不旋踵”

① 汤因比说：“只有普遍的爱，才是人类拯救自己的惟一希望。”池田大作认为，墨子“兼爱”所具有的去宗法性，使这种广阔视界普遍的“爱”，“比孔子的爱更为现代人所需要”。参见〔英〕阿·汤因比、〔日〕池田大作：《展望二十一世纪——汤因比与池田大作对话录》，荀春生、朱继征、陈国梁译，国际文化出版公司 1985 年版，第 427 ~ 428 页。

② 牟复礼说：“墨子在公元前 5 世纪提出了一种着眼于每个人利益的兼爱哲学，西方直到 18 世纪才产生这种思想。”参见〔美〕牟复礼：《中国思想之渊源》，王立刚译，北京大学出版社 2009 年版，第 89 页。

③ 倪德卫称之为“没偏见的理性的利他主义”。〔美〕倪德卫：《儒家之道：中国哲学之探讨》，周炽成译，江苏人民出版社 2006 年版，第 101 页。

④ 奇世春说：“墨子的宇宙论、所染论、民主平等思想、民约论、劳动思想、价格论、超过所费论、反战和平论等，都是在当时世界上哪个文明中都找不到的令人惊讶的理论。……还有不独断反而很开放的‘同异相补论’让人产生一种错觉，墨子并非是生活在 2500 年前的人，而是一位现代思想家。”〔韩〕奇世春：《为什么墨子对于韩国人来说如此特别》，载邵长婕主编：《墨子研究论丛》（十），齐鲁书社 2013 年版，第 473 页。尽管略显夸张，仍备见墨学之现代价值。

⑤ 密尔说：“总体而言功利主义信奉者们在将精神愉悦置于肉体愉悦之上时，主要注重的是广义上的永恒、安全、节俭等精神因素，言下之意即更为追求符合环境的善而非依赖于自身的内在本性。功利主义者们的身体力行就充分佐证了这一观点，而他们原本或许可以朝向另一个方向发展，即始终如一地保持一种更高的境界。”这段话或能阐明墨家功利思想及其实践品格的内在关系，及其与儒家的基本差别。〔英〕约翰·斯图亚特·穆勒：《功利主义》，叶建新译，中国社会科学出版社 2009 年版，第 13 页。

精神服役邦国，救济天下。于和平时期，这种道德法则本身也有塑造社会角色与功业使命之功能，忝为回报国家、服务社会之道义张本。确乎，道德法则作为社会成员共享的行为规范，始终仰赖成员之间的良性关系。它可以求诸一种兼顾个人与社会、利益与道义的爱利关系模式，而这种爱利关系终究导源于某种伟大的思想体系。所谓取法乎上，仅得其中，取法乎中，仅得其下。体悟至高道德境界是寻求人格觉醒与德性圆满的不二法门，唯这种爱非为誉、纯笃无疵的纯粹“兼爱”最值取法，从而达致墨家世界以贵义利他、爱不外己的安身之道与圆融人生。确实，章太炎称颂墨子之道德“非孔、老所敢窥视”①，兼爱之心、贵义之举即墨家道德首义。尽管在私人领域、家庭家族系统相关的议题上，提倡传统儒家亲亲仁爱、推己及人之义，抑或以之充任一种根植传统亲伦情感与内在修养的“宗教性私德”无可非议，但就与公共领域、政治法律系统息息相关的现代性问题，平等兼爱确实值得奉为“社会性公德”加以创造性转化，其有助于祛除等级、等差、不公平的弊病，营造人际和谐、公共精神与法律公正。②“兼爱”所包含的社会处世原则，可树为现代人际关系处理的重要原则，③从个人修养到人际调和，是墨家思想实现社会和谐正义的两个途径。其义远超规范治理体系下的个体行为问题，不啻培养公平正义、奉公守法、职业道德品格的有效“法仪”。调动个人内在精神超越力量与墨者式自律品性以调治缓解社会矛盾，应是现代中国文化扬弃传统之路径与轴心时代精神特质的显现。墨家以“兼爱”为第一要义传达的和平正义论，在法律信念上强调平等观念，强化权利意识，尽可调配为缓解不公、避免异化的解毒良剂，以至成为培育每一法律主体尊重人身权、财产权、政治权的精神之源。

“兼爱”所倡导的集体主义与社会本位，已展露于本书有关“墨辩”对“兼爱”结合性与集体性的理论阐述。墨家从个人与他人的关系出发，从超越的层面弘扬调处个人与社会群体关系，细绎其个人与集体之同一性、利益与大义之统一性要旨，便可由此诠释墨家社会学说尊重、保持和发展正当个人利益的广泛性。更重要的是，这幅集体世界蓝图应与现代社会本位思想图景叠视而会通。回归轴心时代之争鸣盖可察见：据庄子之评观之，“绳墨自矫”，是对个人享受的节制，“备世之急”，是对社会福利的

---

① 章太炎：《诸子学略说》，载汤志钧编：《章太炎政论选集》（上），中华书局 1977 年版，第 295 页。

② “宗教性私德”与“社会性公德”之分辨乃李泽厚所倡，源于传统儒学内圣外王之分。在传统思想资源创造性转化方面，斯论有开拓创新意义。参见李泽厚：《论语今读》，安徽文艺出版社 1998 年版，第 8 ~ 12 页。

③ 陈克守、桑哲：《墨学与当代社会》，中国社会科学出版社 2007 年版，第 48 ~ 56 页。

营求；据孟子之评观之，“摩顶放踵”，是对个人享受的节制，“利天下”，是对社会福利的营求。① 相比儒家，墨家从理论到实践、从宏旨到细义均精妙安置爱利关系、义利关系、人我关系、群己关系。梁启超曾言：“自孟子说：‘何必曰利，亦有仁义而已矣。’后世儒者，因此以言利为大戒。董仲舒更说：‘正其谊不谋其利，明其道不计其功’。于是一切行为，专问动机，不问结果，弄得道德标准和生活实际距离日远，真正是儒家学说莫大的流弊。”② 如果说精英士人社会中往往耻于言利，小农经济社会格局中未能熟谙经济互利，那么在当今以市民社会为背景、以市场经济为基础的法制系统下，重拾一味倡义去利的思想传统稍显不合时宜，全然顺就重利轻义的现实话语则不免世风日下。有观于此，国家法律系统诚关乎集体福祉，既要确认广泛的人身与财产权益并予以制度安排，又必然于总体上彰显立法的道德原理，即如制度统领、法律实施中源于道德理念的诸如公序良俗、诚实信用等基础原则。

如果说儒家推己及人的仁爱以家庭为本位，则墨家爱人如己的兼爱以团体为本位。以家庭为本位的人际维系依赖血缘、情感、孝道，进而推衍为联结家族、等级系络的熟人社会；以团体为本位的关系建构则依赖共识、法则、纪律，进而推衍为依托社团③、一体化式的公民社会。相形之下，蕴涵互利性、互助性、对等性、平等性的兼爱法则，更有助于使社会成员相爱相利、和睦相处、互助合作、良性互助。合言之，墨家“兼相爱，交相利”的口号及其“义利合一”之旨，阐弘“爱”与彰显“利”浑然一体，兼交并举而互为主体，又总能上升至天下之利、公共秩序的集体命运高度，完全有理由成为现代公民社会的人文精神源泉。④

① 参见李石岑：《中国哲学十讲》，广西师范大学出版社 2010 年版，第 85 页。

② 梁启超：《墨子学案》，载《饮冰室合集》专集三十九，中华书局 1989 年版，第 13 页。

③ 如深受墨家“兼爱”启示的日本思想家池田大作创办国际创价学会（SGI），旨在成为一个增进人类福祉、推动世界和平的非政府组织。

④ 张斌峰对墨家兼爱学说之现代意义的诠释至为精湛：“兼爱”学说所体现墨家人文精神的普世关怀，并没有去追求绝对的道德目标，没有像儒家那样去力图脱离现实的功利世界，去追求和建立个人内心的“纯正”的道德理想，从而建立一个道德的理想王国。墨家不冀希于通过强化内心的道德功能来解决现实问题，也就是说，墨家的人文精神没有限定在道德的精神世界，视功利主义、物质主义为道德的最大腐蚀剂，没有通过把道德救世的情怀与现实对立起来……“兼爱”之“生活理性”把握着个人与他人、你与我、部分与总体间的真实联系，因而，“兼相爱，交相利”这种生活理性，我们可以对它赋予现代意义，使人们在这种共同理性信念下结合起来，倡导对过去和未来的关心。社会不再向人们投下异化的阴影，而对人们显现为“家园”般的亲切，牵引人们欣然投入其中，自觉成为现代意义上的公民与居民，自觉生活着的人和主人。张斌峰：《墨子“兼爱”学说的新透视》，《中国哲学史》1998 年第 1 期。

墨家曾代表劳动平民立场盖为共识，如果说那曾是墨学“局限”，因那古代矮化“民”的君权社会必排抑墨学，那么如今这便是墨学价值，今世大写“民”的公民社会无疑应弘扬墨学。“兼爱”以对爱的呼唤，对集体命运的维系，对弱势群体的关怀，适应人类社会发展的需要。① 晚近西方社群主义即以共同体观念为社会之本，其对行业分工、等级演化所造成的社会异化与民众疏离不免怵惕惟危。与之相通，墨家“有见于齐”及“一同天下之义”盖不乏维系共同体道德以为社会存续之根基，进而构建一番弘扬公义、分配正义、互助平等、保障权益的理想图景。不管救亡图存之时，还是繁荣昌盛之世，国家族群维系与发展的原动力，都离不开这种齐心协力的共同道德以及自我救赎、兼爱他人的精神情怀。毋庸讳言，古典君权社会之立法坐实于赏刑牧民，较诸以保护人权为鹄的法治不可同日而语。但应注意，墨子之个人与社会道德未止于说教，而是宣扬“立天志以为法仪”，依循理想法则与实践经验锻造提炼实在法，合于国家社会依循法治精神之义，其实质亦多能围绕平等人权精神构建，具有现代意义，仍值得珍视。

三

以“兼爱”为核心的墨学曾显耀华夏，与西方博爱主义同为世界文明的精神财富与普遍道德。若有见于“兼爱”提领墨学之意旨，则“兼爱”题中之义远不止伦理方面意蕴，其原则义理蕴涵正义、平等、权利的法律价值。不管是常见比较伦理学视角的“兼爱”诠释，还是偏于从“尚同”“天志”“法仪”提炼墨家法律思想的论述，均有蔽于此，言犹未尽。墨家“兼爱”法思想固自有特质，而非与西方正义、平等、权利思想毫无二致。唯有将墨学中潜藏的富有法价值之发展进路开辟出来，将契合“兼爱”旨归之法律思想挖掘出来，才能使“兼爱”这一周秦诸子百家争鸣时代的思想遗产，在近代复兴备受推崇之后，继而发挥对现代文明秩序的建构功效。任何时空环境均不乏特殊性的国家弊病、社会矛盾、时代困境，乃至光怪陆离的违法犯罪现象，尽管需要立足于情境化实际分析的制度安

---

① 詹剑峰说：“墨子之以兼易别，劝爱禁恶，翻译成现代语即以集体主义代替个人主义，提倡利他主义而反对利己主义。”詹剑峰：《墨子及墨家研究》，华中师范大学出版社2007年版，第44页。孙长祥说：“墨子的根本主张是一种攸关人类群体如何在彼此相互调适、磨合的过程中，解决纷争，共同营造彼此满意、合宜、合理、和谐的理想生活方式，以及共同的心理反应和行为模式的规范，以构成一组彼此认可与接受的伦理概念与价值准则的伦理道德问题。”孙长祥：《墨子兼爱思想的伦理意涵》，载任守景主编：《墨子研究论丛》（八），齐鲁书社2009年版，第913页。

排，然伟大思想的牵引启示仍有助于避免陷入“一叶障目、不识泰山”的认识误区、沦于“头痛医头、脚痛医脚”的应对偏方。“兼爱”一义大可发挥，这种高尚的道德法则是人类永恒的追求，其中所蕴含的和谐正义观、平等思想、权利意识，都是现代社会发展的航标、制度建设的源泉。

以“兼爱”根本，墨家“节用”诸论展现出一种墨家特有的尚质贵俭气质。且看今日国家提倡“厉行节俭”，创建节俭政府的理念，不正与墨翟“贵俭”“节用”之道同符合契？因而，富有可资现代法治社会借鉴的正义原则与平等精神，正是墨学在现代社会重焕光芒、风云际会之机缘。申言之，抑制特权、调和权利的法制安排，显现出公平分配与社会互助的卓著理念，均足以启发现代社会中有关反腐倡廉、社保政策、扶贫计划、慈善法制、义工组织、灾害防治等国家政策与社会规范的指导原则与基础理念。墨家围绕“贵义”旨趣陈说的法律赏刑论，其时代意义与后世价值绝不亚于儒法思想。墨家不乏“罪不在禁，惟害无罪”的罪刑法定思想，呈现“不杀不辜，不失有罪”的慎刑严刑主张与罪刑相适应原则，追求“赏贤罚暴勿有亲戚弟兄之所阿”的刑法平等原则，今日观之，仍不失为治国立法建制、执法司法的宝贵遗产。

四

“兼相爱，交相利”，而至于“摩顶放踵”，常凸显某种个体生命难以承受之重的道德义务，虽未尽“反天下之心”，却可能令“天下不堪”，故庄子曰：“墨子虽独能任，奈天下何！”（《庄子·天下》）墨子非但未曾将之固化为一种道德重负而压迫自由，反而以先驱行动昭示人类真正而伟大的“兼爱”“非攻”。遗憾的是，以至今日奉“兼爱”为“理想”仍未成共识，近现代治墨学者也常以兼爱为空想、幻想，视为人类社会理论的空中楼阁。[①] 毕竟，人们易于从反面察觉“兼爱”完全实现之杳渺，而辜负“兼爱”奉为治道之价值。未有正面身体力行，自然难以体察“兼爱”思想爱利合一、志功参验的学术品格，乃至那弥合理想与现实的永恒意义。

如果说以“兼爱”为空想的论断缘于其未成社会事实，那么以“兼爱”为“无爱”的论断则全然抛弃人类基础价值理念。陈柱说：“兼爱无等差，而其爱不足以爱，而卒止于无爱。”[②] 郭沫若也说：“把爱推广到无限

① 邢兆良认为墨子兼爱学说是“空想的政治理想”而不合时宜。又以墨家之言，“半是醒世恒言，半是痴人说梦”。参见邢兆良：《墨子评传》，南京大学出版社2011年版，第207～216页、293页。

② 陈柱：《墨学十论》，商务印书馆1928年版，第161页。

大，其实也就是把爱冲淡到没有了。”[①] 言兼爱为无爱，实在纯为诡辩，既混淆理想价值与现实情形，也否定高尚理想的存在与价值。如此则所谓“逃墨必归于杨”（《孟子·尽心上》），除却个体生命价值，无可尊重之他者。古往今来皆不乏兼爱天下、舍己为人的伟大人物，难道其世所景仰的道德义行都“止于无爱”？

墨家“兼爱”面世之际，就展现批判现实的一贯精神，具备超越现实的理想品格，因而与身处天下之思想意念或有差异。墨者意识并承认，“兼爱”，即普遍平等的相爱互助是一种奋斗目标和道德理想（要求、愿望），同现实之间还有一定距离。[②]《墨子·大取》曰：“志、功为辩。”又云：“志、功不可以相从。”“志”即心志，“功”即事功。“兼相爱、交相利”在心志精神层面上没有等差、厚薄之分，在兼爱事功实践上却可因时而变，在特定情境中不乏厚薄之别。[③] 然而，这都不意味着肆意消淡“兼爱”价值的正当性。

“兼爱”作为一种人类理想，一种普世价值，以信仰引导人心，为世界撒播美善。谭家健指出，理想不等于空想，因为理想有一定的根据，在一定条件下有可能在很大程度上实现。[④] 理论的彻底性难以求诸现实之普及，“兼爱”蕴含着“应该”这一模态词，而非必然推出现实命题。试问，人类所追求的平等、自由、正义又何尝已完全实现？若如此，平等、自由、正义诸理想不也沦为空想、幻想？然而，现代学人鲜有质疑平等、自由作为人类理想与价值的合理性与正当性，反而多奉为共识，誉为信仰。这种信仰既已成为引领文明突破与社会变革的一面旗帜，也可持续渗透于风俗人情，潜移默化地影响着社会法制的发展。

爱之哲学及其价值或许更为深邃，西方哲学将博爱奉为“一种连结自由（或每个人的权利）和平等（或一切人的权利），并表现出它们实质上的一致性的纽带”。[⑤] 墨家兼爱与博爱主义有会通之处，现代新墨学研究应本于“兼爱”展开细致入微的思想教义对话交流。“爱”之学说思想始终倡导取法乎上的理想道德，以其对共同体命运的关怀，对社会公平正义与和谐秩序的勾绘，对所有人平等权利的申明，对共同交往规则、相互利益的注重，展现一个互爱互利、平等交往、尊重权益、和平共存的秩序框架

① 参见郭沫若：《青铜时代·墨子的思想》，载《郭沫若全集》（历史编第一卷），人民出版社 1982 年版，第 471 页。

② 孙中原：《墨学通论》，辽宁教育出版社 1993 年版，第 35 ~ 36 页。

③ 参见李贤中：《墨子“兼爱”思想之伦理学建构》，《职大学报》2004 年第 1 期。

④ 谭家健：《墨子研究》，贵州教育出版社 1995 年版，第 38 页。

⑤ 〔法〕皮埃尔·勒鲁：《论平等》，王允道译，商务印书馆 1988 年版，第 272 页。

与制度体系。此类富有宗教情怀的普世大爱，已然于人类文明史上展现其现实主义路径与治法图景，殆无疑义。

概言之，墨家“兼爱”蕴含着平等思想及权利意识，符合中华民族追求和谐的正义观念，具有集体主义、社会本位、高尚德性、人际准则的普世价值，并非虚无缥缈的空中楼阁，而是纯笃无疵的崇高理想。其超越亲伦、等级、阶级、民族、国家、世代的普遍主义的“爱”，于文明时代殊为可宝，于建法立制意义非凡。

文化学者余秋雨曾说：“如果要问我倾向何方（儒、墨），我会毫不犹豫地回答：墨家。虽然难于实行，却为天下提出了一种纯粹的爱的理想。这种理想就像天际的光照，虽不可触及，却让人明亮。”① 言简意赅，却一语道出崇尚墨学者之肺腑衷言，“天际光照、不可触及”的“理想”不正如日月吗？“譬之日月兼照天下之无有私也”（《墨子·兼爱下》），施予人类温暖光明，人们虽无法拥抱日月，却必会为日光月霁欢欣鼓舞。

思绪暂结，蓦然回顾，初读研究生时恩师马作武教授曾予以启发，即墨学之思虽多未合于现实社会，但更应尝试挖掘诠释其价值，毕竟，那些已成共识之现代价值，实亦疏离于当代现实而远未实现。由是引导我涉足墨家法思想研究，完成硕士学位论文，发表墨学专论。十年后拙著付梓之际，首先拜谢恩师教诲栽培！博士毕业后所执教厦门大学法学院，乃我继续中国法律思想史教研之优越平台，更得以向教研室主任周东平教授等学问博深的老师学习，亦常怀景仰感激之情！本课题得以立项与出版，幸蒙高等教育出版社推荐与国家社科基金后期项目资助，其间得到国家社科基金规划办各评委老师、福建省社会科学规划办刘兴宏老师、厦门大学社科处张随刚老师、高等教育出版社徐阳编辑、冯晓川编辑的鼎力支持，于此深表谢忱！

马腾

丁酉初春于厦大鹰园

① 他还说到：“孙中山和梁启超，是真正懂得中国的人。他们的深长感慨中，包含着历史本身的呼喊声。墨子，墨家，黑色的珍宝，黑色的光亮，中国亏待了你们，因此历史也亏待了中国。”参见余秋雨：《黑色的光亮》，《新华文摘》2007年第19期。

参考文献

一、著作

（一）传世文献与出土文献

［1］［清］孙诒让：《墨子间诂》，北京，中华书局，2001。
［2］张纯一：《墨子集解》，成都，成都古籍书店，1988。
［3］谭戒甫：《墨经分类译注》，北京，中华书局，1981。
［4］谭戒甫：《墨辩发微》，北京，中华书局，1964。
［5］岑仲勉：《墨子城守各篇简注》，北京，中华书局，1958。
［6］吴毓江：《墨子校注》，北京，中华书局，1993。
［7］王焕镳：《墨子集诂》，上海，上海古籍出版社，2005。
［8］高亨：《墨经校诠》，北京，清华大学出版社，2011。
［9］李渔叔：《墨子今注今译》，天津，天津古籍出版社，1988。
［10］谭家健、孙中原：《墨子今注今译》，北京，商务印书馆，2009。
［11］水渭松：《墨子直解》，杭州，浙江文艺出版社，2004。
［12］王讃源：《墨经正读》，上海，上海科学技术文献出版社，2011。
［13］姜宝昌：《墨经训释》，济南，齐鲁书社，1993。
［14］［清］阮元校刻：《十三经注疏》，北京，中华书局，1980。
［15］［清］徐元诰：《国语集解》，北京，中华书局，2002。
［16］［汉］司马迁：《史记》，北京，中华书局，1959。
［17］［汉］班固：《汉书》，北京，中华书局，1962。
［18］［晋］陈寿：《三国志》，北京，中华书局，1959。
［19］［唐］房玄龄：《晋书》，北京，中华书局，1974。
［20］［元］脱脱：《金史》，北京，中华书局，1975。
［21］［宋］朱熹：《四书章句集注》，北京，中华书局，1983。
［22］杨伯峻：《论语译注》，北京，中华书局，1980。

［23］杨伯峻：《孟子译注》，北京，中华书局，1960。

［24］［清］王先谦：《荀子集解》，北京，中华书局，1996。

［25］陈鼓应：《老子今注今译》，北京，商务印书馆，2003。

［26］陈鼓应：《庄子今注今译》，北京，商务印书馆，2007。

［27］蒋礼鸿：《商君书锥指》，北京，中华书局，1986。

［28］方勇编纂：《子藏·法家部·慎子卷（附申子）》，北京，国家图书馆出版社，2015。

［29］［清］王先慎：《韩非子集解》，北京，中华书局，1998。

［30］朱海雷：《尸子译注》，上海，上海古籍出版社，2006。

［31］黎翔凤：《管子校注》，北京，中华书局，2004。

［32］王恺銮：《尹文子校正》，上海，商务印书馆，1935。

［33］陈奇猷：《吕氏春秋校释》，上海，学林出版社，1984。

［34］何宁：《淮南子集释》，北京，中华书局，1998。

［35］［清］苏舆：《春秋繁露义证》，北京，中华书局，1992。

［36］向宗鲁：《说苑校证》，北京，中华书局，1987。

［37］王利器：《盐铁论校注》，北京，中华书局，1992。

［38］黄晖：《论衡校释》，北京，中华书局，1990。

［39］王钧林、周海生译注：《孔丛子》，北京，中华书局，2009。

［40］［梁］萧统编：《文选》，上海，上海古籍出版社，1986。

［41］［唐］柳宗元：《柳河东全集》，北京，中国书店，1991。

［42］［清］董诰等编：《全唐文》，北京，中华书局，1983。

［43］［宋］李昉等编：《太平御览》，北京，中华书局，1995。

［44］［宋］王安石：《王安石全集》，上海，上海古籍出版社，1999。

［45］［宋］程颢、程颐：《二程集》，北京，中华书局，1981。

［46］［元］马端临：《文献通考》，上海，华东师范大学出版社，1985。

［47］［明］王阳明：《王阳明全集》，上海，上海古籍出版社，1992。

［48］［清］黄宗羲：《明儒学案》，北京，中华书局，1985。

［49］［清］颜元：《颜元集》，北京，中华书局，1987。

［50］［清］黄汝成：《日知录集释》，长沙，岳麓书社，1994。

［51］［清］俞正燮：《癸巳存稿》，沈阳，辽宁教育出版社，2003。

［52］马王堆汉墓帛书整理小组：《马王堆汉墓帛书·老子》，北京，文物出版社，1976。

［53］睡虎地秦墓竹简整理小组：《睡虎地秦墓竹简》，北京，文物出

版社，1990。

［54］河南省文物研究所 :《信阳楚墓》，北京，文物出版社，1986。

［55］荆门市博物馆 :《郭店楚墓竹简》，北京，文物出版社，1998。

［56］马承源主编 :《上海博物馆藏战国楚竹书》（五），上海，上海古籍出版社，2005。

（二）墨学专著

［57］王桐龄 :《儒墨之异同》，上海，上海书店，1992。

［58］王治心 :《墨子哲学》，南京，南京宜春阁印刷局，1925。

［59］栾调甫 :《墨子研究论文集》，北京，人民出版社，1957。

［60］伍非百 :《墨子大义述》，上海，上海书店，1992。

［61］陈柱 :《墨学十论》，上海，商务印书馆，1928。

［62］陈顾远 :《墨子政治哲学》，上海，泰东图书馆，1923。

［63］方授楚 :《墨学源流》，北京，中华书局，上海，上海书店，1989。

［64］支伟成 :《墨子综释》，上海，泰东图书局，1925。

［65］詹剑峰 :《墨子的哲学与科学》，北京，人民出版社，1981。

［66］詹剑峰 :《墨子及墨家研究》，上海，华中师范大学出版社，2007。

［67］蔡尚思编 :《十家论墨》，上海，上海人民出版社，2004。

［68］任继愈 :《墨子与墨家》，北京，商务印书馆，1998。

［69］杨俊光 :《墨子新论》，南京，江苏教育出版社，1992。

［70］谭家健 :《墨子研究》，贵阳，贵州教育出版社，1995。

［71］崔清田 :《显学重光——近现代的先秦墨家研究》，沈阳，辽宁教育出版社，1997。

［72］孙中原 :《墨子及其后学》，北京，新华出版社，1991。

［73］孙中原 :《墨学通论》，沈阳，辽宁教育出版社，1993。

［74］孙中原 :《墨者的智慧 : 墨子说粹》，上海，上海三联书店，1995。

［75］孙中原 :《墨学与现代文化》（修订版），北京，中国广播电视出版社，2007。

［76］邢兆良 :《墨子评传》，南京，南京大学出版社，1993。

［77］萧鲁阳、李玉凯主编 :《中原墨学研究》，郑州，中州古籍出版社，2001。

［78］萧鲁阳 :《行侠仗义说墨家》，武汉，湖北人民出版社，2011。

［79］陈雪良 :《墨子答客问》，上海，上海人民出版社，1997。

［80］王冬珍 :《墨学新探》，台北，世界书局，1989。

[81] 施炎平：《〈墨子〉一日一语》，杭州，浙江人民出版社，2000。

[82] 秦彦士：《墨子新论》，成都，电子科技大学出版社，1994。

[83] 秦彦士：《墨子考论》，成都，巴蜀书社，2002。

[84] 陈克守、桑哲：《墨学与当代社会》，北京，中国社会科学出版社，2007。

[85] 郑杰文：《20世纪墨学研究史》，北京，清华大学出版社，2002。

[86] 郑杰文：《中国墨学通史》，北京，人民出版社，2006。

[87] 胡子宗、李权兴等：《墨子思想研究》，北京，人民出版社，2007。

[88] 舒大刚：《苦行与救世——墨子的智慧》，成都，四川教育出版社，1996。

[89] 陈伟：《墨子清谈》，武汉，长江文艺出版社，2003。

[90] 孙卓彩、刘书玉：《墨子词汇研究》，北京，中国社会科学出版社，2008。

[91] 张永义：《墨：苦行与救世》，广州，广东人民出版社，1996。

[92] 张永义：《墨子与中国文化》，贵阳，贵州人民出版社，2001。

[93] 徐希燕：《墨学研究：墨子学说的现代诠释》，北京，商务印书馆，2001。

[94] 薛柏成：《墨家思想新探》，哈尔滨，黑龙江人民出版社，2006。

[95] 史党社：《〈墨子〉城守诸篇研究》，北京，中华书局，2011。

[96] 王宏：《墨家法律思想研究》，保定，河北大学出版社，2013。

（三）其他论著

[97][清] 龚自珍：《龚自珍全集》，北京，中华书局，1959。

[98][清] 陈澧：《东塾读书记》，上海，商务印书馆，1930。

[99][清] 薛福成：《出使英法义比四国日记》，长沙，岳麓书社，1985。

[100][清] 谭嗣同：《仁学》，郑州，中州古籍出版社，1998。

[101] 广东省社会科学院历史研究所、中国社会科学院近代史研究所中华民国史研究室、中山大学历史系孙中山研究室合编：《孙中山全集》，北京，中华书局，1986。

[102] 蔡元培：《中国伦理学史》，南京，江苏文艺出版社，2007。

[103] 章太炎：《国故论衡》，上海，上海古籍出版社，2006。

[104] 上海人民出版社编：《章太炎全集》，上海，上海人民出版社，

1984。

［105］汤志钧编：《章太炎政论选集》，北京，中华书局，1977。

［106］梁启超：《饮冰室合集》，北京，中华书局，1989。

［107］梁启超：《先秦政治思想史》，天津，天津古籍出版社，2004。

［108］刘师培：《刘申叔遗书》，南京，江苏古籍出版社，1997。

［109］吕思勉、童书业编：《古史辨》（第七册下编），上海，开明书店，1947。

［110］吕思勉：《先秦学术概论》，上海，东方出版中心，1985。

［111］吕思勉：《中国通史》，上海，上海古籍出版社，2009。

［112］罗焌：《诸子学述》，上海，华东师范大学出版社，2008。

［113］江瑔：《读子卮言》，上海，华东师范大学出版社，2012。

［114］钟泰：《中国哲学史》，北京，东方出版社，2008。

［115］杜国庠：《杜国庠文集》，北京，人民出版社，1962。

［116］伍非百：《中国古名家言》，北京，中国社会科学出版社，1983。

［117］陈柱：《诸子概论》，北京，中国书籍出版社，2006。

［118］姜义华主编：《胡适学术文集》，北京，中华书局，1991。

［119］葛懋春、李兴芝编：《胡适哲学思想资料选》，上海，华东师范大学出版社，1981。

［120］郭沫若著作编辑出版委员会编：《郭沫若全集》，北京，人民出版社，1982。

［121］蒋伯潜：《诸子通考》，杭州，浙江古籍出版社，1985。

［122］李石岑：《中国哲学十讲》，桂林，广西师范大学出版社，2010。

［123］刘梦溪主编：《中国现代学术经典·廖平、蒙文通卷》，石家庄，河北教育出版社，1996。

［124］蒙文通：《儒学五论》，桂林，广西师范大学出版社，2007。

［125］钱穆：《先秦诸子系年》，北京，商务印书馆，2005。

［126］冯友兰：《三松堂全集》，郑州，河南人民出版社，2001。

［127］傅斯年：《性命古训辩证》，桂林，广西师范大学出版社，2006。

［128］萧公权：《中国政治思想史》，北京，新星出版社，2005。

［129］萨孟武：《中国政治思想史》，北京，东方出版社，2008。

［130］罗根泽：《诸子考索》，北京，人民出版社，1958。

[131] 吕振羽:《中国政治思想史》，北京，人民出版社，2008。

[132] 徐复观:《中国人性论史·先秦篇》，上海，上海三联书店，2001。

[133] 杨鸿烈:《中国法律思想史》，北京，中国政法大学出版社，2004。

[134] 侯外庐:《中国思想史纲》(上册)，北京，中国青年出版社，1980。

[135] 侯外庐、赵纪彬、杜国庠:《中国思想通史》，北京，人民出版社，1957。

[136] 杨荣国:《中国古代思想史》，北京，人民出版社，1973。

[137] 童书业:《先秦七子思想研究》，济南，齐鲁书社，1982。

[138] 沈有鼎:《沈有鼎文集》，北京，人民出版社，1992。

[139] 金德建:《先秦诸子杂考》，郑州，中州书画社，1982。

[140] 牟宗三:《中国哲学十九讲》，上海，上海古籍出版社，1997。

[141] 牟宗三:《政道与治道》，桂林，广西师范大学出版社，2006。

[142] 张岱年:《中国哲学大纲》，北京，中国社会科学出版杜，1997。

[143] 王叔岷:《先秦道法思想讲稿》，北京，中华书局，2007。

[144] 任继愈主编:《中国哲学史》，北京，人民出版社，1963。

[145] 任继愈主编:《中国哲学发展史》(先秦)，北京，人民出版社，1983。

[146] 何炳棣:《读史阅世六十年》，桂林，广西师范大学出版社，2009。

[147] 张世英:《天人之际——中西哲学的困惑与选择》，北京，人民出版社，1995。

[148] 赵靖:《中国经济思想史述要》，北京，北京大学出版社，1998。

[149] 张国华:《中国法律思想史新编》，北京，北京大学出版社，1998。

[150] 韦政通:《先秦七大哲学家》，南京，江苏教育出版社，2006。

[151] 杨鹤皋主编:《中国法律思想史》，北京，北京大学出版社，1998。

[152] 余英时:《中国思想传统的现代诠释》，南京，江苏人民出版社，2003。

[153] 李泽厚:《新版中国古代思想史论》,天津,天津社会科学院出版社,2008。

[154] 李泽厚:《论语今读》,合肥,安徽文艺出版社,1998。

[155] 孔庆明:《秦汉法律史》,西安,陕西人民出版社,1992。

[156] 沈善洪、王凤贤:《中国伦理思想史》,北京,人民出版社,2005。

[157] 傅伟勋:《从创造的诠释学到大乘佛学》,台北,东大图书有限公司,1990。

[158] 中华书局编辑部编:《云梦秦简研究》,北京,中华书局,1981。

[159] 李学勤:《简帛佚籍与学术史》,南昌,江西教育出版社,2001。

[160] 刘述先:《全球伦理与宗教对话》,台北,立绪文化事业有限公司,2001。

[161] 刘泽华:《中国政治思想史》(先秦卷),杭州,浙江人民出版社,1996。

[162] 刘泽华、葛荃主编:《中国古代政治思想史》,天津,南开大学出版社,2001。

[163] 张伟仁辑:《先秦政法理论》,北京,人民出版社,2006。

[164] 苏昌美:《爱的哲学》,台北,东大图书股份有限公司,1983。

[165] 俞荣根:《儒家法思想通论》,南宁,广西人民出版社,1992。

[166] 葛兆光:《中国思想史》,上海,复旦大学出版社,2001。

[167] 王仲兴:《刑法学》,广州,中山大学出版社,1998。

[168] 王崇尧:《莱因霍尔德·尼布尔》,台北,永望文化事业有限公司,1993。

[169] 卓新平:《神圣与世俗之间》,哈尔滨,黑龙江人民出版社,2004。

[170] 姚新中:《儒教与基督教——仁与爱的比较研究》,北京,中国社会科学出版社,2002。

[171] 彭小瑜:《教会法研究》,北京,商务印书馆,2003。

[172] 梁治平:《寻求自然秩序中的和谐》,北京,中国政法大学出版社,2002。

[173] 马作武:《中国法律思想史纲》,广州,中山大学出版社,2007。

[174] 马作武 :《先秦法律思想史》，北京，中华书局，2015。

[175] 马小红主编 :《中国法律思想史研究》，北京，中国人民大学出版社，2007。

[176] 张中秋 :《中西法律文化比较研究》，北京，法律出版社，2009。

[177] 张中秋编 :《中国法律形象的一面——外国人眼中的中国法》，北京，中国政法大学出版社，2012。

[178] 谢桂山 :《圣经犹太伦理与先秦儒家伦理》，济南，山东大学出版社，2009。

[179] 陈少峰 :《中国伦理学史》，北京，北京大学出版社，1996。

[180] 刘时工 :《爱与正义——尼布尔基督教伦理思想研究》，北京，中国社会科学出版社，2004。

[181] 王涛 :《圣爱与欲爱》，北京，宗教文化出版社，2009。

[182] 马腾 :《儒法合流与中国传统法思想阐释》，北京，法律出版社，2016。

（四）中文译著

[183]〔古罗马〕西塞罗 :《国家篇 法律篇》，沈叔平、苏力译，北京，商务印书馆，1999。

[184]〔古罗马〕奥古斯丁 :《忏悔录》，周士良译，北京，商务印书馆，1963。

[185]〔古罗马〕奥古斯丁 :《上帝之城》，王晓朝译，北京，人民出版社，2006。

[186]〔古罗马〕查士丁尼 :《法学总论——法学阶梯》，张企泰译，北京，商务印书馆，1989。

[187]〔意〕阿奎那 :《阿奎那政治著作选》，马清槐译，北京，商务印书馆，1963。

[188]〔英〕霍布斯 :《利维坦》，黎思复、黎廷弼译，北京，商务印书馆，1985。

[189]〔法〕孟德斯鸠 :《罗马盛衰原因论》，婉玲译，北京，商务出版社，2003。

[190]〔德〕康德 :《历史理性批判文集》，何兆武译，北京，商务印书馆，1990。

[191]〔意〕贝卡利亚 :《论犯罪与刑罚》，黄风译，北京，中国大百

科全书出版社，1993。

［192］〔英〕边沁：《道德与立法原理导论》，时殷弘译，北京，商务印书馆，2000。

［193］〔英〕约翰·斯图亚特·穆勒：《功利主义》，叶建新译，北京，中国社会科学出版社，2009。

［194］〔法〕皮埃尔·勒鲁：《论平等》，王允道译，北京，商务印书馆，1988。

［195］〔德〕费尔巴哈：《基督教的本质》，荣震华译，北京，商务印书馆，1984。

［196］〔德〕马克思、恩格斯：《德意志意识形态》，《马克思恩格斯选集》（第一卷），北京，人民出版社，2012。

［197］〔英〕梅因：《古代法》，沈景一译，北京，商务印书馆，1959。

［198］〔法〕埃米尔·涂尔干：《社会分工论》，渠东译，北京，生活·读书·新知三联书店，2000。

［199］〔德〕马克斯·韦伯：《新教伦理与资本主义精神》，于晓、陈维纲等译，北京，生活·读书·新知三联书店，1987。

［200］〔德〕M. 舍勒：《爱的秩序》，林克等译，北京，生活·读书·新知三联书店，1995。

［201］〔德〕阿尔伯特·史怀哲：《中国思想史》，常暄译，北京，社会科学文献出版社，2009。

［202］〔奥〕凯尔森：《法与国家的一般理论》，沈宗灵译，北京，中国大百科全书出版社，1996。

［203］〔德〕波恩：《物理中的哲思》，陈永禹译，台北，联经出版事业公司，1983。

［204］〔德〕马丁·海德格尔：《存在与时间》，陈嘉映、王庆节译，北京，生活·读书·新知三联书店，1987。

［205］〔英〕阿·汤因比、〔日〕池田大作：《展望二十一世纪——汤因比与池田大作对话录》，荀春生、朱继征、陈国梁译，北京，国际文化出版公司，1985。

［206］〔美〕莱茵霍尔德·尼布尔：《道德的人与不道德的社会》，蒋庆、王守晶、阮炜等译，贵阳，贵州人民出版社，1998。

［207］〔美〕约瑟夫·弗莱彻：《境遇伦理学》，程立显译，北京，中国社会科学出版社，1989。

［208］〔美〕E. 博登海默 :《法理学、法律哲学与法律方法》，邓正来译，北京，中国政法大学出版社，2004。

［209］〔日〕宇野精一主编 :《中国思想之研究》，林茂松译，台北，幼狮文化事业公司，1977。

［210］〔美〕本杰明 · 史华兹 :《古代中国的思想世界》，程钢译，南京，江苏人民出版社，2004。

［211］〔美〕伯尔曼 :《法律与宗教》，梁治平译，北京，中国政法大学出版社，2003。

［212］〔美〕哈罗德 · J. 伯尔曼 :《法律与革命》，贺卫方、高鸿钧、夏勇等译，北京，中国大百科全书出版社，1993。

［213］〔美〕撒穆尔 · 伊诺克 · 斯通普夫、詹姆斯 · 菲泽 :《西方哲学史》，丁三东、张传友、邓晓芒等译，北京，中华书局，2005。

［214］〔英〕葛瑞汉 :《论道者 : 中国古代哲学论辩》，张海晏译，北京，中国社会科学出版社，2003。

［215］〔美〕约翰 · 罗尔斯 :《正义论》，何怀宏、何包钢、廖申白译，北京，中国社会科学出版社，1988。

［216］〔美〕牟复礼 :《中国思想之渊源》，王立刚译，北京，北京大学出版社，2009。

［217］〔美〕倪德卫 :《儒家之道 : 中国哲学之探讨》，周炽成译，南京，江苏人民出版社，2006。

［218］〔美〕胡斯都 · L. 冈察雷斯 :《基督教思想史》，陈泽民、孙汉书、司徒桐等译，南京，译林出版社，2008。

［219］〔英〕亨利 · 西季威克 :《伦理学方法》，廖申白译，北京，中国社会科学院出版社，1993。

［220］〔美〕L. J. 宾克莱 :《理想的冲突》，马元德、陈白澄、王太庆等译，北京，商务印书馆，1983。

［221］〔日〕池田知久 :《池田知久简帛研究论文集》，曹峰译，北京，中华书局，2006。

［222］〔美〕金勇义 :《中国与西方的法律观念》，陈国平、韦向阳、李存捧译，沈阳，辽宁人民出版社，1989。

（五）墨子研究论丛

［223］张知寒主编 :《墨子研究论丛（一）》，济南，山东大学出版社，1991。

［224］张知寒主编：《墨子研究论丛（二）》，济南，山东大学出版社，1993。

［225］张知寒主编：《墨子研究论丛（三）》，济南，山东人民出版社，1995。

［226］张知寒主编：《墨子研究论丛（四）》，济南，齐鲁书社，1998。

［227］王裕安主编：《墨子研究论丛（五）》，济南，齐鲁书社，2001。

［228］王裕安、李广星主编：《墨子研究论丛（六）》，北京，北京图书馆出版社，2004。

［229］王裕安、李广星主编：《墨子研究论丛（七）》，北京，北京图书馆出版社，2006。

［230］任守景主编：《墨子研究论丛（八）》，济南，齐鲁书社，2009。

［231］任守景主编：《墨子研究论丛（九）》，济南，齐鲁书社，2010。

［232］邵长婕主编：《墨子研究论丛（十）》，济南，齐鲁书社，2013。

［233］邵长婕主编：《墨子研究论丛（十一）》，济南，齐鲁书社，2016。

（六）外文著作

［234］Reinhold Niebuhr, *The Nature and Destiny of Man*, New York, Charles Scribner’s Sons, 1941。

［235］Reinhold Niebuhr, *Faith and History*, New York, Charles Scribner’s Sons, 1949。

［236］Paul Tillich, *Love Power and Justice*, Oxford, Oxford University Press, 1954。

［237］Philip Jessup, *Transnational Law*, New Haven, The Yale University Press, 1956。

［238］Gordon Harland, *The Thought of Reinhold Niebuhr*, Oxford, Oxford University Press, 1960。

［239］Andres Nygren, *Agape and Eros*, Chicago, University of Chicago Press, 1982。

二、刊物论文与学位论文

［240］陶保霖：《恶法亦法之界说》，《东方杂志》第 17 卷第 13 号，1920 年。

［241］郭沫若：《读梁任公〈墨子新社会之组织法〉》，《创造周刊》第 7 号，1923 年。

［242］戴晨：《墨经集说》，《东吴》第1卷第2期，1933年。

［243］蒋维乔：《墨子哲学研究》，《复兴月刊》第1卷第10期，1933年。

［244］冒景琯：《墨家法律思想》，《新粤周刊》第1卷第5期，1937年。

［245］罗根泽：《墨子探源》，《文史哲季刊》第1卷第1期，1943年。

［246］周通旦：《墨子非乐辩》，《东方杂志》第40卷第23号，1944年。

［247］陈荣捷：《儒家仁概念的演化》，《中西方哲学》1955年第1期。

［248］罗福颐：《临沂汉简概述》，《文物》1974年第2期。

［249］杨向奎：《〈墨经〉中的时、空理论及其在自然科学方面的贡献》，《社会科学战线》1978年第4期。

［250］江庆柏：《“睡简”〈为吏之道〉与墨学》，《陕西师范大学学报》（哲学社会科学版）1983年第4期。

［251］曲海滨：《也论墨家“杀盗非杀人”的命题》，《殷都学刊》1984年第4期。

［252］杨鹤皋：《墨子法律思想述评》，《法学》1984年第11期。

［253］黄伟合：《墨子的义利观》，《中国社会科学》1985年第3期。

［254］王越：《程朱距墨而颜元宥墨》，《暨南学报》（哲学社会科学版）1985年第4期。

［255］李燕杰：《试论费尔巴哈“爱的宗教”与墨子“兼爱”学说》，《北京师范学院学报》1986年第1期。

［256］赵纪彬：《从孔子的“仁”到墨子的“兼”》，《孔子研究》1986年第4期。

［257］龚维英：《墨家巨子传授情况钩沉》，《东岳论丛》1987年第3期。

［258］罗世烈：《先秦诸子的义利观》，《四川大学学报》（哲学社会科学版）1988年第1期。

［259］蒙培元：《墨荀心性论的特质及其比较》，《中国哲学史研究》1989年第2期。

［260］曾振宇：《简论墨子的公平观》，《山东社会科学》1989年第2期。

［261］张知寒：《孔墨异同略论》，《山东社会科学》1990年第2期。

［262］孙聚友：《墨子人格思想探析》，《齐鲁学刊》1990年第5期。

[263] 史丁：《全国首届墨子学术讨论会综述》，《东岳论丛》1991年第5期。

[264] 张岱年：《论墨子的救世精神与“摹物论言”之学》，《文史哲》1991年第5期。

[265] 井清：《试谈墨家兼爱思想的积极性》，《甘肃社会科学》1993年第1期。

[266] 王赞源：《墨子的现代价值》，《烟台大学学报》（哲学社会科学版）1993年第1期。

[267] 郑杰文：《首届墨学国际研讨会综述》，《文史哲》1993年第1期。

[268] 谭风雷：《论墨子精神》，《中国文化研究》1994年第4期。

[269] 陈朝晖：《第二届墨学国际研讨会综述》，《文史哲》1994年第6期。

[270] 崔永东：《墨子哲学及其现代价值》，《齐鲁学刊》1995年第1期。

[271] 孟祥才：《墨子思想与中国传统政治文化》，《山东大学学报》（哲学社会科学版）1995年第2期。

[272] 赵建文：《墨子法律思想的自然法理论特征》，《现代法学》1995年第2期。

[273] 贾敏仁：《墨学的现代价值》，《河南社会科学》1995年第3期。

[274] 黄勃：《论墨子的“兼爱”》，《湖北大学学报》（哲学社会科学版）1995年第4期。

[275] 黄勃：《论墨子政治思想的特征及意义》，《史学理论研究》1995年第4期。

[276] 刘家和：《〈左传〉中的人本思想与民本思想》，《历史研究》1995年第6期。

[277] 孙竞昊：《“仁”、“兼”辨异》，《管子学刊》1996年第2期。

[278] 赵建文：《墨子关于“兼爱非攻”的国际法思想及其现代价值》，《法学研究》1996年第2期。

[279] 倪正茂：《墨家法哲学对儒家法哲学的抗争》，《社会科学》1997年第1期。

[280] 张斌峰、张晓芒：《新墨学如何可能？》，《哲学动态》1997年第12期。

[281] 陈兴良、周光权：《超越报应主义与功利主义：忠诚理论——

对刑法正当根据的追问》,《北大法律评论》1998 年第 1 期。

［282］杨宏伟 :《第三届墨学国际学术研讨会综述》,《文史哲》1998 年第 1 期。

［283］张斌峰 :《墨子“兼爱”学说的新透视》,《中国哲学史》1998 年第 1 期。

［284］丁为祥 :《墨家兼爱观的演变》,《陕西师范大学学报》(哲学社会科学版)1999 年第 4 期。

［285］罗世烈 :《墨家的专制主义》,《四川大学学报》(哲学社会科学版)1999 年第 5 期。

［286］寿元 :《第四届墨学国际研讨会综述》,《文史哲》1999 年第 6 期。

［287］徐希燕 :《墨子的国防战略与国际关系思想研究》,《管子学刊》2000 年第 2 期。

［288］曾繁仁 :《墨学的当代价值》,《哲学动态》2000 年第 2 期。

［289］徐希燕 :《墨家对于概念“名”的研究》,《学术论坛》2000 年第 6 期。

［290］游冠辉 :《欲爱与圣爱——基督教思想史上两种爱的关系类型研究》, 北京大学博士论文，2001。

［291］张斌峰 :《墨家人文精神的基本内涵与特征》,《社会科学战线》2001 年第 4 期。

［292］杨俊光 :《〈墨经〉“义，利也”校诂》,《南京大学学报》(哲学·人文科学·社会科学)2002 年第 2 期。

［293］臧知非 :《〈墨子〉、墨家与秦国政治》,《人文杂志》2002 年第 2 期。

［294］张骏翚 :《五十年来墨学研究综述》,《四川师范大学学报》(社会科学版)2002 年第 4 期。

［295］焦武峰 :《墨子法哲学思想探析》,《枣庄师范专科学校学报》2002 年第 6 期。

［296］孙以楷 :《朱熹论墨子之兼爱说》,《孔子研究》2003 年第 4 期。

［297］罗秉祥 :《爱与效法——对话及诠释性的神学伦理学》,《中国神学研究院期刊》第 35 期，2003 年。

［298］李贤中 :《墨子“兼爱”思想之伦理学建构》,《职大学报》2004 年第 1 期。

［299］马作武 :《墨子的法律观评析》,《法学评论》2004 年第 2 期。

[300] 程仲棠：《从“杀盗非杀人”看逻辑与价值的混淆》，《中国哲学史》2005年第1期。

[301] 沈跃春：《第六届墨学国际研讨会综述》，《哲学研究》2005年第3期。

[302] 孙中原、杨武金：《墨学现代化国际学术研讨会综述》，《哲学动态》2005年第11期。

[303] 孙中原：《墨学现代化、新墨学和元墨学》，《哲学研究》2006年第1期。

[304] 钟肇鹏：《墨子兼爱阐释》，《东岳论丛》2006年第1期。

[305] 陈转青：《墨家精神的现代诠释》，《中华文化论坛》2006年第4期。

[306] 孙中原：《墨家智慧与中国文化走向》，《中国人民大学学报》2006年第5期。

[307] 孙卓彩：《墨学的文化特色和当代文化价值》，《理论学刊》2006年第6期。

[308] 张清学、包家新：《论墨子法律思想的特点》，《攀枝花学院学报》2007年第2期。

[309] 余秋雨：《黑色的光亮》，《新华文摘》2007年第19期。

[310] 郑杭生、胡翼鹏：《天道兼爱，尚同节用：社会运行的一体化理论——春秋战国时期墨者的社会思想研究》，《社会科学》2008年第1期。

[311] 周全德、齐建英：《墨家伦理思想的现代价值》，《中华文化论坛》2008年第2期。

[312] 祁雪瑞：《墨子法哲学思想的历史意义与现代价值》，《中华文化论坛》2008年第4期。

[313] 马达钦：《“兼爱”与“博爱”——浅谈墨子思想中闪烁着的天主教精神》，《中国天主教》2008年第6期。

[314] 王金慧：《墨子“兼相爱，交相利”法律观及其现代价值》，烟台大学硕士学位论文，2008年。

[315] 张斌峰：《墨子的“法治”观及其现代价值》，《中南民族大学学报》（人文社会科学版）2009年第1期。

[316] 马作武、马腾：《族刑的法文化诠释》，《广东社会科学》2009年第5期。

[317] 聂长建、李国强、徐鸿：《墨子“杀盗非杀人”的法律价值分

析》,《兰州学刊》2009 年第 10 期。

［318］郭齐勇 :《儒墨两家之“孝”、“丧”与“爱”的区别和争论》,《哲学研究》2010 年第 1 期。

［319］郝长池 :《神权政治与民主政体——论苏格拉底和墨子的神权思想》,《现代哲学》2010 年第 1 期。

［320］刘清平 :《论墨家兼爱观的正当内涵及其现代意义》,《浙江大学学报》(人文社会科学版) 2010 年第 3 期。

［321］马腾 :《墨家“兼爱”思想的法权利观阐释》,《中山大学学报》(社会科学版) 2011 年第 2 期。

［322］马腾 :《爱与正义关系理论研究——以“兼爱”与“圣爱”为类型》,《中山大学法律评论》2011 年第 2 期。

［323］马腾 :《墨学渊源体系新论》,《枣庄学院学报》2011 年第 3 期。

［324］张青卫 :《墨家“杀盗非杀人”的命题新解》,《船山学刊》2011 年第 3 期。

［325］马腾 :《经义决狱与中国古代司法传统》,《亚洲研究》(韩国) 第 13 辑，2011 年。

［326］马腾、马作武 :《道家法思想的“大和”本质》,《社会科学家》2012 年第 1 期。

［327］徐华 :《〈汉书 · 艺文志〉有关墨家出于“清庙之守”论新考》,《学术界》2012 年第 1 期。

［328］杨卫军 :《墨子的消费观及对生态文明建设的启示》,《学习与实践》2012 年第 2 期。

［329］郑杰文 :《“墨家出于清庙之守说”考析》,《中国文化研究》2013 年第 3 期。

［330］李平 :《论墨子与先秦“法”学兴起》,《法制与社会发展》2014 年第 2 期。

［331］马腾 :《儒法意识形态之文化史漫谈——以殷周巫史王官为线索》,《殷都学刊》2015 年第 1 期。

［332］马腾 :《由儒入法 : 李悝法思想旨趣及变法实践》,《晋阳学刊》2015 年第 3 期。

［333］马腾 :《宗儒任法 : 儒法转捩中的吴起思想》,《苏州大学学报》(法学版) 2015 年第 4 期。

［334］马腾 :《申不害刑名法术思想及对传统治道的影响》,《政法论坛》2015 年第 6 期。

索　　引

人名索引

术 语 索 引

Y

Z